本书研究和出版受到教育部人文社科重点研究基地重大项目"新一轮东北振兴战与东北亚区域合作（16JJD790013）"和国家社科基金一般项目"新形势下我国东北亚区域合作战略研究（13BGJ008）"资助。

东北亚研究丛书

东北亚区域经济合作研究

Research on Regional Economic Cooperation in Northeast Asia

吴　昊／著

社会科学文献出版社
SOCIAL SCIENCES ACADEMIC PRESS (CHINA)

前　言

　　本书重点聚焦与东北亚区域合作最密切相关的五个重大问题，即东北亚区域合作的进展与发展前景，逆全球化背景下的中国区域合作选择，东亚区域合作的主要进展与推进对策，"一带一路"建设背景下的东北亚区域合作，全球能源格局演变趋势与东北亚能源合作。

一

　　东北亚是全球范围内政治安全矛盾最复杂多变的地区之一。冷战时期，东北亚地区是东西方两大阵营对峙的前沿地带。冷战结束后，各种悬而未决的领土与海洋权益争端、复杂多变的朝鲜半岛局势、美国战略东移及其对中国进行战略围堵等，一直是困扰东北亚和平稳定的"病灶"。在任何一个地区，政治安全局势与经济合作都不可能处于相互隔绝的状态，东北亚国际体系变革和安全局势演变与区域经济合作之间存在极为密切的互馈关系。在可预见的较长一段时期内，东北亚地区一些国家之间围绕领土领海等方面的矛盾仍将存在，但总体来看这些矛盾基本可控，不会演变为国家间的大规模武装冲突，并且在外部压力的影响下，东北亚国家谋求地区和平稳定和合作发展的意愿不断增强，因而东北亚区域合作将面临许多有利的发展机遇。从政治安全形势演变的视角看，东北亚区域经济合作将呈现如下四个主要发展趋势：一是域外因素的实际影响有望发生较大转变；二是短期内制度性合作取得突破性进展的难度有所增加；三是功能性区域经

1

济合作将呈现快速发展势头；四是次区域开发合作将面临前所未有的发展机遇。

二

2008 年国际金融危机以来，逆全球化或反全球化浪潮愈演愈烈。逆全球化作为全球化的一种反向运行，其基本特征是夸大自由贸易和要素跨境流动的消极影响，甚至将许多国内问题直接归罪于市场开放。从本质上讲，全球化与区域一体化具有内在的一致性，同时两者也具有明显差异。逆全球化对区域一体化的影响是非常复杂的，并且短期影响和长期影响有一定差异，直接影响和间接影响也不完全一致。从当前的实际情况来看，既有消极的冲击性影响，也有激发性影响。近年来，我国面临的逆全球化风险极为严重，WTO 多边贸易体制受到严重削弱，对外贸易摩擦日趋频发和复杂，国际环境恶化引发的制造业外流风险在加大。为此，我国应该进一步加快实施自由贸易区建设，充分发挥区域经济合作在防范逆全球化风险中的作用。具体来说，应主要采取以下措施：一是加快构建面向全球的高标准自由贸易区网络；二是通过"一带一路"建设推动自由贸易区构建；三是争取与世界主要经济体的合作取得突破性进展；四是积极参与和推动多边自由贸易区建设；五是推动中、日、韩自由贸易区谈判尽早达成一致。

三

东亚是当今世界最具经济发展活力的地区，也是区域合作发展潜力最大的地区。进入 21 世纪以来，东亚地区各主要经济体之间的区域合作快速发展，已有的区域合作组织不断深化在各领域的合作，达成了一系列新的区域经贸合作协定。东盟三大共同体建设不断取得新进展，"10 + 1""10 + 3"、东盟峰会等一系列"东盟＋"区域合作机制日趋成熟，区域全面经济伙伴关系（Regional Comprehensive Economic Partnership，RCEP）的谈判不断深入。东亚各领域的区域合作在取得重大进展的同时，仍存在很多问题。

如东盟对区域合作推动能力相对不足，弥合各方严重的利益分歧极为困难，域外因素干扰将长期存在。从目前的情况看，通过东亚整体性区域合作带动东北亚区域合作的目标很难实现，因此迫切需要积极探索推进东亚区域合作的新路径。在政治安全合作方面，应该继续坚持和加强东盟的主导地位，积极开展多层次文化交流以逐步培育东亚区域意识；在功能性经济合作方面，应该深化开展第三方市场合作；在区域制度性经济合作方面，则应发挥中日韩合作的引领作用，加快推进中、日、韩自由贸易区的谈判。

四

"一带一路"倡议为中国开展与有关国家各领域的合作提供了新理念，创造了新机遇，搭建了新平台。"一带一路"作为开放包容的合作平台、经济合作和人文交流的平台、共建共享的发展支持平台、现有国际合作机制补充和提升的平台、国内开放与国际合作的对接平台，获得了越来越多的国家和国际组织的支持和参与。从区域布局方面看，"一带一路"建设已经不再局限于古丝绸之路沿线地区，其开放性和区域包容性越来越强。东北亚是中国重要的周边区域，地区各国均与中国存在密切的经贸关系，在该地区深入推进"一带一路"建设符合各方的共同利益。近一段时期，东北亚地区国际政治安全局势走向缓和，有关各国区域合作的契合点不断增多，为东北亚地区共建"一带一路"创造了有利条件。在东北亚地区推动共建"一带一路"应该优先推进中蒙俄经济走廊建设，积极打造"冰上丝绸之路"，加快提升和完善"大图们倡议"区域合作机制，积极开展"一带一路"框架内的第三方市场合作，加快推进中、日、韩自由贸易协定谈判进程。

五

近年来，全球能源格局发生了重大变化。从全球能源总体供求形势方面看，能源供给保障能力不断增强，能源消费增速正在逐步放缓；从能源结构调整方面看，一次性能源消费中清洁能源和新能源所占比重不断上升；从能源生产消费区域格局演变方面看，油气生产增量西移和消费增量东倾并存，发展中经济体石油消费快速增长。全球能源格局的调整必将对全球政治经济格局的重塑和全球能源安全问题产生深远影响。面对全球能源格局的重大调整和能源国际市场的新变化，东北亚各国均对能源安全和相关政策进行了调整和完善，并且将开展区域能源合作确定为能源安全的重要内容。近年来，东北亚能源合作已经取得重大进展，但也存在区域多边能源合作机制缺失、能源进口大国之间缺乏有效合作、各国能源政策深受零和博弈观念影响等问题。面对新的形势需要，东北亚能源合作应该加快推进区域能源合作机制建设，加快建立东北亚区域共同能源市场，积极探索建立东北亚区域能源开发利益共享机制，稳步推进东北亚区域综合能源网建设。此外，各国还应该在全球能源治理体系改革方面加强沟通和协调，争取在维护全球能源市场稳定方面采取共同行动。

目　录

Contents

第一章　东北亚区域合作的进展与发展前景

东北亚是一个地理概念，即与东南亚相对应的东亚东北部地区，具体的地域范围包括中国东部、朝鲜半岛、日本列岛、俄罗斯远东地区以及蒙古国等。但从研究区域合作的视角来看，东北亚的地域范围将不再局限于地理意义上的狭义的东北亚，而是扩展为中国、俄罗斯、日本、韩国、朝鲜、蒙古国6个东北亚国家。东北亚区域合作即为全部或部分东北亚国家之间开展的经济合作。

一　东北亚区域合作的主要进展

国际区域合作通常指国家之间制度性经济一体化。按照经济一体化水平，可以划分为特惠关税区、自由贸易区、关税同盟、共同市场、经济同盟和完全的经济一体化等发展阶段。本章将不拘泥于上述关于区域经济合作的一般界定，分别从区域内贸易关系、制度性经济合作、次区域合作开发等方面展开分析，以便尽可能全面地呈现东北亚各国间经济合作关系。

（一）东北亚区域内贸易关系发展

随着中国改革开放的不断深入推进以及冷战结束后国际局势的缓和，东北亚国家之间的经贸关系不断发展，东北亚区域内贸易已经达到非常高的水平，特别是其他东北亚国家对与中国贸易的依赖度都非常高。

1. 中国与其他东北亚国家的贸易关系

改革开放使中国从经济较为封闭的国家快速转变为深度融入全球化进程的国家，对外贸易持续保持快速增长。2013 年，中国货物进出口贸易总额达到 4.16 万亿美元，其中出口 2.21 万亿美元，进口 1.95 万亿美元，成为世界第一大货物贸易国。2016 年中国货物进出口贸易额被美国反超，2017 年中国再次超过美国，重返世界第一货物贸易国地位。2018 年，中国货物进出口贸易总额约为 4.62 万亿美元，约占全球货物贸易总额的 11.75%。同年，美国货物进出口贸易总额约为 4.23 万亿美元，约占全球货物贸易总额的 10.87%。

在中国对外开放不断深化和对外贸易快速增长的过程中，中国与其他东北亚国家的经贸关系也在不断发展。目前，日本、韩国、俄罗斯、朝鲜、蒙古国的第一大贸易伙伴国均为中国，而日本、韩国、俄罗斯分别为中国的第二、第三、第六大贸易伙伴国。按中国海关统计数据，2018 年，中国对东北亚国家的货物进出口贸易额超过 3500 亿美元，占中国货物进出口贸易总额的比重接近 17%，其中中国货物出口贸易对东北亚国家的依赖度为 12.2%，货物进口贸易对东北亚国家的依赖度为 20.8%。中日双边贸易额为 3276.6 亿美元，其中中国对日出口额为 1470.8 亿美元，中国从日本进口额为 1805.8 亿美元，对日贸易额约占中国货物进出口贸易总额的 7.1%；中韩双边贸易额为 3134.3 亿美元，其中中国对韩国出口贸易额为 1087.9 亿美元，中国从韩国进口贸易额为 2046.4 亿美元，对韩国贸易额约占中国货物进出口贸易总额的 6.8%；中俄双边贸易额首次突破千亿美元大关，达到 1070.6 亿美元，其中中国对俄出口贸易额为 479.8 亿美元，中国从俄罗斯进口贸易额为 590.8 亿美元，对俄贸易额约占中国货物进出口贸易总额的 2.3%。[①] 总体来看，中国

---

① 文中关于中国对外贸易数据均为中国海关统计数据，参见《中国对外贸易形势报告（2019 年春季）》，http://zhs.mofcom.gov.cn/article/cbw/201905/20190502866408.shtml，第 6 页中写俄罗斯对外贸易，用的是俄罗斯海关统计数据，此为国际贸易研究方面的通行做法。数据会有一定的出入。

对外贸易总量大，贸易伙伴遍布全球，因此对东北亚区域内贸易依赖度并不是特别高。

2. 日本与其他东北亚经济体的贸易关系

日本是全球第三大经济体和第四大贸易国，2018 年，其货物进出口贸易总额为 1.49 万亿美元，约占全球货物贸易总额的 3.8%。其中，出口贸易额 7382 亿美元，进口贸易额 7483.7 亿美元。日本货物进出口贸易对亚太地区，特别是东亚地区的依赖度特别高，近年来这种趋势越来越明显。2018 年，日本的对外贸易中有近 70% 是与亚洲太平洋经济合作组织（Asia-Pacific Economic Cooperation，APEC，简称亚太经合组织）成员之间进行的，将近 50% 是与东盟 "10+6" 成员之间进行的。在日本的前 15 大出口目的地中，有 9 个为东亚经济体，日本对这 9 个经济体的出口贸易额约占日本出口贸易总额的 50.8%；前 15 大进口来源地中，东亚经济体占 6 个，从这 6 个经济体的进口贸易额约占日本进口贸易总额的 40.2%。表 1-1 为 2018 年日本十大出口市场和进口来源地的排名，也清楚表明日本的对外贸易高度依赖东亚地区，特别是在出口贸易方面对东亚的依赖度更高。

表 1-1 2018 年日本与主要贸易伙伴的进出口贸易额与所占比重

单位：百万美元，%

出口目的地	金额	占比	进口来源地	金额	占比
中国	143992	19.5	中国	173539	23.2
美国	140059	19.0	美国	81552	10.9
韩国	52505	7.1	澳大利亚	45693	6.1
中国台湾	42385	5.7	沙特阿拉伯	33773	4.5
中国香港	34700	4.7	韩国	32135	4.3
泰国	32262	4.4	阿联酋	27553	3.7
新加坡	23420	3.2	中国台湾	27110	3.6
德国	20892	2.8	德国	25977	3.5
澳大利亚	17108	2.3	泰国	25068	3.4
越南	16412	2.2	印度尼西亚	21602	2.9

资料来源：根据日本贸易振兴机构（metro）官网公布的 "ド ル建て貿易概況" 有关数据制作。https://www. metro. go. jp/world/japan/stats/trade. html。

在东北亚国家中，俄罗斯、蒙古国与日本的贸易额都相对较小，朝鲜与日本没有贸易关系，只有中国和韩国是日本的主要贸易伙伴，特别是中国在日本贸易伙伴中的地位不断提升。1990 年，中国仅为日本的第十二大出口目的地和第四大进口来源地。1991～2001 年，中国一直是日本的第二大进口来源地。2002 年，中国超过美国成为日本的第一大进口来源地，此后中美差距不断扩大，尽管至今美国仍为日本的第二大进口来源地，但日本从美国进口贸易额已不足从中国进口贸易额的一半。2006 年，中国首次成为日本第一大贸易伙伴，3 年后，成为日本第一大出口目的地。2013～2017 年，美国再次重返为日本第一大出口市场的地位，2018 年，中国再次超过美国成为日本第一大出口市场。

3. 韩国与其他东北亚经济体的贸易关系

2018 年，韩国货物进出口贸易额为 11400.6 亿美元，是全球第八大贸易国，约占全球货物贸易总额的 2.9%。其中，出口贸易额为 6048.6 亿美元，约占全球货物出口贸易总额的 3.1%；进口贸易额为 5352.0 亿美元，约占全球货物进口贸易总额的 2.7%。从地域方面看，韩国货物进出口贸易高度依赖亚太地区。2018 年，韩国货物进出口贸易额的 77.7% 是与亚太经合组织成员之间进行的，与东盟"10＋6"成员之间进行的占 52.9%（见表 1－2）。上述情况表明，韩国货物进出口的地域流向与日本的情况具有非常高的相似性。

表 1－2　2018 年韩国与主要贸易伙伴的进出口额与所占比重

单位：百万美元，%

出口目的地	金额	所占比重	进口来源地	金额	所占比重
中国	162158	26.8	中国	106479	19.9
美国	72736	12.0	美国	58871	11.0
越南	48629	8.0	日本	54605	10.2
中国香港	45999	7.6	沙特阿拉伯	26331	4.9
日本	30574	5.1	德国	20852	3.9
中国台湾	20794	3.4	澳大利亚	20699	3.9
印度	15611	2.6	越南	19632	3.7

续表

出口目的地	金额	所占比重	进口来源地	金额	所占比重
菲律宾	12061	2.0	俄罗斯	17500	3.3
新加坡	11850	2.0	中国台湾	16737	3.1
墨西哥	11459	1.9	卡塔尔	16299	3.1

资料来源：日本贸易振兴机构：《ジェトロ世界贸易投资報告（2019 年版）第 2 部 国·地域别編》，日本贸易振兴机构官网，https://www.jetro.go.jp/ext_images/world/gtir/2019/04.pdf。

从具体的国别或地区角度看，韩国对与中国贸易的依赖度非常高。自1992 年中韩建交以来，两国间的经贸关系不断快速向前发展，2002 年，中国首次成为韩国第一大贸易伙伴。2018 年，韩国对中国货物出口贸易额约占其出口总额的 26.8%，从中国的进口贸易额约占其进口贸易总额的19.9%。因此，中国既是韩国的第一大贸易伙伴，同时也是其第一大出口市场和第一大进口来源地。日本在韩国的贸易伙伴中地位也较为突出，是仅次于美国的韩国第三大贸易伙伴。2018 年，韩日双边货物贸易额为 851.3亿美元，约占韩国对外贸易总额的 7.5%。其中，韩国对日货物出口贸易额为 305.3 亿美元，约占韩国货物出口贸易总额的 5.0%；韩国从日本进口贸易额为 546.0 亿美元，约占韩国进口贸易总额的 10.2%。

2018 年，韩国与俄罗斯的双边贸易为 248.3 亿美元，约占韩国对外贸易总额的 2.2%。其中韩国对俄罗斯出口贸易额为 73.2 亿美元，约占韩国出口贸易总额的 1.2%；韩国从俄罗斯进口贸易额为 175.0 亿美元，约占韩国进口贸易总额的 3.3%。韩国与朝鲜、蒙古国的双边贸易发展水平都较低，特别是韩朝双边贸易已经处于中断状态。

4. 俄罗斯与其他东北亚国家的贸易关系

2018 年，俄罗斯货物进出口贸易总额为 6881.5 亿美元，约占全球贸易额的 3.6%，在全球国家和地区对外贸易额的排名为第 17 位。其中出口贸易额为 4496.6 亿美元，进口贸易额为 2384.9 亿美元。从对外贸易流向方面看，俄罗斯的货物进出口都比较依赖欧洲和包括中国在内的部分东北亚国家。从国别或地区看，近年来俄中双边贸易快速发展。2018 年，中俄贸易额首次超过 1000 亿美元，达到 1082.5 亿美元，中国同时为俄罗斯第一大贸易伙伴、第一大出口目的地和第一大进口来源地。其中，俄罗斯对中国出口贸易额为560.2 亿美元，约占俄罗斯出口贸易总额的 12.5%；俄罗斯从中国进口贸易额为 522.3 亿美元，约占其进口贸易总额的 21.9%（见表 1 – 3）。在 2018 年俄罗斯对中国的出口中，矿产品所占比重接近 80%，超过 400 亿美元。这些矿产主要是矿物燃料、矿物油及其产品、沥青等。俄罗斯从中国进口的主要是机电产品。2018 年，俄罗斯自中国进口的机电产品金额为 264.5 亿美元，占俄罗斯自中国进口贸易总额的 50.6%。

表 1 – 3　2018 年俄罗斯与主要贸易伙伴的进出口贸易额与所占比重

单位：百万美元，%

出口目的地	金额	所占比重	进口来源地	金额	所占比重
全球	449564	100.0	全球	238493	100.0
中国	56019	12.5	中国	52225	21.9
荷兰	43440	9.7	德国	25513	10.7
德国	34184	7.6	美国	12525	5.3
白俄罗斯	21963	4.9	白俄罗斯	12410	5.2
土耳其	21313	4.7	意大利	10581	4.4
韩国	17825	4.0	法国	9558	4.0
波兰	16605	3.7	日本	8822	3.7
意大利	16401	3.6	韩国	7011	2.9
哈萨克斯坦	13041	2.9	乌克兰	5462	2.3
美国	12497	2.8	哈萨克斯坦	5349	2.3

资料来源：日本贸易振兴机构，https://www.jetro.go.jp/ext_images/world/gtir/2019/04.pdf。

俄罗斯与其他东北亚国家的贸易额都不是特别大。2018 年，俄罗斯对日本出口贸易额为 124.4 亿美元，占俄罗斯出口贸易总额的比重不足 3%，仅列俄罗斯出口国别（或地区）市场的第 11 位；同年，俄罗斯从日本进口贸易额为 88.2 亿美元，占俄罗斯进口贸易总额的比重为 3.7%，日本为俄罗斯第七大国家（或地区）进口来源地。俄罗斯与韩国的贸易规模略高于俄日贸易额。2018 年，俄罗斯对韩国出口贸易额为 178.3 亿美元，约占俄罗斯出口贸易总额的 4%，韩国为俄罗斯第六大国家（或地区）出口目的地；同年，俄罗斯从韩国进口贸易额为 70.1 亿美元，不足俄罗斯进口贸易总额的 3%，韩国为俄罗斯第八大国家（或地区）进口来源地。

5. 蒙古国与其他东北亚国家的贸易关系

蒙古国的国土面积为 156.66 万平方公里，是世界上国土面积第 19 大国，也是仅次于哈萨克斯坦的世界第二大内陆国家。人口规模约为 324 万人，是世界上人口密度最小的国家之一，也是东北亚地区人口规模和经济总量最小的国家。作为一个经济总量小和经济欠发达的内陆国家，蒙古国的对外贸易规模也较小。2018 年，蒙古国的对外货物贸易总额为 128.9 亿美元，其中出口贸易额为 70.1 亿美元，进口贸易额为 58.8 亿美元（见表 1-4）。

表 1-4　2018 年蒙古国与主要贸易伙伴的进出口贸易额与所占比重

单位：百万美元，%

出口目的地	金额	所占比重	进口来源地	金额	所占比重
全球	7011	100.0	全球	5875	100.0
中国	6542	93.3	中国	1995	34.0
英国	173	2.5	俄罗斯	1710	29.1
俄罗斯	86	1.2	日本	561	9.5
意大利	54	0.8	韩国	262	4.5
新加坡	30	0.4	美国	211	3.6
日本	26	0.4	德国	169	2.9
韩国	21	0.3	波兰	58	1.0
德国	12	0.2	意大利	55	0.9
越南	10	0.1	印度	52	0.9
伊朗	8	0.1	马来西亚	50	0.9

资料来源：日本贸易振兴机构：《モンゴル経済概況（2018 年 1～12 月）》，日本贸易振兴机构官网，https://www.jetro.go.jp/ext_images/_Reports/01/46238a5b7dc9234f/20180052.pdf。

在蒙古国的对外贸易中，绝大部分是与东北亚国家进行的。2018 年，蒙古国与中国、俄罗斯、日本、韩国的贸易额合计 112.0 亿美元，约占蒙古国进出口总额的 86.9%，特别是对中国的依赖度非常高。2018 年蒙古国对外货物贸易的 2/3 以上是与中国进行的。其中，蒙古国对中国出口贸易额为 65.42 亿美元，约占其当年出口贸易总额的 93.3%；蒙古国从中国的进口贸易额为 19.95 亿美元，约占其当年进口贸易总额的 34.0%。俄罗斯、日本、韩国均为蒙古国前十大贸易伙伴、出口目的地和进口来源地，但蒙古国与上述三国的贸易规模与蒙中双边贸易额相比存在着巨大的差距。

近年来，蒙古国一直积极推动出口目的地多元化，希望改变其出口高度依赖中国市场的局面。然而，相关措施并未取得预期效果，蒙古国货物出口对中国市场的依赖度越来越高。究其原因，主要是因为蒙古国出口的货物中，绝大部分为煤炭、铁矿石等大宗矿物，只有就近销往中国才具有经济可行性。与此同时，中国市场对蒙古国出口的相关产品需求旺盛。蒙古国进口来源地的集中度远低于其出口目的地的集中度，主要是因为其进口商品类型多样，所以进口来源地也相对具有一定程度的分散化。

（二）东北亚制度性经济合作进展

东北亚是区域合作的后发地区，直到 20 世纪 90 年代中后期，一些国家才逐步转变其长期坚持的非集团化国际经济战略，开始与其他经济体探讨构建自由贸易协定（简称 FTA）等区域经济组织。截至目前，东北亚各国均参与了数量不等的多个 FTA 或经济伙伴关系协定（简称 EPA），但总体来看，东北亚区域内的制度性经济合作仍处于探索阶段，不仅东北亚整体性区域合作完全不具备条件，中日韩 FTA 谈判也进展缓慢。

1. 中国自由贸易区战略实施进展

中国加入 WTO 后，为适应区域经济一体化加快发展的新形势，开始探索与一些经济体签订双边自由贸易协定。党的十七大报告正式提出"实施自由贸易区战略"，首次将自由贸易区建设上升到国家战略层面。党的十八大提出加快实施自由贸易区战略，十八届三中全会提出以周边为基础加快实施自由贸易区战略，形成面向全球的高标准自由贸易区网络。2015年，国务院印发《关于加快实施自由贸易区战略的若干意见》，对我国自由贸易区的战略布局提出了更加明晰的方向：一是加快构建周边自由贸易区。力争与所有毗邻国家和地区建立自由贸易区，不断深化经贸关系，构建合作共赢的周边大市场；二是积极推进构建"一带一路"沿线自由贸易区。结合周边自由贸易区建设和推进国际产能合作，积极同"一带一路"沿线国家商建自由贸易区，形成"一带一路"大市场，将"一带一路"打造成畅通之路、商贸之路、开放之路；三是逐步形成全球自由贸易区网络。争取同大部分新兴经济体、发展中大国、主要区域经济集团和部分发达国家建立自由贸易区，构建金砖国家大市场、新兴经济体大市场和发展中国家大市场等。① 至此，中国形成了系统的自由贸易区战略布局。

截至目前，中国已经签订 17 个自由贸易协定，共涉及 25 个国家或地区，包括中国香港、中国澳门、中国台湾、东盟、新加坡、澳大利亚、新西兰、巴基斯坦、瑞士、冰岛、格鲁吉亚、智利、秘鲁、哥斯达黎加、毛里求斯、马尔代夫等。2018 年，中国与上述国家和地区的货物进出口贸易额，约占中国对外贸易总额的 37.7%，其中出口所占比重为 35.5%，进口所占比重为 46.7%。②

此外，中国还是已经结束协议文本谈判的区域全面经济伙伴关系协定谈判（简称 RCEP）的关键推动力量，并且正积极推动中日韩自由贸易区谈判，与海洋合作委员会（简称海合会）、斯里兰卡、以色列、挪威、摩尔多瓦、巴勒斯坦、柬埔寨、巴拿马等国家和区域组织就签订双边自由贸易协定进行磋商，与新西兰、秘鲁就已签署的双边自由贸易协定升级问题进行谈判，与韩国进行中韩自由贸易协定第二阶段谈判。总之，中国实施自由贸易区战略已经取得重大进展，以周边为基础，面向全球的自由贸易区网络已具雏形。

2. 日本自由贸易区战略实施进展

长期以来，日本一直坚持以 GATT/WTO 多边贸易体制为核心的对外经济战略，对区域经济集团化和构建 FTA 一直态度消极，甚至持批评态度。直到 20 世纪 90 年代末，日本才开始探讨构建双边和区域性自由贸易区的可能性。但当时日本政府仍然坚持以 WTO 多边贸易体制为中心的原则，仅将 FTA 视为多边贸易体制的补充。进入 21 世纪以来，日本对于

① 《国务院关于加快实施自由贸易区战略的若干意见》（国发〔2015〕69 号），中华人民共和国中央政府官方网站，http://www.gov.cn/zhengce/content/2015 – 12/17/content_10424.htm。
② 『ジェトロ世界貿易投資報告 2019 年版，第 2 部，国・地域別編・中国』，日本貿易振興機構編，第 5 页，https://www.jetro.go.jp/ext_images/world/gtir/2019/dai3.pdf。

FTA/EPA 的态度日趋积极，并且其战略思路日渐明晰。2010 年 11 月，日本政府发布"全面经济合作基本方针"，提出要"与世界主要贸易国之间发展从世界潮流来看毫不逊色的高水平经济合作"的基本政策方向。2013 年 6 月，安倍政府公布"日本再兴战略"，将推进跨太平洋伙伴关系协定（TPP）、区域全面经济伙伴关系协定（RCEP）、中日韩 FTA、日欧 FTA 等自由贸易协定谈判，确定为日本"国际合作战略"的重要内容，并提出到 2018 年将 FTA 对其进出口贸易额的覆盖率从 2013 年的 19% 提高至 70% 的发展目标。

并且在具体实践方面不断取得新进展。2001 年 1 月日本与新加坡启动 EPA 谈判，这也是日本参与的第一个 FTA 谈判。2002 年 11 月，日本参与的第一个 FTA，即日新 EPA 正式生效。此后，日本签订并生效的 EPA 不断增加。截至目前，日本已经签署并且正式生效的 EPA 共有 17 个，即其与墨西哥（2005.4）、马来西亚（2006.7）、智利（2007.9）、泰国（2007.11）、印度尼西亚（2008.7）、菲律宾（2008.12）、东盟（2008.12）、瑞士（2009.9）、越南（2009.10）、印度（2011.8）、秘鲁（2012.3）、澳大利亚（2015.1）、蒙古国（2016.6）、欧盟（2019.2）签订的双边 EPA 和主导建立的全面与进步跨太平洋伙伴关系协定（简称 CPTPP）（2018.11）陆续生效。2018 年底，日本与已经生效的 EPA 对象国或地区的进出口贸易额占其贸易总额的比重为 36.7%，其中出口比重为 34.8%，进口比重为 38.7%（见表 1－5）。

表 1－5　2018 年全球部分经济体的 FTA 覆盖率

单位：%

国家与地区	FTA 覆盖率			与已生效 FTA 对象国或地区的贸易额前三位的情况					
	进出口	出口	进口	第一位		第二位		第三位	
日本	36.7	34.8	38.7	东盟	15.2	CPTTP	12.0	欧盟	11.5
美国	39.1	47.0	33.9	NAFTA	29.2	韩国	3.1	新加坡	1.4
加拿大	83.3	89.2	67.5	NAFTA	63.9	欧盟	10.1	CPTPP	7.7
墨西哥	78.1	88.9	67.5	NAFTA	63.9	欧盟	8.1	CPTPP	6.1

续表

国家与地区		FTA 覆盖率			与已生效 FTA 对象国或地区的贸易额前三位的情况					
		进出口	出口	进口	第一位		第二位		第三位	
智利		83.8	86.3	67.5	中国	27.7	美国	16.4	欧盟	13.6
巴西		16.3	15.7	17.1	MERCOSUR	10.1	CAN	3.0	智利	2.3
欧盟	总额	76.3	77.3	75.3	欧盟	63.8	瑞士	2.5	土耳其	1.4
	外部	34.4	36.9	31.9	瑞士	6.7	土耳其	3.9	EEA	3.4
土耳其		50.2	59.0	43.6	欧盟	42.1	韩国	6.8	EFTA	1.5
中国		37.7	35.5	46.7	东盟	12.6	韩国	6.8	中国台湾	4.9
韩国		67.8	72.5	62.5	中国	23.6	东盟	14.0	美国	11.5
东盟		59.6	57.2	62.5	东盟	22.7	中国	17.3	日本	8.4
新加坡		78.6	74.0	81.1	东盟	23.8	中国	13.1	CPTPP	10.3
马来西亚		62.4	61.6	63.3	东盟	27.2	中国	16.7	日本	7.1
越南		63.6	51.3	76.4	中国	22.7	韩国	14.0	CPTPP	13.1
泰国		60.8	59.2	62.3	东盟	23.3	中国	16.0	日本	12.0
印度尼西亚		66.6	64.0	69.0	东盟	23.9	中国	19.7	日本	10.1
印度		16.9	16.8	16.9	东盟	11.1	韩国	2.5	日本	2.1
澳大利亚		72.8	75.9	69.3	中国	29.6	CPTPP	20.8	ASEAN	13.8
新西兰		63.0	65.3	60.7	CPTPP	26.1	中国	21.9	ASEAN	12.2

注：①FTA 覆盖率是指某一经济体与其所签署并生效的 FTA 的所有对象国和地区的贸易占其对外贸易总额的比重，FTA 覆盖率还可以进一步划分为进出口贸易覆盖率、出口覆盖率和进口覆盖率。

②CAN 为安第斯共同体的英文缩写，MERCOSUR 为南方共同市场，NAFTA 为北美自由贸易区，CPTPP 为全面与进步跨太平洋伙伴关系协定。

③CPTPP 只计算了已经批准协定国家的覆盖率。

资料来源：『ジェトロ世界贸易投资报告 2019 年版』，日本贸易振兴机构编，第 77 页，https://www. metro. go. jp/ext_images/world/gtir/2019/dai3. pdf。

近年来，日本参与和推动构建的区域经济伙伴关系协定主要具有以下几个方面的特征。一是更加重视构建巨型跨区域经济伙伴关系。在日本参与构建区域合作组织活动的初期，其更倾向于构建双边经济伙伴关系协定，特别是选择一些农业规模小和经济体量不大的经济体作为优先谈判对象。近年来，日本对与大型经济体签订经济伙伴关系协定越来越积极。日本积极参与和推动跨太平洋伙伴关系协定（TPP）谈判、日印经济伙伴关系协定谈判、日欧经济伙伴关系协定谈判以及 RCEP 谈判，均较为明显地反映出了这种政策转变倾向。二是日本越来越重视通过区域经济伙伴关系协定主导国际经贸规则改革。在 WTO 多边贸易规则改革长期难以取得重大进展的情况下，一些发达经济体越来越倾向于通过构建大型 FTA/EPA 来掌握新国际规则制定权。美国奥巴马政府积极推动跨太平洋伙伴关系协定（TTP）和跨大西洋贸易与投资伙伴协定（简称 TTIP）的重要目标就是力图掌握 21 世纪国际经贸新规则的制定权。特别是 TPP 明显具有 "WTO 升级版" 的特征，TPP 谈判所推进的贸易自由化和市场开放远远超过了 WTO 相关协议所涵盖的领域。日本积极参加 TPP 谈判，并且在美国退出 TPP 后主导完成 CPTPP 谈判，其重要战略目标就是将自身利益诉求反映到 TPP/CPTPP 规则之中，以便使新国际规则更能反映日本利益。① 三是日本构建区域经济伙伴关系具有明显的平衡中国影响力的战略意图。日本推动 TPP/CPTPP 谈判以及将印度、澳大利亚、新西兰纳入 RCEP 谈判都有这方面的考虑。随着中国经济的快速发展，日本在东亚地区的影响力日渐式微。但日本并不甘心于中国占据东亚区域合作主导地位的现实情况，一直希望借助区域外的力量平衡中国的影响力，进而继续维护自身在东亚地区的影响力。

3. 韩国自由贸易区战略实施进展

韩国也是构建区域 FTA 的后来者，直到 2000 年以前，韩国未与任何国家或地区签订 FTA。进入 21 世纪以后，韩国参与制度性区域经济合作的步伐空前加快，以 2004 年 4 月韩国—智利 FTA 正式生效为起点，到 2016 年 7 月韩国—哥伦比亚 FTA 正式生效为止的 12 年间，韩国共签署并且正式生效的 FTA 数量达到 17 个。此后至今，韩国尚未与任何国家和地区签署新的 FTA。尽管如此，2018 年，韩国对外货物进出口贸易额的 FTA 覆盖率高达 67.8%，其中出口贸易额的 FTA 覆盖率为 72.5%，进口贸易额的 FTA 覆盖率为 62.5%。韩国已成为进出口贸易额 FTA 覆盖率最高的发达经济体之一（见表 1 – 6）。

---

① 吴昊、姜保中：《日本围绕参加 TPP 谈判的争论》，《现代日本经济》2014 年第 3 期，第 28 ~ 40 页。

表 1-6　韩国 FTA 基本情况一览

单位：%

对象国家或地区		生效日期 （年月日）	相关 FTA 对韩国进出口贸易的覆盖率		
			进出口	出口	进口
已生效	智利	2004.4.1	0.6	0.3	0.8
	新加坡	2006.3.2	1.7	1.9	1.5
	欧洲自由贸易联盟	2006.9.1	0.7	0.6	0.9
	东盟	2007.6.1	14.0	16.6	11.1
	印度	2010.1.1	1.9	2.6	1.1
	欧盟	2011.7.1	10.5	9.5	11.6
	秘鲁	2011.8.1	0.3	0.1	0.5
	美国	2012.3.15	11.5	12.0	11.0
	土耳其	2013.5.1	0.6	1.0	0.2
	澳大利亚	2014.12.12	2.7	1.6	3.9
	加拿大	2015.1.1	1.0	0.9	1.1
	中国	2015.12.20	23.6	26.8	19.9
	新西兰	2015.12.20	0.3	0.3	0.3
	越南	2015.12.20	6.0	8.0	3.7
	哥伦比亚	2016.7.15	0.2	0.2	0.2
	合计		67.8	72.5	62.5
已签署	中美洲六国	——	0.3	0.4	0.1
谈判中	中国、日本	——	31.0	31.9	30.1
	RCEP	——	49.9	52.9	46.5
	厄瓜多尔	——	0.1	0.1	0.0
	以色列	——	0.2	0.2	0.2
	南方共同市场	——	0.9	0.9	0.8
	印度尼西亚	——	1.8	1.5	2.1
	菲律宾	——	1.4	2.0	0.7

　　注：①中美洲六国指哥斯达黎加、危地马拉、洪都拉斯、尼加拉瓜、萨尔瓦多、巴拿马。
　　②韩国已生效的 FTA 进出口覆盖率合计值不是所有 FTA 覆盖率之和，因为部分 FTA 存在成员重叠问题，所以计算 FTA 的总体进出口覆盖率需要扣除重叠计算部分。
　　资料来源：根据日本贸易振兴机构编制《世界と日本のFTA一览》以及韩国贸易协会公布的韩国进出口贸易统计数据整理制作。

　　韩国实施自由贸易区战略有三个明显的特点。一是坚持"先易后难"

的推进路径。所谓"先易后难"，就是指在选择谈判和签署自由贸易协定对象国或地区时，优先考虑选择经济规模相对较小、对双方各自弱势产业冲击不大，而且比较容易达成相关协定的经济体。例如，与韩国签署第一个自由贸易协定的国家是智利。智利虽然经济规模小，但一直奉行市场开放的对外经济政策，特别是在构建 FTA 方面态度非常积极，并且与智利签订和实施 FTA 不会对韩国弱势产业部门造成较大冲击。当然，韩国并未止步于只和这样的国家和地区签订 FTA，而是将其作为一种政策调整的起步和经验积累的必要过程。在积累了必要的经验后，韩国在加快实施 FTA 战略步伐的同时，还将重点对象转移到大型经济体上来，先后与东盟、印度、欧盟、美国、中国签订了 FTA。二是从 FTA 对象国或地区的地域分布方面看，韩国采取了"由远及近"的推进路径。尽管韩国进出口贸易对东北亚乃至东亚地区依赖度非常高，但是由于东北亚地区政治安全局势矛盾复杂，一些国家相互开放弱势产业和敏感行业的难度较大，特别是区域外因素的干扰也非常严重，所以韩国在选择 FTA 伙伴国家和地区时并未从邻近国家起步，而是首先选择一些与自己地理位置距离较远的国家和地区率先达成协议，然后逐步过渡到远近并举的发展阶段。在东北亚地区，韩国只与中国达成了双边 FTA，日韩 FTA 在协议文本谈判结束后就一直处于搁置状态，主要是因为韩国非常担心日韩 FTA 的实施将会对韩国汽车、电子信息、化工、机械等优势产业造成难以承受的冲击。三是采取"以点带面"的推进路径。韩国的 FTA 战略明显是具有全球布局考量的，即希望建立面向全球的 FTA 网络。然而，由于韩国加入 FTA 进程较晚，这种 FTA 全球布局战略很难一步到位。在这种情况下，韩国采取了"以点带面"的推进路径，即在全球主要经济区都选择一些重要的突破点率先取得进展，然后再与有关地区的主要经济体磋商建立 FTA 事宜，最终逐步与自己的主要出口市场签订 FTA。韩国在美洲选择的突破点为智利，然后推进到秘鲁，重点则是美国。在亚洲，韩国选择的突破点是新加坡，然后推进到东盟，进而与印度、中国两大经济体先后达成双边 FTA。在欧洲，韩国首先签订的是与欧洲自由贸易联盟的 FTA，但重点是与欧盟的 FTA。

4. 中日韩自由贸易区谈判进展

中、日、韩分别是世界第二、第三、第十一大经济体,2018 年总人口接近 16 亿,约占全球人口的 1/5,占东亚的比重超过 2/3;经济总量超过 21 万亿美元,高于欧盟 27 国 GDP 总和,占全球的比重接近 1/4,占东亚的比重接近 90%;进出口贸易总量接近 7200 亿美元,占全球的比重接近 1/5,占东亚的比重接近 80%。中、日、韩三国已经建立起了以领导人会议为中心,21 个部长级会议为主体,中、日、韩合作秘书处等为支撑的全方位合作体系。合作涵盖经贸、交通、信息、海关、环境、科技、农林等近 30 个领域。① 中、日、韩如果能够就签订达成一致,在东北亚地区建立一个与欧盟、北美自由贸易区体量接近的巨型自由贸易区,不仅能够推动东北亚区域合作发展进入一个全新阶段,而且对全球经济格局调整也将产生不可忽视的影响。

建立中、日、韩自由贸易区的构想最早是由中国时任总理朱镕基于 2002 年提出的。2007 年 3 月,中、日、韩三国成立联合研究委员会,负责探讨建立中日韩自由贸易区的可行性,并开始进行三边投资协定谈判。2009 年 10 月,第二次中、日、韩领导人会议期间,三国领导人一致同意尽快启动中日韩自由贸易区政府、企业、学界联合研究。2010 年 5 月,中日韩自由贸易区政府、企业、学界联合研究第一轮会议在韩国首都首尔举行。2011 年 11 月,中、日、韩三国领导人会议达成共识,要在 2011 年 12 月底完成对中日韩自由贸易协定的联合研究,并尽快启动正式谈判。2012 年 5 月,中、日、韩三国领导人在北京举行的第五次中、日、韩领导人会议,就年内启动三国自由贸易区谈判达成共识。2012 年 11 月,中、日、韩三国商务部长在柬埔寨金边第二十一届东盟及其系列峰会期间会晤,宣布启动中、日、韩 FTA 谈判。2013 年 3 月,中日韩自贸区第一轮谈判在韩国首尔举行(见表 1-7)。截至目前,中、日、韩 FTA 谈判已经进行了十六轮,也在许多领域取得重要进展和共识,但何时能够结束最终谈判并建成中日韩自由

---

① 《李克强在第八次中日韩领导人会议上的讲话》,新华网,http://www.xinhuanet.com//world/2019-12/25/c_1125384230.htm。

贸易区，目前还很难判断。

表 1 - 7 中、日、韩 FTA 谈判历程

谈判轮次	谈判时间	谈判地点	谈判内容
第一轮	2013 年 3 月 26 ~ 28 日	韩国 首尔	三方讨论了自贸区的机制安排、谈判领域及谈判方式等议题，并商定将在 2013 年举行三轮谈判，后两轮谈判将分别在中国和日本举行
第二轮	2013 年 7 月 30 日至 8 月 2 日	中国 上海	三方就货物贸易、服务贸易、原产地规则、海关程序和便利化、贸易救济、TBT/SPS、竞争政策、知识产权、电子商务等议题进行磋商和交流
第三轮	2013 年 11 月 26 ~ 29 日	日本 东京	三方对制定保护专利的规则和放宽投资限制等问题进行了讨论，举行了商品、服务、投资、竞争、知识产权、电子商务领域的工作小组会议，并开展了有关环境、政府采购、食品领域的专家对话
第四轮	2014 年 3 月 4 ~ 7 日	韩国 首尔	三方主要就货物贸易的降税模式、服务贸易和投资的开放方式、协定的范围和领域等议题展开了磋商
第五轮	2014 年 9 月 3 ~ 5 日	中国 北京	三方继续就货物贸易降税模式、服务贸易和投资开放方式及协定范围与领域等议题展开磋商，在协定的范围和领域、谈判未来安排等方面取得积极进展，三方还同意将电子商务、环境、合作纳入协定并相应成立工作组
第六轮	2015 年 1 月 16 ~ 17 日	日本 东京	三方就货物贸易、服务贸易、竞争和知识产权等议题展开了广泛讨论，并举行了首席代表谈判，积极寻求有争议问题的解决办法，以加快谈判
第七轮	2015 年 5 月 12 ~ 13 日	韩国 首尔	三方继续就货物贸易、服务贸易、投资、协定范围领域等议题深入交换意见，并同意下一步的谈判进入要价阶段
第八轮	2015 年 9 月 24 ~ 25 日	中国 北京	三方继续就货物贸易、服务贸易、投资、协定领域范围等议题深入交换意见
第九轮	2016 年 1 月 14 ~ 18 日	日本 箱根、东京	三方就货物贸易关税减让的谈判方针和服务投资自由化方式等进行了讨论，同时还举行了涉及相关规则及合作规范等 20 多个领域的工作组会议及专家会议
第十轮	2016 年 6 月 27 ~ 28 日	韩国 首尔	三方继续就货物贸易、服务贸易、投资、协定领域范围等议题深入交换意见。三方均认为，建立中日韩自贸区有助于充分发挥三国间的产业互补性，挖掘提升三国贸易投资水平的潜力，促进区域价值链进一步融合，符合三国整体利益，有利于本地区的繁荣与发展

续表

谈判轮次	谈判时间	谈判地点	谈判内容
第十一轮	2017 年 1 月 11～12 日	中国 北京	三方就关税、原产地规定、货物贸易方针、服务贸易自由化方式等核心问题及详细落实方案进行了集中讨论，同时还正式启动了有关金融、通信等领域的磋商
第十二轮	2017 年 4 月 10～13 日	日本 东京	三方先期举行了服务贸易、电信、金融服务、自然人移动、投资、竞争政策、知识产权、电子商务等工作组会议，并就服务贸易管理措施进行了全面细致的政策交流，一致同意致力于尽早达成一份全面、高水平、互惠、具有独特价值的自贸协定
第十三轮	2018 年 3 月 23 日	韩国 首尔	三方就如何推动货物贸易、服务贸易及投资等领域的自由化、便利化深入交换了意见，同时还举行了服务贸易、电信、金融服务等工作组会议，并就服务贸易管理措施进行了全面细致的政策交流
第十四轮	2018 年 12 月 7 日	中国 北京	三方均认为，随着三方共同参加的《区域全面经济伙伴关系协定》（RCEP）谈判取得实质性进展，中日韩自贸区谈判提速基础已经具备，三方将在 RCEP 已取得的成果基础上探讨通过中日韩自贸区进一步提高贸易投资自由化水平。三方商定，下一轮谈判将在日本举行，三方将从下一轮谈判起恢复工作组会议，就货物贸易、服务贸易、投资等议题展开实质性磋商
第十五轮	2019 年 4 月 12 日	日本 东京	三方举行了首席谈判代表会议、司局级磋商和 13 个具体议题的分组会议，就相关议题谈判推进的方法、路径达成积极共识，明确了下一步工作安排。三方一致同意，在三方共同参与的区域全面经济伙伴关系协定已取得共识的基础上，进一步提高贸易和投资自由化水平，纳入高标准规则，打造"RCEP＋"的自贸协定
第十六轮	2019 年 11 月 28～29 日	韩国 首尔	三方围绕货物贸易、服务贸易、投资和规则等重要议题深入交换了意见，一致认为建设中日韩自贸区符合三国共同利益，特别是在当前贸易保护主义抬头、全球经济形势复杂严峻的背景下，应按照三国领导人达成的共识，加快谈判进程，积极打造一份全面、高质量、互惠且具有自身价值的自贸协定

资料来源：根据中国商务部官方网站、《人民日报》等媒体记载的相关信息整理、制作。

（三）东北亚次区域合作开发的进展

次区域开发合作也是东北亚区域合作的重要内容。东北亚次区域开发合作最初主要是指图们江区域国际合作开发，后来有关各国提出了一系列合作构想，其内容和合作领域日渐丰富。目前，"大图们倡议"、中国东北地区同俄罗斯远东及东西伯利亚地区合作、中蒙俄经济走廊建设已成为三个最受各国关注的东北亚次区域开发合作领域。

1. "大图们倡议"合作机制下的区域合作

"大图们倡议"合作机制（The Greater Tumen Initiative，GTI），是由联合国开发计划署（UNDP）支持的中国、蒙古国、韩国和俄罗斯联邦四个国家之间的政府间合作机制，起始于图们江地区发展计划（Tumen River Area Development Programme，TRADP）。冷战体制终结后，东北亚地区局势出现明显缓和，东北亚各国开始思考如何通过加强区域合作促进地区发展问题。1990 年 7 月，在长春召开的"第一次东北亚经济发展国际学术讨论会"上，中国学者率先提出了"图们江地区开发"的构想。1991 年，联合国开发计划署决定对图们江地区开发计划提供财政资助，从而在联合国开发计划署的主导下开始了图们江地区发展计划的筹备过程。自联合国开发计划署决定将图们江地区开发纳入其第五期（1992～1996 年）优先支持项目以后，有关各方曾多次发布图们江区域合作目标和行动方案的报告。例如，1991 年 10 月，在联合国开发计划署组织的第二次东北亚次区域项目协商会上，发布了由联合国专家撰写并经有关各国共同修改的题为《图们江地区开发愿景》的考察报告。该报告提出计划用 20 年时间、耗资 300 亿美元，将图们江地区建设成东北亚贸易和交通枢纽。

1991～2005 年，是图们江地区发展计划运作阶段。1995 年 11 月，中、俄、朝、韩、蒙五国在纽约联合国总部正式签署了三个框架性合作文件，即《关于建立图们江地区开发协调委员会的协定》《关于建立图们江经济开发区及东北亚开发协商委员会的协定》和《图们江经济开发区及东北亚环境准则谅解备忘录》，并且根据上述文件正式建立了"协调委员会"（Coordination Committee）和"协商委员会"（Consultative Commission），图们江地区开发计划正式进入实质性运作阶段。为加强图们江地区开发计划的落实和推动有关各国协调行动，1998 年，在北京成立了联合国开发计划署图们江秘书处（Tumen Secretariat）。此后，在图们江秘书处的组织和协调下，有关各方提出了一系列关于图们江地区开发的融资支持、环境保护、交通设施建设、通关便利化等方面的合作方案和项目。

2006 年至今为"大图们倡议"合作机制运作时期。2005 年 9 月，在长春召开的第八届图们江地区开发计划"协商委员会"会议上，各国代表共同签署了《成员国关于大图们倡议的长春协定》，决定将 1995 年签署的"两个协议、一个备忘录"延长 10 年，同时将合作区域的地理范围扩大到大图们区域（GTR），即从图们江地区开发计划的图们江三角洲地区，扩展至包括中国东北三省和内蒙古自治区、朝鲜罗津经济贸易区、蒙古国东北地区、韩国东部港口城市、俄罗斯滨海边疆区的广阔区域，并将合作框架的名称从图们江地区开发计划调整为大图们倡议。此次会议还通过了《GTI 战略行动计划 2006—2015》（简称"战略行动计划"），提出 GTI 成员国的共同愿景是在大图们区域致力于合作推进"益贫式增长"（pro-poor growth），到 2015 年全面实现联合国确定的千年发展目标。具体来讲，主要合作开发愿景包括两个方面：（1）在图们江地区培育一个增长极；（2）将整个大图们区域变成对投资有吸引力的地区。此外，该战略行动计划还提出了各国参与"大图们倡议"的共同战略目标，并原则性地描述了交通运输、旅游、能源、投资、环境等优先领域合作的战略目标与战略措施。

此后，"大图们倡议"合作机制不断充实和调整。2007～2010 年，"大图们倡议"相继设立了运输委员会（Transport Board）、旅游委员会（Tourism Board）、贸易便利化委员会（Trade Facilitation Committee）、能源委员会（Energy Board）和环境委员会（Environmental Board）五个政府间部门委员会，以便使 GTI 在这些领域的运作制度化，并协调具体领域的合作活动和项目。2008 年，由各成员出资建立了 GTI 共同基金，作为联合国开发计划署的信托基金为 GTI 秘书处的运作提供资金支持。2010 年，"大图们倡议"启动向独立法律实体转型进程。2011 年，为加强地方政府间的区域经济合作和中央与地方的协调，"大图们倡议"成立了东北亚地方合作委员会（NEA Local Cooperation Committee）。2012 年，"大图们倡议"成立了东北亚进出口银行协会（NEA EXIM Banks Association），作为区域开发的融资机构以支持未来项目。

截至目前，"大图们倡议"仍是协调东北亚次区域开发合作的唯一多边政府间合作机制，其在促进有关各国政策沟通和协调方面发挥了重要作用，并且提出了许多具有重要参考价值的合作方案和项目。当然，也需要看到这一合作机制仍然是非常不完善的。大图们区域合作开发主要面临着五个方面的现实矛盾，即宏大合作开发目标与有效实施措施缺失的矛盾，国际协调的复杂性与各国中央政府参与不足的矛盾，次区域开发合作的性质与地方政府和企业支撑不足的矛盾，合作区域地理范围划定与合作目标的匹配性矛盾（日本一直没有正式加入，朝鲜在 2009 年退出了该合作机制），巨额资金需求与国际金融合作难以启动的矛盾。① 正是由于上述现实矛盾，"大图们倡议"所提出的合作构想大部分没有得到落实。

造成大图们区域合作开发进展缓慢的原因极为复杂，其中既有东北亚地区政治经济环境方面的原因，也有区域合作机制方面的原因。当然，这两个方面并不是彼此隔绝的，而是相互紧密关联的，甚至在一定程度上是相互强化的。一方面，由于东北亚各国在意识形态、政治制度、经济体制、文化传统等方面存在巨大的差异以及该地区矛盾复杂多样，所以在参与大图们区域合作方面一直没有展现出共同的政治意愿，并致使"大图们倡议"的组织结构和运作机制存在许多问题。另一方面，也恰恰是由于"大图们倡议"的组织结构和运作机制存在问题，才使得图们江区域合作难以取得各方期待的进展，而这种情况又使得各方所期待的通过区域合作促进自身经济增长与区域和平稳定的愿景难以变为现实。

2. 中国东北地区与俄罗斯远东地区合作

2003 年中国实施东北振兴战略以来，社会各界一致认为扩大开放是推动东北振兴的重要途径之一。东北地区的对外开放，首先是面向东北亚地区的开放，特别是与俄罗斯等国的跨境经济合作。与此同时，俄罗斯也越来越重视其远东及东西伯利亚开发问题，先后发布了俄罗斯联邦远东地区发展战略和规划等一系列重要文件，明确了其远东及东西伯利亚地区开发

---

① 吴昊、马琳：《图们江区域合作开发 20 年：愿景何以难为现实?》，《吉林大学社会科学学报》2012 年第 6 期，第 137~144 页。

的目标、任务及政策措施。在这种背景下，推动中国东北地区与俄罗斯远东地区跨境合作的条件日趋成熟，两国领导人对此也越来越重视。

2007 年 3 月，胡锦涛访问俄罗斯期间，与俄总统普京就双方加强地方合作，特别是加强中国东北振兴战略与俄罗斯远东开发规划对接事宜达成广泛共识，并决定责成各自政府部门共同制订相关合作计划。2007 年 8 月，中俄两国最高领导人会晤期间，胡锦涛再次建议双方早日启动协调两国地方发展战略，制订中俄地方合作中长期规划。2009 年 6 月，胡锦涛访俄期间发表的《中俄元首莫斯科会晤联合声明》提出，"协调中俄毗邻地区发展战略有助于加快两国地区经济发展速度。双方就制订中国东北地区与俄罗斯远东及东西伯利亚地区间合作规划纲要做了大量工作。通过互惠、可行的办法协调两国毗邻地区发展战略，符合中俄两国人民利益，将促进中俄两国边境地区的睦邻友好合作，有助于完善合作形式，提高合作层次"①。2009 年 9 月，中俄两国最高领导人正式批准《中华人民共和国东北地区与俄罗斯联邦远东及东西伯利亚地区合作规划纲要（2009—2018 年)》（简称《规划纲要》)。该《规划纲要》由序言、合作领域、附件三部分组成，其中合作领域与附件是纲要的主体部分。合作领域共分为八个章节，包括口岸及边境基础设施建设与改造、地区运输、发展合作园区、劳务合作、地区旅游合作、地区人文合作、地区环保合作、地区合作重点项目等内容，涉及的合作交流项目达 100 多项，附件列出的重点双向投资合作项目 200 多项，覆盖矿产、能源、农业、林业、渔业、机械、建筑、建材等产业领域。

2012 年以来，俄罗斯对其远东地区开发的态度更加积极。2012 年 9 月，俄罗斯在其远东城市符拉迪沃斯托克主办了亚太经济合作组织第二十次领导人非正式会议，希望以此为开端将远东地区开发与俄罗斯面向亚太地区开放紧密地联系起来，并将远东地区发展成为俄罗斯通向亚太地区和面向亚太地区开放的大门，同时成为亚太地区通向欧洲最便捷和最经济的通道。2015 年 9 月，俄罗斯在符拉迪沃斯托克举办第一届东方经济论坛，并将其

---

① 《中俄元首莫斯科会晤联合声明》（全文），中华人民共和国政府官方网站，http://www.gov.cn/ldhd/2009 - 06/18/content_1343301.htm。

确定为俄罗斯深化与亚太地区合作的对话和交流平台，论坛每年举行一届，符拉迪沃斯托克是论坛的永久举办地。

中国提出共建"一带一路"倡议后，中俄围绕两国战略对接的讨论和合作不断深入。2014 年 10 月，中俄总理第十九次定期会晤发表的联合公报中提出，双方要"在使用俄罗斯远东港口等交通运输基础设施发展中俄陆海联运合作方面加强合作"。2015 年 3 月，中国政府发表的《推动共建丝绸之路经济带和 21 世纪海上丝绸之路的愿景与行动》将中国东北地区定位为"向北开放的重要窗口"，并且明确提出了该地区开展对俄合作的重点，即"完善黑龙江对俄铁路通道和区域铁路网，以及黑龙江、吉林、辽宁与俄远东地区陆海联运合作，推进构建北京—莫斯科欧亚高速运输走廊"①。2016 年 4 月发布的《中共中央　国务院关于全面振兴东北地区等老工业基地的若干意见》提出，要"加强东北振兴与俄远东开发战略衔接，深化毗邻地区合作"②。俄罗斯总统普京在第二届东方经济论坛的致辞中提出了建设"滨海 1 号"和"滨海 2 号"交通走廊的构想。2016 年 12 月，俄罗斯政府批准了"滨海 1 号"和"滨海 2 号"国际交通走廊发展构想。"滨海 1 号"国际交通走廊为哈尔滨—牡丹江—绥芬河—波格拉尼奇内（或东宁—波尔塔夫卡）—乌苏里斯克—符拉迪沃斯托克港（或东方港、纳霍德卡港）—海上航线；"滨海 2 号"国际交通走廊为长春—吉林—珲春—克拉斯基诺（或珲春—马哈林诺、卡梅绍娃亚）—扎鲁比诺港—海上航线。按照俄方设想，"滨海 1 号"和"滨海 2 号"国际交通走廊建设，既包括公路、铁路、港口、机场、口岸和通信系统等基础设施现代化建设，也包括人员和货物的通关便利化。2018 年 11 月，中俄总理第二十三次定期会晤期间，双方正式批准了中国商务部和俄罗斯远东发展部编制的《中俄在俄罗斯远东地区合作发展规划（2018—2024 年）》。该发展规划首先从中俄合作的视角归纳了俄罗斯远东地区在地理位置、能矿资源、农林水产、交通运输、航空船舶制造等方面优势，俄罗斯

---

① 《推动共建丝绸之路经济带和 21 世纪海上丝绸之路的愿景与行动》，中国商务部官方网站，http://www.mofcom.gov.cn/article/resume/n/201504/20150400929655.shtml。

② 《中共中央　国务院关于全面振兴东北地区等老工业基地的若干意见》，中华人民共和国中央人民政府官方网站，http://www.gov.cn/zhengce/2016－04/26/content_5068242.htm。

支持远东地区吸引外国投资者的政策，特别是重点引资的地域和领域、税收优惠、基础设施和资金配套支持政策、电子签证等，并对俄远东地区开展中俄经贸合作的天然气与石油化工业、固体矿产、运输与物流、农业、林业、水产养殖和旅游七个优先领域进行了概括性推介。①

近年来，在中俄两国政府的高度重视下，中国东北地区与俄罗斯远东地区跨境合作已经取得许多重要进展。其中最为引人注目的就是跨境交通基础设施对接和能源资源合作。长期以来，中方一直积极推动中俄同江铁路界河桥和中俄黑河—布拉戈维申斯克黑龙江界河公路大桥建设，但俄方态度却一直不够积极。在中俄战略互动和地区发展战略对接不断加强的背景下，上述两个跨境大桥分别于 2014 年 2 月和 2015 年 12 月开工建设。其中，中俄同江铁路界河桥已于 2019 年 3 月全线贯通，中俄黑河—布拉戈维申斯克黑龙江界河公路大桥也已于同年 5 月顺利合龙。

近年来，中俄两国在能源领域的合作不断扩大和深化。2011 年 1 月，俄罗斯斯科沃罗季诺到中国大庆的中俄原油管道正式开通，每年向中国供油 1500 万吨。2018 年 1 月，中俄石油管道二线正式投入使用，中俄原油管道二线与一线并行，使俄罗斯对中国供油能力增加到 3000 万吨。2014 年 5 月，中俄两国政府签署《中俄东线天然气合作项目备忘录》，中国石油天然气集团公司和俄罗斯天然气工业股份公司签署了《中俄东线供气购销合同》。合同总价值达 4000 亿美元，俄方每年向中方供气 380 亿立方米，期限为 30 年。在 2019 年 12 月 2 日，中俄东线天然气管道正式开始供应天然气，在满负荷运转后，每年能向中国输送 380 亿立方米天然气，约占中国 2018 年天然气消费量的 14% 和进口量的 28%。

此外，中俄两国在农业、旅游、科技、投资等领域的合作也取得了明显进展。当然，受各种因素的影响，中国东北地区与俄罗斯远东地区计划开展的许多合作项目还没有完全启动，一些项目进展也较为缓慢，全面落实双方已经达成的合作共识还存在大量现实困难。

---

① 《中俄在俄罗斯远东地区合作发展规划（2018—2024 年）》，中国商务部官方网站，http://images. mofcom. gov. cn/www/201811/20181115164728217. pdf。

3. 合作共建"中蒙俄经济走廊"

中蒙俄经济走廊是"一带一路"倡议重点推动建设六大经济走廊之一。"一带一路"倡议提出以来,中国政府一直积极推动与相关国家发展战略对接,特别是与周边国家发展战略相互衔接。2014 年 9 月,习近平主席在出席上海合作组织杜尚别峰会期间,与俄罗斯总统普京、蒙古国总统额勒贝格道尔吉举行了首次三国元首会晤,习近平主席建议"把丝绸之路经济带同俄罗斯跨欧亚大铁路、蒙古国草原之路倡议进行对接,打造中蒙俄经济走廊,加强铁路、公路等互联互通建设,推进通关和运输便利化,促进过境运输合作,研究三方跨境输电网建设,开展旅游、智库、媒体、环保、减灾救灾等领域务实合作"①。习近平主席的建议得到了俄、蒙两国元首的积极响应,三方原则商定在进一步发展睦邻友好合作关系基础上开展三方合作,并且确定了三方合作的基本原则、主要方向和重点领域。

2015 年 3 月,中国政府发布《推动共建丝绸之路经济带和 21 世纪海上丝绸之路的愿景与行动》,系统阐述了中国推动共建"一带一路"的构想与政策主张,正式将中蒙俄经济走廊确定为重点建设的六大经济走廊之一。2015 年 7 月,在上海合作组织乌法峰会期间,根据三国元首首次会晤达成的开展三方合作共识,三国政府代表共同签署了《中华人民共和国、俄罗斯联邦、蒙古国发展三方合作中期路线图》《关于中俄蒙边境口岸发展领域合作的框架协定》以及《关于编制建设中俄蒙经济走廊规划纲要的谅解备忘录》(简称《谅解备忘录》),明确了三方联合编制《建设中蒙俄经济走廊规划纲要》的总体框架和主要内容。此后,中方根据该《谅解备忘录》所确定的规划纲要、基本框架和编制路线图,主动承担起了规划纲要文本草案的编制任务,推动三方有关部门举行了多轮磋商,并积极协调三方就规划纲要文本内容达成一致意见。2016 年 6 月,在中、蒙、俄三国元首的共同见证下,三方有关政府部门在乌兹别克斯坦首都塔什干正式签署《建设中蒙俄经济走廊规划纲要》。此举被誉为"一带一路"建设的重要早期收

---

① 《习近平出席中俄蒙三国元首会晤》,新华网,http://www.xinhuanet.com/world/ 2014 - 09/ 11/c_1112448718.htm。

获，标志着"一带一路"首个多边经济合作走廊建设方案正式形成。① 《建设中蒙俄经济走廊规划纲要》明确了经济走廊建设的具体内容、资金来源和实施机制，确定了 32 个重点合作项目，涵盖交通基础设施发展及互联互通、口岸建设和海关及检验检疫监管、产能与投资合作、经贸合作、人文交流合作、生态环保合作、地方及边境地区合作七大重点领域。

在促进交通基础设施发展及互联互通方面，主要任务是共同规划发展三方公路、铁路、航空、港口、口岸等基础设施资源，加强在国际运输通道、边境基础设施和跨境运输组织等方面的合作，形成长效沟通机制，促进互联互通，推动发展中国和俄罗斯、亚洲和欧洲之间的过境运输。在口岸建设和海关、检验检疫监管方面，主要任务是加强三方口岸软、硬件能力建设，推动基础设施翻新和改造，提升口岸公共卫生防控水平，加强信息互换和执法互助，创新完善海关、检验检疫业务及货物监管机制和模式，共同推动提升口岸通行过货能力。在产能与投资合作方面，主要任务是加强三方在能源矿产资源、高技术、制造业和农林牧等领域合作，共同打造产能与投资合作集聚区，实现产业协同发展，形成紧密相连的区域生产网络。在深化经贸合作方面，主要目标是发展边境贸易，优化商品贸易结构，扩大服务贸易量；拓展经贸合作领域，提升经贸合作水平。在人文交流合作方面，主要目标是深化教育、科技、文化、旅游、卫生、知识产权等方面的合作，促进人员往来便利化，扩大民间往来和交流。在生态环保合作方面，主要目标是研究建立信息共享平台，开展生物多样性、自然保护区、湿地保护、森林防火及荒漠化领域的合作，扩大防灾减灾方面的合作，积极开展生态环境保护领域的技术交流合作。在地方及边境地区合作方面，主要目标是建设一批地方开放合作平台，推进地方及次区域合作机制建设，适时编制本国地方参与中蒙俄经济走廊建设实施方案。②

自《建设中蒙俄经济走廊规划纲要》正式签署以来，落实规划纲要一

---

① 《中蒙俄将以签署〈建设中蒙俄经济走廊规划纲要〉为契机实现共同发展》，新华网，http://www.xinhuanet.com/world/2016–06/24/c_1119108879.htm。

② 《建设中蒙俄经济走廊规划纲要》，中国国家发改委官方网站，https://www.ndrc.gov.cn/xxgk/zcfb/ghwb/201609/t20160912_962194.html。

直是中、蒙、俄三国元首会晤的重要内容,三方有关政府部门每年至少举行一次专门会议,以协调规划纲要及相关项目实施。通过三方的持续深入沟通,各方充分认识到建设中蒙俄经济走廊的重大意义,并且在一些具体合作项目方面也已深入探讨合作方案。当然,中蒙俄经济走廊建设是一项巨大的长期工程,短期内还难以将所有的规划内容和建设项目全部落实,这既与中蒙俄经济走廊建设合作机制不完善有关,同时也与俄罗斯、盟国面临的现实困难和战略选择有关。

从合作机制方面看,正如《建设中蒙俄经济走廊规划纲要》所明确规定的一样,"本规划纲要非国际条约,不产生国际法上的权利和义务"。也就是说该规划纲要是中蒙俄开展跨境区域合作意向性框架协议,签约各方都无须承担与规划纲要有关的强制性责任,并且启动任何具体的合作项目都需要三国政府部门、企业等项目实施单位具体协商。该规划纲要虽然列出了一些拟重点推进的合作项目,但对于如何推进以及如何解决资金支持,都没有明确规定,而是仅提出"规划纲要涉及项目的投融资将就具体情况以单独协议的形式落实,包括利用国家投资、私营机构投资,引入公私合营模式等可能性。共同推动国际金融机构融资,包括但不限于亚洲基础设施投资银行、金砖国家开发银行、上海合作组织银行联合体、丝路基金等金融机构的投融资支持"。

从现实情况来看,近年来俄罗斯和蒙古国都面临较大的经济困难,很难为众多需要大量投资的基础设施建设项目提供有力的财力支持。蒙古国和俄罗斯远东及东西伯利亚地区基础设施落后,是中蒙俄经济走廊建设的突出制约因素。蒙古国只有一条铁路贯穿南北,铁路设备和技术装备严重老化。根据蒙古国统计局数据,2015 年蒙古国铁路载货量只有 3582 万吨,远远不能满足大宗矿产品的对外运输需求。此外,蒙古国的公路、通信设施、电力设施等也非常落后。俄罗斯远东及东西伯利亚的许多交通基础设施仍为苏联时期所建设,铁路网络密度非常稀疏,设施也非常陈旧。[①] 在这

---

① 米军、李娜:《中蒙俄经济走廊建设:基础、挑战及路径》,《亚太经济》2018 年第 5 期,第 5 ~ 12 页。

种情况下，合作共建中蒙俄经济走廊，特别需要中国投资以及引进国际资本。然而蒙古国及俄罗斯远东的投资环境一直不够理想，特别是法律政策多变，一些领域和产业对外国投资开放度不高，甚至在一定程度上对大规模引进中国投资还存在种种疑虑。

正是由于存在这些极为突出的现实困难，曾引起国际社会广泛关注的许多中蒙俄经济走廊建设项目至今都没能得以正式启动。中蒙"两山"铁路就是其中的典型实例之一。中蒙"两山"铁路即连接中国内蒙古阿尔山市至蒙古国东方省乔巴山市的国际铁路，建成后将形成珲春—长春—乌兰浩特—阿尔山—乔巴山市—俄罗斯赤塔，最后与俄罗斯远东铁路相连的一条新欧亚大陆路桥。这条跨境铁路建设已经讨论多年，但至今仍未确定能否建设以及何时开工建设。莫斯科—喀山高铁项目一度被确定为中俄共建"俄罗斯（莫斯科）—中国（北京）"欧亚高速运输走廊的重要组成部分，并且一度启动勘察设计工作，但最后俄罗斯取消了该高速铁路建设计划。此外，中蒙策克口岸跨境铁路、中蒙二连浩特—扎门乌德跨境经济合作区等重点推进建设项目也进展较为缓慢。中蒙俄经济走廊建设取得重大突破还需要各方付出更大的切实努力。

二　东北亚国际体系变革与区域合作发展前景

从各国间经济互补性和区域生产网络发展情况来看，东北亚地区具有推进经济一体化的良好现实基础和巨大发展潜力，然而这种现实基础和发展潜力并没有得到充分发掘。关于制约东北亚区域合作深入发展的主要因素，学术界已有非常清楚的认识，普遍认为复杂的历史与现实矛盾、国际政治与安全形势问题突出、域外因素的干扰、各国间经济发展差距巨大和弱势产业开放面临的现实困难等，都是造成东北亚区域合作发展滞后的突出问题。[①] 国家间经济发展差距和弱势产业保护问题，并不能成为制约区域

---

① 廉晓梅：《建立中日韩自由贸易区与我国的对策》，吉林人民出版社，2008，第163~182页。

合作深入发展的根本性因素。近年来，不同发展阶段和发展水平的国家和地区之间建立的自由贸易区越来越多，区域合作对不同类型国家的包容性越来越强。因此，制约东北亚区域合作深入发展的最根本因素是该地区的国际秩序与政治安全局势。东北亚地区是全球范围内政治安全矛盾最复杂多变的地区之一。冷战时期，东北亚地区是东西方两大阵营对峙的前沿地带。冷战体制终结后，东北亚地区政治安全局势曾经历了一段相对趋于平静的时期，区域内各国间关系总体呈现改善态势。进入 21 世纪以来，东北亚地区的许多历史矛盾和分歧日趋突出，新的政治安全问题也不断显现，东北亚国际政治安全形势日益严峻化。

（一）东北亚政治局势与区域合作之间的相互影响

在任何一个地区政治安全局势与经济都不可能处于相互隔绝状态。东北亚国际体系变革和安全局势演变与区域经济合作之间存在极为密切的互馈关系。因此，思考东北亚区域合作的发展前景和发展方向，必须充分考虑国际体系变革与国际政治形势变化的影响。关于东北亚政治安全局势与经济合作关系的讨论，"亚洲悖论"是一个经常被提及的术语。"亚洲悖论"主要是指东北亚地区存在的政治安全问题与经济合作相分离的现象，即尽管东北亚区域经济合作已经高度发展，许多国家之间形成了高度的相互依赖关系，但是却没有建立起政治安全互信，致使该地区政治安全形势非常严峻。有的学者将"亚洲悖论"进一步引申，甚至认为东北亚地区经济合作越发展，其政治安全问题越突出。我们认为这种观察并不客观，东北亚地区政治安全局势与经济合作的互馈关系是非常明显的。

1. 东北亚国际政治局势对区域合作的影响

地区国际政治局势必然会对区域经济合作产生重大影响，甚至制度性的经济合作在很大程度上就是一个政治过程。东北亚地区各国间经贸关系的快速发展，主要得益于冷战结束后地区形势出现前所未有的缓和。如果没有冷战体系的终结，东北亚地区将仍是两极对抗的前沿地带，区域内各国间的经贸关系就不可能获得快速发展。进一步讲，如果冷战体系终结后美日、美韩同盟也随之解体，同时各国之间也不存在纷繁复杂的历史和现实矛盾，那么东北亚区域合作可能会远远超过现有的发展水平。

政治安全问题对区域经济合作的影响并非一个简单的决定与被决定关系，在一定程度上"政经分离"也是正常状态。正如巴里·布赞等所指出的那样，"离开经济和社会维度，就难以理解国际体系的军事—政治维度"，因为"经济体系具有一种强烈倾向，它不仅在范围上比军事—政治体系更广，而且当国际体系达到地理意义上的闭合时，经济体系也比政治—经济体系更强"。① 中日关系和中韩关系都经历过"政冷经热"的局面，即政治关系的严重恶化并没有立刻导致经济关系倒退。

当然，"政经分离"是有条件和有限度的，东北亚地区政治安全问题对区域经济合作的抑制性影响也是非常明显的。这一问题首先表现为制度性区域合作一直难以取得突破性进展。长期以来，关于如何推进东北亚制度性区域合作的讨论非常多，但是大部分方案设想都没有真正引起地区各国政府的充分重视，甚至没有纳入政府层面的磋商议程。中日韩自由贸易区谈判进展一直非常缓慢，截至目前已经进行十六轮谈判，但在各领域谈判都还没有取得突破性进展。造成这种局面的原因是多方面的，既有各方对市场开放安排意见差异过大的经济性原因，也有很多政治性因素的干扰。例如，2013 年中日钓鱼岛争端爆发后，双方政治交流陷入停顿，国家领导人互访和会晤中断，很多领域的合作磋商都陷入困境。其后，"萨德"入韩也导致中韩关系严重倒退，中、韩两国领导人互访和会晤也出现中断。在上述背景下，中日韩领导人会晤机制曾出现中断现象，中日韩自由贸易区谈判也因此陷入止步不前的境地。

当然，中日韩自由贸易区谈判迟迟无法完成也受到区域外因素的影响，特别是美国一直反对东亚地区建立将其排除在外的区域组织。1997 年亚洲金融危机后，有关建立东亚区域合作组织的倡议就因遭到美国反对无果而终。尽管美国政府并未对中日韩自由贸易区谈判公开发表意见，但其对中、

---

① 巴里·布赞、理查德·利特尔：《世界历史中的国际体系》，刘德斌主译，高等教育出版社，2004，第 82 页。

日、韩经济合作加深而影响同盟关系向心力的担心是不言而喻的。在日本政府出台的区域合作（EPA/FTA）战略中，从来没有将建立中日韩自由贸易区作为优先内容，并且从来没有提及要推动与中国开展双边自由贸易协定谈判。

另外，在地区政治安全形势恶化的情况下，各国的民族主义情绪都会上升，这对政府推动与自身存在政治安全矛盾国家的经济合作构成巨大压力，并且直接成为相互间加强合作的社会障碍。例如，韩国不顾中方的强烈反对允许"萨德"入韩后，中国民众对韩国的反感情绪空前高涨，出现了大量自发抵制韩国产品、韩国企业的行动，赴韩国旅游人数大幅度降低，风靡一时的韩国文化热也随之戛然而止。受此影响，中韩双边经贸关系发展也受到很大影响，双边贸易、投资增速都出现了明显放缓。

次区域合作开发问题也是受地区政治安全影响非常大的一个领域。图们江地区合作开发项目曾引起东北亚各国的广泛关注，但由于受地区局势不稳定影响而举步维艰，日本一直没有正式参与。在图们江地区合作开发项目转型升级为"大图们倡议"合作机制后，这样的局面并未出现根本好转。2009 年，朝鲜以联合国对其制裁为由退出了该项目。近年来，各方一直希望将"大图们倡议"合作机制正式转变为东北亚次区域开发组织，使其发展成为具有国际法实体地位的政府间组织机构，然而相关协商并未取得积极进展。东北亚地区政治安全问题是影响其转型的重要原因。因此，并不像"亚洲悖论"支持者所认为的那样，东北亚地区政治安全问题没有对区域经济合作产生影响，实际上产生了诸多负面影响，简而言之就是严重影响区域合作潜力的发挥。

2. 经济合作对东北亚政治安全局势的影响

总体看来，经济合作对地区政治安全局势的影响一般是间接的和滞后的。"亚洲悖论"实质上是对东北亚地区政治安全与经济合作两者之间发展程度不一致的一种困惑，但实际上这种不一致是非常正常的。吉尔斯和弗兰克（Gills and Frank）曾对这种"经济与政治非一致性"（The Economy-polity Contradiction）进行分析，认为"世界经济的相互联系和一体化总是比世界政治的相互联系与一体化更为强烈和广泛，而后者往往更倾向于碎片化和领土边界化"。① 由此看来，"经济与政治非一致性"并非是东北亚地区独有的现象，可能只是东北亚地区这一问题更为突出。

经贸关系密切和经济相互高度依赖国家之间的政治安全问题为什么不能在经济合作中不断得到化解呢？其主要原因是对一个国家来说，经济利益并非最重要的利益，各国都不肯为了经济利益而放弃领土、主权等方面的利益。按照现代国际政治理论分析，国际体系结构性权力主要有四个来源，分别为"对安全的控制、对生产的控制、对信贷的控制以及对知识、信仰和思想的控制"。② 也就是说，在国际权力结构中，安全、生产、金融和知识这四种结构是最基本、最基础性的结构，并且决定着贸易、援助、能源等"次要权力结构"③。这也意味着，不能过高估计国家间高度发展的经贸关系对其他方面矛盾的化解作用，因为涉及根本权力结构方面的矛盾是无法用经贸关系这种相对次要权力来化解的。另外，如果有关国家之间经济呈现严重的不平衡发展，有的国家经济实力快速上升，综合国力也不断提升，而与其存在政治安全矛盾的经贸伙伴的经济实力和综合国力则呈现相对下降态势，那么这样的国家之间就可能会陷入严重的矛盾和对立之中。戴尔·考普兰（Dale Copeland）的研究已经表明，经济上相互依赖的一些国家走向战争的可能性不取决于它们之间相互依赖的程度，而取决于它们对未来贸易关系的预期。④ 因此，如果经济问题成为两个国家严重矛盾和对抗的根源，绝不是由于他们之间存在密切的经贸关系，而主要是因为经济增长的不平衡性以及对这种不平衡性带来后果的恐惧。

承认经贸关系对国家间关系的非决定性影响，并不意味可以完全否定其对促进国家间关系健康发展所具有的重要作用。欧盟和东盟的发展历程

---

① 巴里·布赞、理查德·利特尔：《世界历史中的国际体系》，刘德斌主译，高等教育出版社，2004，第82页。

② 苏珊·斯特兰奇：《国际政治经济学导论：国家与市场》，杨宇光等译，经济科学出版社，1990，第39页。

③ 苏珊·斯特兰奇：《国际政治经济学导论：国家与市场》，杨宇光等译，经济科学出版社，1990，第41页。

④ Copeland, Dale C., "Economic Interdependence and War: A Theory of Trade Expectations", *International Security*, Vol. 20, 1996, pp. 5 – 41.

都表明，政治安全合作和社会文化合作都是需要以经济合作为基础的。随着经济合作的不断加深和统一市场建设的深入推进，各方才有更大的积极性提升合作层次和水平，并将合作提升到社会文化及政治领域。东北亚区域合作还没有发展到这一阶段，甚至经济合作的发展也基本上是功能性合作，即主要是基于市场力量而展开的贸易投资活动。

尽管如此，东北亚区域各国间经贸关系的发展，还是在抑制一些国家之间矛盾升级方面发挥了重要作用。东北亚许多国家之间虽然存在着尖锐复杂的矛盾，甚至有些矛盾不时激化，但是总也斗而不破、吵而不战，主要是因为相互间在经济上存在高度的依赖关系，任何国家都难以承受因为经贸关系严重受损或中断对自身造成的巨大冲击。另外，这样的国家之间的政治安全矛盾往往可以通过经济领域的制裁威慑来控制，如果没有这种威慑手段，直接动用武力威慑来进行，将导致政治安全矛盾持续上升。因此，从这个角度来看，政治安全矛盾通过经济制裁威慑手段来解决，实际上经济合作就已经发挥了维护地区和平稳定的功能。经济领域的竞争和相互制裁威胁尽管不是一种积极现象，但其影响和后果远好于军事竞争和威胁。

（二）东北亚国际体系变革的主要推动力量

有的学者将东北亚地区存在的各种复杂的历史与现实矛盾称为东北亚安全困局的"病灶"。[①] 问题是这些"病灶"中的大部分一直长期存在，但为什么近年来东北亚政治安全困境日益严峻化，并使得冷战结束后逐步趋向缓和的地区局势走向开始出现逆转？总体看来，对各种地区矛盾走向起决定性影响的因素是地区国际政治格局或国际体系，即东北亚国际体系的重大变化不仅会激发原有的被抑制的地区矛盾，而且会衍生出新的复杂矛盾。因此，分析东北亚地区政治安全形势的走向，首先需要把握东北亚国际体系的演变趋势。根据现代国际关系理论的界定，国际体系就是由各种

---

① 林利民、续静：《当前东北亚安全困局及其"病灶"探析》，《国际安全研究》2016 年第 5 期，第 23～38 页。

国际行为主体相互作用、相互影响所形成的有机统一整体。这种相互作用和影响主要表现为国际行为主体之间的相互冲突、竞争、合作和依存。

1. 冷战体制终结后东北亚国家战略再选择

在冷战体制下，东北亚是两极对抗的前沿地带，并形成了南北三角对抗和势力平衡格局。冷战体制终结使得各国相对灵活地进行战略选择成为可能，东北亚地区主义也获得了不断孕育和成长的机遇。朝鲜半岛"北三角"（中朝俄）体制解体，使得大国的"交叉承认"成为可能，朝鲜半岛问题"地区化"的趋势日渐加强。以俄韩、中韩建交以及朝鲜半岛南北双方同时加入联合国为契机，东北亚国际体系的转型迈出了第一步。与此同时，东北亚国际体系再塑造仍未摆脱"冷战阴影"。以美国为首的"南三角"体制继续坚持"冷战思维"，并逐步向"地区同盟"体制进行功能转换。1995~2005年，美日、美韩同盟以"安保再定义"和"重塑同盟"的名义进行延续和强化。可见，尽管冷战体制已经终结，但东北亚地区并未完全消除冷战的影响，以美国为首的同盟体制在政治安全领域仍然保持冷战时期的基本形态。

无论如何，冷战体制的终结还是大大缓和了东北亚地区局势，东北亚主要大国对政治安全威胁的担忧情绪开始缓解，对区域合作的态度也越发积极，并推动东北亚国际体系开始逐步向"政经分离"转变。尽管许多国家之间的历史与现实矛盾并未彻底解决，但各国总体上采取搁置争议和管控矛盾激化的政策，创造条件发展各领域的经济合作，并通过各种形式的政治对话改善双边关系。东北亚国际体系的"政经分离"特征，既是冷战体制终结的积极结果，同时也是冷战体制没有得到彻底根除的消极影响。

冷战体制终结不仅使东北亚地区大国获得了国家战略再选择的空间，而且使得蒙古国、朝鲜有必要重新定义其国家战略。例如，随着苏联的解体和传统同盟关系的终结，蒙古国既产生了获取更多国家支持和援助的迫切需要，同时也获得了制定自身国家战略的政策选择空间。在这种情况下，蒙古国在继续发展对俄关系的同时，也采取措施不断改善与中国的关系，并且大力发展"第三邻国"关系。

因此，冷战体制终结直接推动了东北亚国际体系转型，冷战体制遗留问题则在很大程度上影响着这种转型的方向和进程。截至目前，始于冷战体制终结的东北亚国际体系转型仍没有结束，并且上述影响力量仍将持续发挥作用。

2. 中国崛起与美国围堵的战略碰撞

改革开放政策的不断深入推进使中国已保持 40 多年的经济高速增长。2010 年，中国超过日本成为全球第二大经济体。中美经济总量差距也在不断缩小，目前中国 GDP 规模已经接近于美国的 2/3。中国经济成功发展经常被称为"中国奇迹"，甚至被称为"21 世纪最伟大的传奇"。经济成功发展必然带来综合国力提升和国际地位提高，有人甚至以此宣扬中国世纪的来临，即认为"19 世纪是英国的世纪，20 世纪是美国的世纪，21 世纪将是中国的世纪"[1]。无论上述说法的目的为何，以及这种言论是否准确，但至少说明中国已经作为影响全球格局的重要力量展现于世界舞台，中国崛起已经成为影响东北亚国际体系变革的重要力量。

中国崛起对东北亚国际体系变革的推动作用首先体现在重塑区域经济关系格局上。二战后的很长一段时期，日本、韩国在政治安全和经济发展两个方面都高度依赖美国。随着中国经济的发展，包括日本、韩国在内的大部分东亚国家越来越依赖与中国的经贸关系，中国不断取代美国成为各国最大的出口市场、最大的贸易伙伴，甚至是一些国家最大的国外投资来源地。中国实力的增长直接冲击了美国在东北亚地区长期保持的绝对优势地位，中俄合作的日渐深化也成为美国的战略忧虑，中、日、韩三国合作的稳步推进让美国感受到有将美国"排除在外"的风险，朝核六方会谈以及地区安全体系的摸索让美国加剧了联盟体系瓦解的担忧。这些问题也是近二十年来美国不断对中美关系进行战略定位调整的核心原因。

正是由于对中国崛起存在极强的"战略忧虑"，美国奥巴马政府出台的"亚太再平衡战略"，采取政治、经济、军事、外交、文化等多种手段，旨在"对冲"中国的影响，并希望通过自身所主导构建的 TPP 等区域经济组

---

① 罗杰斯：《中国必然会崛起 21 世纪将是中国的世纪》，凤凰网，http://news.ifeng.com/a/20170910/51940753_0.shtml。

织重建世界经济新规则。美国期望通过一系列战略措施将中国的影响力遏制在地区内并规范于西方体系，重新打造"21世纪的美国世纪"。特朗普上台后则有回归共和党的传统政策方式的倾向，将中俄视为战略威胁，对朝极限施压、挑起中美贸易战。这种做法更强调美国"单边行动"的战略效能，采取"各个击破"的方式，使得各国对美战略要求做出让步。

美国至今仍是世界霸权国，其东北亚战略的每一次重大调整和转变，都对该地区国际体系变革产生影响。长期以来，美国对东北亚地区的掌控主要通过以下战略手段来进行：一是通过同盟体系的强化，建立稳定的前沿存在，从而保持对该地区的整体优势；二是通过调控主要大国关系，例如美中、美俄关系，建立相对稳定的联系框架；三是通过热点和焦点问题，有选择地介入地区盟友和大国的纠纷和矛盾之中；四是通过总体调控亚太战略，改变其在东北亚的战略布局。上述战略手段有时被综合运用，有时则进行选择性运用，并且民主党政府和共和党政府在政策选择上也具有较大差异。

然而无论如何，未来较长一段时期内，中美之间的战略碰撞都不会终止，甚至可能面临越来越严峻的局面。中国经济发展和实现民族伟大复兴的步伐不会因为美国的战略围堵而停止，美国在全球的霸权地位短期内也难以被撼动，中美之间既斗争又合作，既争吵又对话的复杂博弈关系将趋向常态化。中美的这种战略碰撞将持续成为进一步推动东北亚国际体系变革的重要力量。

3. 美日中俄等地区大国在东北亚的多元战略博弈

美、日、中、俄四国作为东北亚地区主要大国，既是全球战略博弈的国家行为者，更是东北亚体系变革的博弈参与方。除上述的中美战略碰撞外，日、俄两国的战略选择成为势力均衡的关键。日、俄都将东北亚地区视为自己权势获取的核心区，并且在战略选择上保持着一定的灵活性。美日同盟体制一直是日本安全战略的基轴，同时日本也对能否完全依赖美国保障自身安全持怀疑态度。所以，在东北亚国际体系的变革过程中，日本一直谋求逐步强化自身的自主影响力和军事实力。在这种情况下，日本逐步形成依靠联盟、自主努力和多面下注的综合性安全战略。即宣扬和利用所谓的朝鲜核武威胁，为改变安全战略提供合法依据；通过宣扬"中国威胁论"为修宪扩军提供政治和军事合理性支撑；通过强化日美同盟激化东北亚地区乃至整个东亚地区的矛盾和对立，进一步营造国民支持安保政策调整的内外环境。与此同时，日本在美中之间也一直保持较高的战略灵活性，并采取经济上依赖中国、安全上依赖美国的两面下注做法。因此，日本的东北亚战略看似存在很大的矛盾性，一方面对东北亚地区国际局势不稳定存在一定程度的忧虑，另一方面又希望保持东北亚地区适度的紧张态势。只有在这样的政治安全形势下，日本才能够逐步实施其所确定的综合安全战略。

俄罗斯的战略重心在欧洲，东北亚则是俄罗斯对美战略的一个重要支点，同时也是维护其全球大国地位的重要舞台。受经济实力和综合国力相对衰落的影响，俄罗斯已经无力全面参与和主导东北亚地区事务，其东北亚战略已经转变为在事关自身重大利益的领域进行选择性参与，并且在这些领域极力争取扮演"关键先生"的角色。即一方面希望推动东北亚地区国际形势缓和，为其远东开发创造良好的国际环境，另一方面也希望借助中美战略碰撞和加强与中国战略伙伴关系以应对来自美国的战略压力；一方面在解决朝核问题等严重地区矛盾上保持适度超然态度，避免使自己成为有关矛盾的一方而需要承担过多责任，另一方面也在巧妙地利用传统的政治军事联系，争取发挥自身的独特作用，保证自己在东北亚事务中的发言权和关键大国地位。

在未来很长的一段时期内，在东北亚地区中、美、日、俄之间的大国战略博弈仍将持续进行，并且这种战略博弈也将持续成为东北亚国际体系转型和变革的重要推动力量。总体看来，中、美、日、俄四个大国同时也是塑造东北亚国际体系的关键行为主体，各自的战略选择空间在不断扩大，战略自主性在不断提高，特别是美国的战略能力下降和战略意图变化将使各国获得更大的战略选择空间，而战略选择空间的扩大必将进一步强化各国相互间的战略制衡和相互牵制。

4. 朝鲜半岛南北双方的战略选择

在大国战略博弈和制衡过程中，朝鲜半岛南北双方的战略选择空间也在扩大，并且可能成为引发地区局势变化和国际体系变革的最不确定性力量。近年来，朝核问题一直是影响东北亚地区局势和朝鲜半岛问题的最突出矛盾。在一定的意义上讲，朝鲜进行核武开发和拥核，既是东北亚传统国际体系终结的产物，也对东北亚国际体系转型产生了重要影响。但正如前文所指出的那样，朝鲜通常都是以"加强自卫能力""应对美国核武威胁"阐释自己核武开发和拥核的合理性。考虑到冷战体制终结后"北三角"同盟关系随之结束，而"南三角"则继续保持同盟关系的现实情况，朝鲜的行为似乎就具有了某种程度上的因果关系方面的必然性。

从国际法角度看，朝鲜进行核武开发和拥核不具有正当性和合法性，同时也破坏了地区和平稳定，甚至还埋下了核污染在东北亚地区扩散的隐患。朝鲜的做法遭到了包括中国在内的国际社会的一致反对，联合国安理会批准了一系列制裁朝鲜的决议。各方单独或集体探索应对朝鲜核武开发和拥核的努力，也推动了东北亚国际体系的新调整。美国与日本、韩国的同盟关系都得到了进一步强化，日本、韩国的防卫政策和外交政策的自主空间因此被大大压缩。在探讨解决"朝核危机"的过程中，东北亚集体安全体制建构问题曾经被提上议程。无论是早期的"四方会谈"机制还是"六方会谈"机制，都反映了东北亚国家希望以集体磋商的方式解决朝核问题等地区安全威胁的积极愿望。当然，由于美国和朝鲜双方对于解决朝核问题态度严重对立，"六方会谈"机制并未取得预期结果，将"六方会谈"机制化并以此构建东北亚地区集体安全机制的设想也没有成为现实。

在东北亚国家中，韩国是受国际政治安全困扰非常严重的国家之一。从国际势力方面看，韩国远不及中、美、日、俄四个大国，并且不能选择类似"朝鲜拥核"那样的极端手段来提升自身国际地位，其对外政策选择严重受制于美国的态度。长期以来，韩国一直努力谋求实现政策自主选择并在东北亚区域问题上发挥更大的作用。从地缘身份重塑和四个大国势均力敌的局面出发，韩国尝试扮演了"均衡者"或"区域合作协调人"的角色，即同时与存在矛盾和分歧的双方保持友好关系，甚至提出相互间开展合作的议题倡议。韩国作为"均衡者"的做法一度获得较高认可，其同时与中、美、日、俄四个大国保持良好的互动关系。然而，随着近年来中美战略碰撞加剧以及日韩关系恶化，韩国失去了扮演"平衡者"的角色选择空间，甚至在推动和协调美国与朝鲜解决朝核问题方面也表现得有心无力。

在未来的东北亚国际体系转型和变革中，朝核问题及朝鲜半岛局势仍是一个重要影响力量。无论是选择彻底弃核，还是在不进行新的核试验的情况下拥核，或者重回发展核武器的老路，朝鲜的政策选择都将引发一系列的连锁反应，影响各国的东北亚战略选择。

（三）东北亚国际体系变革的基本趋势

冷战体制结束以来的 30 年间，东北亚国际体系在上述动力推动下的变革趋势是明显的，但变革进程却极其曲折。尤其是新变数和偶然性因素不断增加，使得主要大国和地区国家间的体系塑造呈现诸多的反复过程。至今东北亚地区并未构建起有效的区域安全机制，东北亚国际体系转型和变革仍在各国战略博弈中逐步深化，并且已经初步展现出一些趋势性特征。

1. 地区多极化国际格局将进一步加强

冷战结束后，东北亚地区的大国力量对比不断深入调整，多极化国际格局逐步形成。国家间的力量对比不仅仅是经济实力，而是融经济、政治、外交、军事、文化等于一体的综合国力和国际影响力的对比。这种大国力量对比变化首先表现在美国的相对衰落和中国的迅速崛起。目前，美国在经济、军事、政治、文化四个最重要的决定国家力量的领域仍居于全球首屈一指的地位，美国仍然拥有任何其他国家都无可匹敌的综合国力。[1] 在经济领域，美国仍是世界上最大的经济体，其在全球金融体系、多边贸易体系、科技创新体系中的中心地位仍然没有改变；在军事领域，美国拥有世界最强的军事力量，其核力量、全球军事力量投送能力仍然具有绝对优势，其作为超级大国的重要影响力仍然没有发生重大改变；在科技领域，美国在众多高新技术领域都位居世界前列，具有明显的创新优势；在国际政治

---

[1] 兹比格纽·布热津斯基：《大棋局：美国的首要地位及其地缘战略》，中国国际问题研究所译，上海人民出版社，2007，第 21 页。

领域，美国在包括联合国在内的国际和地区组织中的主导地位没有发生根本性动摇，其仍然在很大程度上主导着国际规则的制定；在文化领域，美国文化在全球依然具有广泛而深远的影响力，其拥有与各种硬实力一样突出的软实力。因此，美国作为全球唯一超级大国的地位仍然没有发生重大的根本性的改变。① 在充分肯定美国国家实力和国际地位的同时，还要看到其国家实力相对下降也是客观事实。从自身纵向比较来看，美国经济总量已经从 20 世纪 60 年代初占世界总量的 2/5 左右下降至 1/4 左右，美元的世界基础货币地位在不断削弱，其财政收支状况不断恶化。阿富汗战争、伊拉克战争均使美国陷入难以自拔的战争泥潭，其动用军事力量解决国际纷争的能力和信心都不断降低。特别是美国不断退出曾由其主导制定的国际规则和国际协定，国际形象和国际信誉受损严重，同时也表明美国对世界控制力和影响力的下降。在可以预见的未来较长时期内，美国在全球范围内的唯一超级大国地位还很难动摇，同时其国家实力继续相对衰落的势头也很难逆转。

中国国家实力的上升也是全面的和综合性的。在中国经济实力不断上升的过程中，科技实力、军事实力、国际影响力以及文化等软实力都在快速增强。近年来，中国的军事现代化水平和国防能力不断提高，特别是远洋巡航能力和远洋防御能力全面提升，捍卫国家领土完整和国家主权军事实力空前加强。近年来，中国特色大国外交全面推进，逐步形成了全方位、多层次、立体化的外交战略布局，"一带一路"倡议获得广泛支持和参与，所倡导的构建人类命运共同体的理念获得广泛认同，中国的国际影响力、感召力、塑造力进一步提高，已经成为维护全球及地区和平稳定的关键力量。中国未来的发展肯定会遇到各种各样的问题和挑战，但这种发展将不可阻挡，中美实力差距将进一步缩小。

世界多极化的发展还得益于世界其他大国和区域组织综合实力的增强，以及新兴发展中国家的群体性崛起。尽管俄罗斯的实力与冷战时期的苏联

---

① 张东冬：《美国国家实力衰落与国际权力格局的变化》，《国际展望》2018 年第 2 期，第 32～51 页。

已经无法相提并论，但其仍然是国际政治舞台不可忽视的力量。近年来，中俄全面战略协作伙伴关系深入发展，在很多国际及地区事务上相互沟通、相互支持，有效地制约了美国通过各种手段谋求全球及地区霸权的意图。随着全球经济重心的进一步东移和亚太地区在全球地位的进一步提升，俄罗斯将会以更加积极的态度和强有力的措施实施"向东看"发展战略，进一步提高与东北亚地区乃至亚太地区的经贸合作参与度。

日本作为美国的同盟国，在对外政策方面总体上存在追随美国的特征。但是随着美国民族主义思潮泛滥和国内各种社会矛盾不断激化，其对外政策的单边主义和贸易保护主义倾向越来越明显，日本对美国的信任程度随之不断降低。特别是日美之间在全球多边贸易体制、双边经贸关系、区域经贸协定、应对气候变化以及处理与第三国关系等国际事务上的分歧越来越多。受同盟关系协定及在安全上要高度依赖美国等现实问题制约，日本对美国的一些做法即使强烈不满也只能隐忍不发，但在具体的政策选择上，日本也不是完全跟着美国的指挥棒转，美国在联合国等国际组织提出的很多动议都没有获得日本支持。俄罗斯双面间谍在英国遭到毒害事件发生后，日本也没有追随美国出台对俄制裁措施。[1] 随着国际环境的不断变化，未来日本对外政策的独立性和自主性可能会进一步增强。

总之，东北亚地区的大国力量正在向更加均衡的方向发展，各国间的战略博弈和相互制衡将不断加强。

2. 多重"两元秩序"将进一步强化

对于东亚或者东北亚"两元秩序"的界定，不同学者的理解有所不同。一种比较流行的观点认为，东亚地区国家存在着"安全靠美国、经济靠中国"的倾向，即"在经济上注重中国之龙，在安全上则指望美国之鹰"，这种"两元秩序"下的"不同等级体系之间的互动将对地区长期特征的塑造产生影响"。[2] 这种观点实质上认为东亚地区政治安全秩序和经济秩序存在

---

① 陈鸿斌：《日本和美国"百分之百站在一起"？》，联合早报网，http://www.zaobao.com/fo-rum/views/opinion/story20180607 - 865185。

② 约翰·伊肯伯里：《地区秩序变革的四大核心议题》，《国际政治研究》2011 年第 1 期，第 6 ~ 10 页。

一定程度的分离倾向，即存在一个由美国主导的安全体系和一个由中国主导的经济体系的"两元秩序"。上述对东北亚地区国际秩序或国际体系的概括当然是很片面的，其合理之处是看到了东亚地区安全秩序和经济秩序的非一致性。当然，东北亚地区的"两元秩序"结构是多方面的，并不仅限于政治与经济的非一致性。

第一，经济与安全非一致性的"两元秩序"。在东北亚地区只有朝鲜仍然没有全面融入区域及全球经济体系，其他各国均实行开放的市场经济体制，相互间的经济联系日益紧密，中、日、韩、俄、蒙在贸易、投资、产业、能源等领域的依存关系不断加深。特别是中、日、韩三国与其他东亚国家之间形成了紧密联系、分工协作的生产网络。尽管这种紧密的经济联系并不能简单地概括为以中国为主导，但是"中国因素"的影响也不可忽视。中国正在从以往的资金、技术的主要引进国向资金、技术市场的提供国转变。在经济领域相互依赖程度不断加深的过程中，政治安全领域的矛盾和纷争并未减少，甚至呈现前文所述的不断复杂化的发展态势。有人将这种现象称为"亚洲悖论"。① 实际上这种现象在本质上仅仅是经济与政治安全不同步甚至不同向问题，不是严格意义上的"悖论"。政治安全领域的矛盾并非由经济关系的加深而引起，经济关系的发展也非由政治安全纷争而激发。还应该看到正是由于经济上的相互依赖抑制了一些国家之间安全矛盾的破坏性，并使东北亚地区处于"亚稳定"状态。尽管美国是对东北亚地区政治秩序和国际体系影响最大的国家，但其作用并非单纯地维护地区安全和和平稳定，美国维护自身霸权地位的行为才是地区安全困境产生的最主要原因。未来较长一段时期，东北亚地区经济与安全非一致性的"两元秩序"将继续存在，甚至可能进一步强化。有关各国之间的领土纠纷、战略博弈等将长期存在，与此同时，相互间的经贸关系发展也不可阻挡。

第二，行为主体层面的"两元秩序"。如前文所述，决定东北亚国际体

---

① 朴炳奭：《构建"东北亚人类安全共同体"中的人类安全议题和国际机制探索》，《当代韩国》2014 年第 2 期，第 22 ~ 38 页。

系及其变革的关键力量是四个大国的战略选择与博弈，特别是中美两个大国的战略碰撞和双边关系走向对东北亚地区局势的影响最具决定性。在充分认识主要大国战略行为对东北亚地区局势和国际体系影响的同时，也不能忽视朝鲜、韩国以及蒙古国这些地区国家战略行为的影响，大国博弈为其提供的战略选择空间可能越来越大，其对地区国际体系重塑的影响可能也越来越大。从这种意义上讲，对国际行为主体"大"与"小"的传统评判方式可能对东北亚地区越来越不适用，当今的东北亚正显示出"尺有所短、寸有所长"的复杂态势。例如，朝鲜的"拥核"或"弃核"战略都对地区国际体系产生了重大冲击，甚至可以认为这种影响并不比美国发出"先发制人打击"威胁所产生的影响小。蒙古国实施的"多支点"战略、"第三邻国"外交以及谋求加入"北约"的努力，也对东北亚国际体系变革产生了远远超出其国力的影响。韩国谋求自主政策选择战略倾向也不可忽视，将来可能会在这方面有新的发展。

第三，国际规则的"两元秩序"。从处理朝核问题、领土争端等重大区域安全问题方面看，尚不存在各国一致认可的基本规则。尽管地区各国一致反对朝鲜进行核武开发和拥核，但在如何实现朝鲜半岛无核化和推动朝鲜放弃核武器方面，各国态度迥异。美日坚持以极限施压迫使朝鲜让步，而中俄则主张对话协商、对等行动。韩国不同政党执政的政策主张差异较大，但总体上倾向于同意中俄的政策主张。另外，从东北亚国际体系变革方面来看，"破"与"立"一直都是一个相互演化的辩证发展过程。传统两极对抗体制的"破"使得各国相对灵活进行战略选择成为可能，但新体系和新秩序的"立"并没有完成，这也成为许多地区矛盾和纷争的根源。四个大国在地区的传统影响力和战略重点随传统体系的瓦解已"破"，但此消彼长的战略调整和战略碰撞并没有形成"立"，没有形成相对稳定和均衡的权力结构状态。从半岛内部朝韩的行为方面看，朝、韩、蒙三国的"非对称"影响力在不断增强，并且在一些领域打破了四个大国绝对的主导格局，但四个大国与朝、韩、蒙的新型关系形态并没有"立"起来。因此，东北亚地区国际关系规则仍将长期在"破"与"立"两种行为模式摩擦中继续探索。

3. "地区安全复合体"将在曲折中逐步进化

按照"地区安全复合体"理论分析，可以发现东北亚地区安全复合体的发展程度还非常低。布赞认为，一个地区安全复合体一般要走过三个发展阶段，即冲突形态（conflict formation）、安全机制（security regimes）、安全共同体（security community）。[①] 在冲突形态阶段，地区国家之间的"安全相互依存"产生于恐惧、敌对以及对相互威胁的认知；在中间层次的安全机制阶段，地区国家仍然相互视对方为潜在威胁，但已经就地区安全风险做了保障性安排，以消除相互之间的安全困境；在安全共同体阶段，地区国家不再准备动用武力解决彼此之间的矛盾，区域内部安全问题基本解决。东北亚地区处于安全复合体的第一个发展阶段，各方甚至都没有考虑确定地区安全制度性保障安排问题。但受地区大国力量格局变化和多重"两元秩序"结构的影响，东北亚地区安全问题将呈现多元化的发展态势，东北亚"安全复合体"的基本形态也有可能逐步进化。

美日同盟和美韩同盟是美国亚太联盟架构的重要组成部分，更是美国东北亚安全架构的基础与核心。冷战结束后，这两个同盟从以往针对苏联威胁向针对地区威胁和全球性威胁不断进行功能转换。美日、美韩联盟作为传统军事同盟仍具有排他性和威胁针对性，是美国在东北亚地区布局的前沿堡垒和全球战略的重要支点，是布热津斯基所说的"东亚之锚"和"战略支轴"。日韩的安全战略也以联盟为核心。同时还需要看到，日本的安全战略也在逐步转变，即试图摆脱战后体制成为"正常国家"，积极推动充实安全防卫的国内法制基础，以便能够行使集体自卫权，并且使"军事手段"维护安全的行为合法化和正当化。因此，日本在积极强化日美同盟的同时，也在积极寻求将东北亚作为其自主军事行为合法化的基础。韩国对于同盟的认识也在不断变化，在安全防卫自主化和依赖之间不断调整。对于朝鲜的核威胁和各种军事挑衅行为，既希望同盟力量给予强有力的保障，同时也希望能够自主地进行积极应对。尽管同盟关系和相关协定限制

---

① Barry Buzan, "People, State and Fear: An Agenda for International Security Studies in Post-Cold War Era", Hemel Hempstead, *Harvester Wheatsheaf*, 1991, 2nd ed. p. 218.

着日、韩两国安全战略的选择空间，但随着日、韩对"威胁"性质的不断重新界定，他们对美国发动"先发制人打击"和其他"单边行动"的戒心日趋强烈。因而，随着国际形势的变化和地区安全问题的复杂化，不排除日、韩两国在东北亚地区寻求建立同盟之外的多边安全安排的可能性。

中、俄两国在冷战后逐步摒弃了冷战思维，对美日、美韩同盟不断强化一直持反对和警惕态度，并且积极探索适应新形势要求的安全战略，希望各国能够按照总体安全观理念构建协调安全和合作安全体系。特别是围绕朝核问题和美国的战略挑战，中、俄两国积极倡导建立东北亚安全合作机制。"六方会谈"机制就是东北亚地区各国在构建集体安全机制方面的重要尝试。尽管"六方会谈"机制的功能仅是解决特定安全威胁问题，并且最终并未取得预期成效。但从东北亚地区安全问题解决方式创新来看，该安全问题应对和磋商机制开创了东北亚集体安全实践的先河，并且曾经引发人们对构建东北亚集体安全机制的广泛讨论。

从短期来看，在东北亚地区建立一个统一的地区性安全机制的希望仍然非常渺茫。美日、美韩联盟体制根深蒂固，特别是美国对建立整体性地区安全安排极为排斥。朝鲜从未接受新安全观和总体安全观，而是至今未放弃独自核开发和拥核战略。因此，目前东北亚地区存在着军事同盟、新安全架构和独自军事路线三种安全战略和力量。这三种安全战略和力量有可能长期并存，但也有可能形成相互掣肘、相互影响的局面。对于美日、美韩联盟的各种威胁，中、俄以及朝鲜均有自己的应对方式，同盟的实际作用将非常有限；对于朝核问题，中、俄的"软疏导"与美、日、韩的"硬威慑"共同发挥作用，有很大可能使其不至于失控；对于中俄所倡导的新安全观和构建区域整体安全架构的努力，美、日、韩特别是美国则会以各种方式进行抵制，并防范同盟体系的瓦解。因此，东北亚地区安全机制的构建过程，必将是上述三种力量相互碰撞、相互适应的过程。

总之，从东北亚地区安全形势来看，领土领海争端问题、朝核问题、同盟问题等都将长期存在，并且不时激化的可能性较大。但从地区各种安全势力的力量对比和演变来看，东北亚地区将形成一个融多元安全架构、特殊互动规则及共同默认安全行为规范于一体的安全复合体。在这一安全复合体中，各种势力的安全战略指向也在不断调整，并在相互碰撞中逐步形成动态平衡的局面。因此，东北亚地区安全复合体还很难发展到安全机制阶段，距离安全共同体则更加遥远，但也基本能够保证在危机四伏的局面下并不彻底失控，各方行为都有不能逾越的边界。

4. 地区安全问题进一步呈现连锁反应态势

东北亚作为传统大国势力和非对称"新兴力量"的集聚区，各种历史与现实矛盾纷繁复杂，国家间的战略碰撞异常尖锐，地区政治安全问题往往都会引发连锁反应。其中，最为典型的就是朝核问题所引起的连锁反应，无论是朝鲜坚持核武开发还是表达弃核意向，都迅速引起地区各国高度重视并纷纷采取相应的对策。

2017年以前，朝核问题所引起的连锁反应总体上是"冲突扩散型"的。2013年，朝鲜明确宣布采取"核武装和经济并举路线"并进行第三次核试验后，东北亚地区政治安全形势急转直下。美国以应对朝鲜核威胁为名强化了"亚太再平衡"战略的实施力度，高调宣布强化美日、美韩同盟的战略威慑，包括扩大联合军演、强化美日韩三边合作、积极推进"萨德"入韩。与此同时，修改《美日防卫合作指针》，纵容甚至鼓励日本解禁集体自卫权限制，将联合军演的战略威慑从太平洋推进到日本海，并进一步从日本海推进到朝韩海上分界线附近，力图通过强势威压逼迫朝鲜让步。

中、俄两国也坚决反对朝鲜进行核武器开发，并且对在联合国安理会框架下制裁朝鲜核武开发持积极态度，但反对以武力相威胁和使地区紧张局势升级的各种行为。美国与日、韩强化军事同盟的一些行为严重威胁了中、俄两国的安全利益，特别是中国面临的安全威胁尤为突出。修改后的《美日防卫合作指针》将钓鱼岛等中国领土纳入美日相互协防战略合作范围，并且美国在钓鱼岛问题上明确表示支持日本立场，加剧了中日关系和中美关系恶化。"萨德"入韩造成中韩关系严重倒退，使两国的战略互信严重受损。与此同时，美国还宣扬朝核问题"中国责任"论，将美朝矛盾所引发的问题归结为中国问题，围绕朝核问题中美之间的矛盾和纷争也在不断增多。

这一"冲突扩散型"的连锁反应的展开过程大致是这样的：首先是朝

鲜进行核武试验或弹道导弹发射试验，然后招致美、日、韩军事威胁同步强化，朝鲜面对威胁展现更强硬姿态，在此过程中，中国因面临安全威胁严重上升而不得不出台反制措施，中国与美、日、韩关系随之恶化。因此，朝鲜核武开发和拥核已经成为影响东北亚地区国际安全格局和整体地区局势的重大问题。

2018 年以来，围绕随着朝韩、朝美关系缓和，东北亚地区局势又发生了"僵局破解"型"连锁反应"。在剑拔弩张的 2017 年朝核危机之后，朝鲜突然决定派高级别代表参加平昌冬奥会，朝、韩两国领导人恢复直接接触。2018 年 4 月，朝鲜最高领导人金正恩与韩国总统文在寅举行首次会晤。此后，朝韩、朝美关系迅速缓和，朝、美最高领导人两次实现会晤，朝、韩最高领导人又举行两次会晤，朝鲜最高领导人在不到一年的时间里三次访问中国与习近平主席进行会晤，朝、俄最高领导人也实现了会晤。尽管这些重大外交活动还没有形成解决朝核问题的具体成果，但各方就实现朝鲜半岛无核化和开展各领域合作等问题进行了广泛深入交流，有效缓解了东北亚地区一触即发的紧张局势，随之中日、中韩关系都有明显改善。

东北亚地区安全问题呈现连锁反应态势是该地区存在"安全困境"的重要表现。在缺乏安全合作机制的情况下，任何一方的对抗行为都将招致另一方的激烈反应，进而出现安全对抗螺旋式升级，并且将与此没有直接矛盾关系的其他国家卷入其中。与此相反，一方的主动让步也可能促成相互间友好互动，进而使地区紧张局势迅速降温。当然，也需要看到美国一直在利用朝核问题和朝鲜半岛的局势加强在东北亚地区的战略布局，美国对待朝核问题的真实态度和目的一直令人生疑。日本也经常将朝鲜核威胁作为其修改和平宪法和加强防卫建设的借口。

从上述情况来看，无论朝核问题在短期内解决与否，东北亚地区安全问题的连锁反应都将继续存在，因为东北亚"安全困境"并不会因为朝核问题解决而彻底消除，朝核问题仅仅是导致该地区陷入"安全困境"的一个重要安全矛盾，一个问题解决，另一个潜在问题就可能浮出水面。将来特别需要注意的是美国采取的一些激化东北亚国家之间矛盾的措施，特别是借一些国家出现摩擦之机将事态扩大化，并将矛盾引导到损害中国安全利益的方向发展。

（四）国际体系变革背景下的东北亚区域合作前景

如前文所述，政治安全已经对东北亚区域合作产生了重要影响，并且在未来仍将继续产生不可忽视的重要影响。在可预见的较长一段时期内，一些东北亚地区国家之间围绕领土领海等方面的矛盾仍将长期存在，但总体来看，这些矛盾基本可控，不会演变为国家间的大规模武装冲突，并且在外部压力的影响下，东北亚国家谋求地区和平稳定和合作发展的意愿不断增强，因而东北亚区域合作将面临许多有利的发展机遇。

1. 域外因素的实际影响有望发生重大转变

如前文所述，域外因素特别是美国因素一直影响着东北亚地区的凝聚力，制约着东北亚区域合作深入发展。在对外政策方面，特朗普政府顽固坚持"美国第一"的政策原则，经常通过"极限施压"的方式处理与其他国家之间的分歧和矛盾，毫不顾及对方的感受和利益诉求。美国政府的这种政策取向和政策实施方式，不仅会招致被其界定为竞争对手，譬如中国、俄罗斯等国的坚决反对，而且也会引起其传统盟友，譬如日本、韩国、欧盟的严重不满。在美国采取的这种政策倾向下，可能会迫使东北亚国家尽可能控制相互间的分歧和矛盾，加强双边或多边合作。

在政治安全问题上，日本和韩国与美国强化同盟关系的目的是希望借助美国的力量加强自身安全，或者说是为了在与周边国家的安全纷争中处于有利地位，并不会完全按照美国的战略布局行动。维护东北亚地区和平稳定是地区各国的共同利益，在东北亚国际体系不断向"两元秩序"和"安全复合体"发展的情况下，美国挑起东北亚国家之间纷争的能力在下降，其盟国不愿亦步亦趋追随美国政策的倾向越来越明显。例如，近年来由美国、欧盟发起的对俄罗斯制裁措施，日本、韩国都没有跟进。对于美国挑起的中美贸易摩擦和封杀中国企业华为的行为，日、韩的反应也非常谨慎，不想在政策上追随美国。美国因素诱发的新的不确定性风险可能会使地区国家寻求更安全和稳妥的政策选择，即日、韩两国会更倾向于采取

"两面下注"的方式，尽可能保持在中、美之间的平衡；朝鲜则会以自主的"积极变化"破解僵局和被动局面，并且利用与美国的和解来提升自身的地位；中、俄两国则一方面力争与美国保持正常、稳定的关系，同时也对美国的围堵行为进行必要的反制，但基本不会发生重大武装冲突。总体来看，东北亚地区政治安全形势对区域经济合作的阻碍性影响将不断降低。

在国际经济领域，美国强硬推行单边主义和贸易保护主义政策，严重破坏了多边贸易体系的运行，使世界经济秩序受到严重冲击，各国都在积极采取措施规避美国政策风险。在美国退出的情况下日本坚持推动 TPP 谈判并达成没有美国参加的 CPTPP，日本与欧盟快速达成全面经济伙伴协定，有应对美国破坏多边贸易体系和实施贸易保护主义政策的战略意图。近一段时期，日本对发展与中国经贸关系的态度也日趋积极，安倍首相等政府官员均曾表示可以有条件地参加"一带一路"建设。2019 年 4 月 14 日，第五次中日经济高层对话在北京举行，日方派出六名部长参加，双方不但在促进投资和贸易上取得广泛共识，而且就区域合作和全球经济规则交换了意见，使自 2012 年以来陷入低谷的中日关系开始明显回暖。这表明中、日两国均有更加重视经济互惠和谋求实际利益的政策倾向，同时也反映出两国都希望通过加强合作来分别化解美国采取单边主义政策的压力。①

2. 短期内制度性合作取得突破性进展的难度依然巨大

近期东北亚地区国际局势出现了明显缓和，这种缓和很有可能会成为长期趋势，并且地区各国均展现出深化相互间合作的较强愿望，但要将这些有利因素转化为深化制度性合作的动力难度是非常大的。究其原因，主要是因为当前的中美贸易摩擦以及美国与日本等国的贸易谈判很有可能会产生一些不良影响。

美国挑起中美贸易摩擦和开展与主要经济体贸易谈判，主要目的是重建国际贸易规则。美国认为，现行的 WTO 多边贸易体制损害了美国利益，并且在 WTO 框架下展开谈判不能实现其目的，而只有通过双边谈判才能将

---

① 符祝慧：《经济高层对话气氛良好，中日"友好"牵制美国》，联合早报网，http://www.zaobao.com/special/report/politic/sino－jp/story20190417－949228。

其作为全球最大进口市场和拥有巨额贸易逆差的"优势"发挥出来。美国采取的"极限施压"谈判策略使得所有谈判对手都承受极大压力，甚至陷入两难境地。按美国要求让步可能会造成巨大的利益损失，不按美国要求让步则可能引发双方的贸易战，也会使经济遭受严重冲击。在美国的威逼之下，韩国、墨西哥、加拿大均已妥协，先后与美国达成新的贸易协定。欧盟和日本与美国的贸易谈判尚处于僵局之中，但最终达成一致的可能性非常大。

在一些谈判中，美国不仅要求对方扩大市场开放和增加从美国进口，而且还附加一些前所未有的条款，即限制贸易伙伴与其他国家签订自由贸易协定的权利。例如，《美墨加三国协议》（简称 USMCA）就加入了"毒药丸"条款，即第 32.10 条规定，美、墨、加三方中任何一方与"非市场经济国家"谈判 FTA 事宜，均须在启动谈判前三个月通知其他两个缔约方，需要尽早将缔约目标告知其他缔约方，并在协定签署至少 30 天前将拟签署文本提交给其他两个缔约方，以供其他两方评估该文本签署对美墨加 FTA 的影响。另外，《美、墨、加三国协议》还规定，任何一方与"非市场经济国家"签署 FTA 后的六个月内，其他两个缔约方可以终止并更改《美、墨、加三国协议》的相关条款。① 《美、墨、加三国协议》的上述条款尽管没有明确提及中国，但"非市场经济国家"指向中国是不言而喻的。这一条款基本上堵住了中国与加拿大、墨西哥达成双边自由贸易协定的路。很难认为这仅仅是一个孤立事件，美国很有可能对其他贸易谈判伙伴施加同样的压力。当然，美国的这种做法很难被欧盟、日本等世界主要经济体所公开接受，因为一方面这是严重剥夺其他国家主权的行为，另一方面日本、欧盟不可能不顾及与中国的关系签署这样的协定。尽管如此，美国这种做法的影响也不可小觑。在这个问题上，日本、欧盟会不会与美国保持默契也是很值得怀疑的。即使不会，中国与他们就签署自由贸易协定展开磋商也

---

① Agreement between the United States of America, the United Mexican States, and Canada Text, USTR, https://ustr.gov/trade-agreements/free-trade-agreements/united-states-mexico-canada-agreement/agreement-between.

将变得非常困难，因为他们很有可能提出更高的要价。

中美贸易摩擦还可能造成另外一个后果，即部分产业可能从中国向东南亚、印度等转移。在东亚区域内贸易，特别是中日韩之间的贸易中，中间品贸易占有相当高的比重，即中国作为最终产品生产国需要大量从日本、韩国及其他东亚经济体进口零部件，进行加工组装后再卖到各个终端市场。如果美国长期维持对中国产品的高关税政策，将迫使以美国市场为主的企业从中国撤出或者缩小生产规模。这很有可能会降低日本、韩国等东亚经济体对中国市场的依赖度，从而使其在与中国进行自由贸易协定谈判时要价更高，但对自己扩大市场开放度的态度可能趋向消极。

总之，中美关系到了必将发生重大转变的时期，双方的贸易摩擦可能仅是这种转变的一个开端。贸易摩擦会最终向什么方向发展还不完全确定。如果中美能够尽快达成一致，那么这种影响就是非常短期的，甚至并不会对东北亚以及东亚制度性区域合作产生重大影响。如果贸易摩擦迟迟不能得到解决，双方一直维持这种高关税的状态，那么其影响将是非常严重和具有破坏性的。

3. 功能性区域合作将呈现快速发展势头

推进中日韩自由贸易区谈判和 RCEP 谈判，是东北亚或东亚整体性区域合作的重要内容，但不是区域合作的全部内容。中日韩自由贸易区谈判难度在加大，RCEP 能否如期正式生效还存在巨大变数，但这不意味着东北亚区域合作已经完全陷入困境或者已经没有发展空间，因为各领域的功能性合作也是区域合作的重要内容。东北亚地区国际局势趋向缓和以及外部压力的增大，都可能促使东北亚国家在功能性区域合作方面展现更大的积极性。

长期以来，中、日、韩三国在经贸投资、财政金融、交通物流、信息通信、海关、知识产权、标准计量等领域不断深化互利合作，积极探讨在循环经济、科技、环境、农业、水利等领域开展务实合作，并均取得了重要进展。中、日、韩三边的功能性合作可以将更多的国家纳入进来，进而形成涵盖大部分东北亚国家的合作机制。例如，在交通物流合作方面，东北亚地区就有非常大的发展潜力。随着中欧班列的开行列数不断增加和常态化运行，越来越多的日、韩企业选择通过中欧班列进行货物运输。中、日、韩、俄、蒙加强交通物流合作，积极推进跨境运输便利化和建立东北亚地区陆海联运网络，对东北亚各国都具有重要意义。如果朝核问题得到顺利解决和朝鲜半岛南北关系实现正常化，将连通朝鲜半岛的铁路与欧亚大陆桥相对接，就将形成完整贯通的东北亚铁路网和更加便捷高效的东北亚陆海联运国际通道。

能源合作在东北亚地区也有非常广阔的发展前景。在东北亚国家中，中、日、韩三国均为能源消费大国和对进口能源高度依赖的国家，朝鲜也严重依赖石油进口，而俄、蒙两国能源蕴藏丰富，经济高度依赖能源出口。深入开展区域能源合作，符合东北亚各国的共同利益。当然，东北亚能源合作并不局限于能源出口国和能源进口国之间，同为能源进口大国的中、日、韩三国之间也存在深化能源合作的广阔空间。①

"一带一路"建设过程中的第三方或第四方市场合作也是非常重要的合作领域。"一带一路"倡议是中国向世界提供的公共产品，其目标不是打造一个封闭的排他性集团，而是打造一个开放的共建共享的新平台和合作新机制。"一带一路"倡议自提出以来，已经获得国际社会的广泛响应，参与的国家和国际组织越来越多，已经成为中国深化对外合作的核心平台。参与共建"一带一路"的合作伙伴关系具有高度的开放性，任何国家、国际性以及地区性组织，只要能够接受"一带一路"倡议均可参与进来。中国已经与包括日本在内的许多国家就开展"一带一路"框架下第三方合作达成共识，并且相关企业签订了大量合作框架协议。随着"一带一路"倡议与欧亚联盟、"草原丝绸之路"以及韩国相关战略倡议的深入对接，东北亚地区围绕"一带一路"建设的合作将成为各国互利合作的新领域。

4. 次区域开发合作有望出现重大转机

东北亚次区域开发合作的构想非常多，包括"环日本海（东海）经济圈""东北亚地中海经济圈"以及"大图们倡议"（GTI）等。总体来看，

---

① 吴昊、崔宇飞：《全球能源格局调整与东北亚能源合作》，《东北亚论坛》2017 年第 4 期，第 17～27 页。

图们江区域合作开发项目即目前的"大图们倡议"潜力最大，并且只有"大图们倡议"所设想的各领域合作得到有效推进，"环日本海（东海）经济圈"和"东北亚地中海经济圈"建设才有可能取得突破性进展。众所周知，图们江区域合作开发一直进展缓慢，一些国家参与的积极性不高，资金筹措非常困难，许多领域的跨境合作机制没有得到确立。造成这种现象的原因复杂多样，其中东北亚地区政治安全矛盾突出，特别是朝鲜半岛局势一直是制约图们江区域合作开发取得进展的突出因素。

如前文所述，近一段时期，朝鲜对其内外政策都进行了重大调整，并且展现出通过与美国直接谈判实现半岛无核化的积极态度，尽管截至目前半岛无核化还没有取得实质性进展，联合国安理会出台的对朝制裁措施仍然没有解除，朝鲜还不能重新加入"大图们倡议"并且实质性地参与图们江地区开发。但从地区局势的演进方向看，朝鲜弃核和半岛无核化终将成为大势所趋，东北亚地区没有一个国家支持朝鲜进行核武开发和拥核。一旦朝鲜决定放弃核武器，东北亚地区局势就将翻开全新的一页，图们江区域合作开发也将随之迎来前所未有的新机遇。一旦图们江区域合作开发呈现积极的发展态势，日本也必将积极参与进来，甚至可能要求成为正式成员。届时，"大图们倡议"就将发展成为东北亚六国共同参与的次区域开发项目和合作机制。

第二章 逆全球化背景下的中国区域合作选择

2008 年国际金融危机以来，逆全球化或称反全球化浪潮愈演愈烈，对全球经济产生了极为严重的消极影响。逆全球化作为全球化的一种反向运动，其基本特征是夸大自由贸易和要素跨境流动的消极影响，甚至将许多国内问题直接归罪于市场开放。逆全球化潮流不仅对全球市场开放构成严重障碍，而且直接影响区域经济一体化的进程。本章将系统梳理近年来逆全球化浪潮的主要表现、原因及其对区域一体化的影响，在此基础上分析中国面临的逆全球化风险以及中国的区域合作战略。

一 逆全球化及其主要经济社会根源

在全球化不断发展的进程中，一直存在质疑和批判的声音。但总体来看，这种声音较为微弱，没有从根本上改变全球化不断深入发展的大趋势。近年来，逆全球化潮流日益加强，其影响也越来越大。理解逆全球化首先需要准确把握逆全球化的主要表现和政治经济根源。

（一）逆全球化的主要表现

逆全球化一般被理解为相对于全球化的反向运动。全球化是指在国际协调机制不断完善的背景下，商品、服务以及各种生产要素的跨国自由流动，各国经济相互融合、相互依存。这也就是说，全球化不仅是商品和要素跨国自由流动的结构性过程，而且是一种制度性过程。① 从这个角度来看，逆全球化也可以从以上两个层面进行界定，既包括实质性的跨国经济活动出现停滞或衰退的经济过程，也包括造成各种实质性跨国经济活动停滞的政治进程。本章不拘泥于以上两个层面分类方法，而是尽可能从更细致的层面阐述逆全球化的主要表现。

1. 多哈回合贸易谈判无果而终

2001 年 11 月，在卡塔尔首都多哈举行的世界贸易组织第四次部长级会议正式启动新一轮多边贸易谈判，被称为 WTO 多哈回合贸易谈判（Doha Round of World Trade Talks）或多哈发展议程。各成员方原定于 2005 年 1 月 1 日前全面结束多哈回合谈判，以便确立新的全球多边贸易规则。该轮谈判确定了 8 个谈判领域，即农业、非农产品市场准入、服务、知识产权、规则、争端解决、贸易与环境以及贸易和发展问题，涵盖了约 20 个具体议题，将众多从未在多边贸易框架下讨论的领域和议题纳入 WTO 谈判，旨在全面推进货物贸易、服务贸易及投资的自由化，以此构建新一代的全球经济规则。然而，过于繁多的谈判领域和议题改变了多边贸易谈判利益格局②，使得成员方之间达成共识的难度空前加大。在逆全球化和反对市场开放的声浪不断高涨的大背景下，各成员方都不敢轻易做出重大让步。以致多哈回合谈判直至 2005 年底也未能达成协议，世界贸易组织总理事会不得不于 2006 年 7 月批准暂停多哈回合谈判。此后，各方试图多次重新启动多哈回合谈判，但一直都没有取得任何进展，2015 年以后的 WTO 成员贸易部长会议已经不再重申回归多哈回合谈判问题。有人据此认为，多哈回合已经死亡③，甚至有人认为，世界应该挣脱多哈议程的束缚，重新探讨构建新的多

---

① 高柏：《全球化与中国经济发展模式的结构性风险》，《社会学研究》2005 年第 4 期，第 172～188 页。

② 以往 WTO 谈判一直以美、欧等发达国家为主导，多哈回合贸易谈判则形成了 G20、G33、G90、美国、欧盟、G10 等利益集团并举的谈判格局。

③ 《"多哈回合"已死？WTO 面临十年来最大挑战》，腾讯财经，http://finance.qq.com/a/20151221/028901.htm。

边贸易规则的新方向①。多哈回合谈判之所以陷入这种结局，主要是由于许多成员方面临着巨大的反全球化和市场开放压力，都希望其他成员方扩大市场开放，而对自身进一步开放市场却不敢轻易做出让步。

2. 贸易保护主义措施严重泛滥

不仅在 WTO 框架下构建多边贸易新规则的努力陷入困境，而且对自由贸易、开放经济的疑虑和不满已经深刻改变了许多国家内部政治格局和政策走向，一些国家特别是美国在贸易政策方面明显趋于保守②，滥用反倾销、反补贴及其他贸易救济政策的情况愈演愈烈。针对这种现象，克鲁格曼曾概括为"全球化正在遭遇政治围攻"。③ 根据 WTO 的统计，2008 年以来，G20 经济体共实施了 1583 项新的贸易限制举措，而在此期间取消的此类措施仅有 387 项。其中 2015 年 10 月中旬至 2016 年 5 月中旬，G20 经济体共实施了 145 项新保护主义措施，月均超过 20 项，是 2009 年 WTO 开始监测 G20 经济体贸易政策以来的最高水平。英国经济政策研究中心发布的《全球贸易预警》揭示的情况比 WTO 公布的上述情况更为严重。该报告显示，2008 年 11 月至 2016 年 10 月，G20 经济体实施的贸易保护主义措施累计达到创纪录的 5560 项。其中，美国实施的贸易保护措施数量最多，高达636 项。④ 在 2016 年美国总统竞选期间，无论民主党还是共和党候选人，均宣称如当选将实施限制自由贸易的政策。特朗普就任总统后，逐步将其竞选期间提出的"美国优先"口号变为现实政策，贸易保护主义政策进一步强化。2018 年初，特朗普批准了新的贸易法案，决定在未来三年内对进口洗衣机征收高达 50% 的关税税率，未来四年内对进口太阳能电池征收高达30% 的关税税率。

---

① 《美对多哈回合谈判心灰意冷 首次公开呼吁放弃谈判》，环球网，http://world. huanqiu. com/hot/2015 - 12/8170861. html。

② Maurice Obstfeld, "Get on Track with Trade", *Finance and Development* 53（4），2016，pp. 12 - 16.

③ Paul Krugman, "Leave Zombies be", *Finance and Development* 53（4），2016，p. 11.

④ Simon J. Evenett and Johannes Fritz, *Global Trade Plateaus：The 19th Global Trade Alert Report*（London：CEPR Press，2016），pp. 29 - 30, p. 119.

3. 国际经贸关系发展趋于停滞

受贸易保护主义政策的制约和世界经济形势的拖累，2008 年以来，国际贸易、国际直接投资、国际金融等领域的国际经贸活动基本上陷入停滞状态，有的国际经贸活动甚至出现了明显衰退。从国际贸易方面看，2008 年以后全球贸易增速在明显放缓。二战后至 2008 年的绝大多数年份，全球贸易增速都明显高于各国 GDP 总额的增速，在 1990～2008 年，贸易额增速甚至高达 GDP 增速的 2 倍以上。① 然而 2008 年国际金融危机以来，全球贸易增速明显下降，近年来，甚至出现了增速低于全球 GDP 增速的情况。2014～2016 年各年度全球出口额增长率分别为 2.7%、2.4%、1.3%，全球 GDP 增长率分别为 2.7%、2.7%、2.3%。②

国际直接投资更是呈现停滞不前的状态。2016 年全球国际直接投资总额为 1.75 万亿美元，比 2015 年略有下降，与 2008 年国际金融危机之前的峰值相比，相差 1000 多亿美元。③ 跨境国际资本流动也出现了严重萎缩。2007 年跨境国际资本流动达到 11.8 万亿美元的峰值，相当于当年全球 GDP 总额的 12%。而 2012 年仅为 4.6 万亿美元，与 2007 年的峰值相比下降幅度超过 60%。④

4. 民粹主义思潮不断泛起

民粹主义作为一种政治哲学思潮，其基本主张是认为平民被社会中的精英压制，为改善全民的福祉，国家应该摆脱那些自私自利精英团体的控制。尽管民粹主义不是当今社会的新产物，却在近年来影响力不断扩大，已经成为影响许多国家政治格局和政策走向不可忽视的因素。尽管民粹主义在不同国家的表现形式和具体政策主张有所差异，但在反精英、反建制、反全球化、反外来移民等方面是高度一致的。近年来，许多西方国家政治

---

① Sebastian Mallaby，"Globalization Resets"，*Finance and Development* 53（4），2016，p. 9.

② WTO，*World Trade Statistical Review 2017*，https：//www. wto. org/english/res_e/statis_e/wts2017_e/wts2017_e. pdf.

③ UNCTAD，*The World Investment Report 2017*，http：//unctad. org/en/pages/PublicationWebflyer. aspx？publicationid = 1782.

④ Susan Lund，Toos Daruvalak，Richard Dobbs，Philipp Harlem，Ju-Hon Kwek and Ricardo Falcon，"Financial Globalization：Retreat or Reset?"，*McKinney Global Institute*，March 2013，pp. 3 - 4.

舞台上演了一系列"反转剧"。例如，英国"脱欧"公投顺利通过，特朗普当选美国总统，意大利修宪公投被民众否决……这些政治事件的背后都活跃着民粹主义的影子。当前许多西方国家不断泛起的民粹主义思潮都将矛头指向全球化及国际移民，纷纷将自身面临的经济社会矛盾归罪于此，并极力主张实行贸易保护主义政策和限制移民政策。具有明显民粹主义倾向的特朗普就任美国总统后即签署限制移民的行政命令，以"极端审查"限制部分国家移民 90 天，暂停接收难民 120 天，并在 2017 年设定接收移民上限 5 万人（原有上限的一半）①，极力推动在美墨边境修建隔离墙。与此同时，美国还退出了已经达成协议的 TPP，停止与欧盟的 TTIP 谈判，并施压加拿大、墨西哥同意启动修改北美自由贸易协定谈判，不断出台贸易保护主义措施。英国"脱欧"公投之所以能够顺利通过，也是因为英国社会的反国际移民情绪日趋高涨。脱欧派指责国际移民不仅耗费了英国大量社会福利资源，而且与英国民众竞争就业岗位，其"脱欧"就是为了在出台限制国际移民政策时免受欧盟关于移民问题的法律约束。即使在法国、德国、奥地利、波兰等欧洲大陆国家，主张排外的极端政党也在不断崛起，民粹主义思潮对各国政策方向的影响力不断增强。

（二）　当前逆全球化的主要特征

反对市场开放的理论与政策主张有其非常久远的历史，甚至早在斯密开创自由贸易理论之前，主张市场保护的重商主义在 16 世纪中叶至 18 世纪中叶一直是西欧的主流经济理论，但在自由贸易理论不断发展的过程中，重商主义日渐式微。值得注意的是，近些年不断泛起的逆全球化主张并非传统贸易保护主义思想的复活，而是在新的经济社会环境下产生的既没有完整理论体系，也没有一致政策主张的混杂社会思潮。当前的逆全球化思潮与政策走向具有以下三个方面的特征。

---

① 《特朗普签行政命令　以"极端审查"限制移民美国》，环球网，http://world. huanqiu. com/
hot/2017－01/10035941. html? t＝1485730343917。

1. 发达国家是这轮逆全球化最主要的推动力量

长期以来，以美国为首的西方发达国家一直是推动市场开放和全球化进程的主要力量，在多边贸易谈判中，基本上是发达国家施压发展中国家进行市场开放。而当前不断泛起的逆全球化的重镇则以发达国家为主，特别是特朗普总统一再声称，美国是多边自由贸易体系及区域自由贸易协定的受害者。正如美国前财政部长劳伦斯·萨默斯所指出的那样，二战以来对自由贸易及其作用的肯定一直是多数西方国家的共识，而现在这种共识已经濒于崩溃。① 发达国家对全球化和自由贸易体系的不满情绪日趋强烈，催生了各种保护主义措施的滥用。全球贸易预警组织经济政策研究中心发布的统计数据显示，2016 年前三个季度，美国、德国、法国、英国、意大利等发达经济体均为采取贸易救济措施最多的国家。② 反对全球化和自由贸易体系本身并不是新鲜事物，而发达国家成为这种思潮和政策的重镇才是一种新现象。

2. 发达国家社会公众深受逆全球化思潮的影响

当前发达国家实施的逆全球化政策，既不能看作是个别政治人物或少数社会边缘群体推动的结果，也不能看作是一种偶发性的政治现象，而应该视为在经济社会结构发生重大新变化情况下的一种正常现象。据调查，2016 年美国 49% 的普通民众认为全球化拉低了其工资水平并减少了就业机会，而对全球化持正面评价的普通民众的比重仅为 46%。③ 英国"脱欧"公投实际上也反映了英国社会公众对全球化的态度，特别是对国际移民流入的严重不安情绪。在许多国家逆全球化思潮被社会公众所接受，并在一定程度上成为当前不可忽视的"民意"，一些政治人物不过是利用和放大了这种社会不满情绪，并将这种"民意"政策化。

3. 贸易保护主义措施和手段日趋多样化

近年来，发达国家出台的贸易保护措施所涉及的领域，正在从传统商

---

① Lawrence H. Summers, "It's Time for a Reset", *New York Times*, December 5, 2016.

② 徐秀军：《治理"赤字"助长分配不均》，《人民日报》2017 年 4 月 14 日，第 23 版。

③ 孙伊然：《逆全球化的根源与中国的应对选择》，《浙江学刊》2017 年第 5 期，第 5~15 页。

品贸易领域向中高端产品领域扩展，日益重视对要素流动特别是跨境投资的审查管理，许多发达国家以资本外流和可能带来的就业风险为由对跨国并购实施管制措施。从贸易保护措施方面看，传统关税和非关税壁垒仍然是重要手段，与此同时，保护知识产权等新的更隐蔽措施的使用日趋增多。例如，近年来中美之间曾经多次发生知识产权方面的贸易摩擦，中国企业经常遭受美国基于其贸易法"特别301条款"和"337条款"的调查。此外，从保护的目的方面看，以美国为首的发达国家正在从传统的保护国内产业向保护国内就业和引导制造业回流方向转变。近年来，发达国家采取了一系列吸引制造业回流的政策措施。例如，2010年，美国政府正式启动了"再工业化"进程。这种政策措施都具有一定程度的贸易保护主义性质，不利于推进全球市场开放和深化国际分工。

（三）逆全球化的经济社会根源

近年来逆全球化思潮之所以影响越来越大，并且直接影响许多国家的政策制定，主要原因是，前些年经济全球化所产生的深刻经济社会影响正在不断显现。具体来说，主要是世界经济发展不平衡以及在各国内部全球化的利益分配失衡，并且在国际金融危机及其后的经济困难局面下，这种复杂的不平衡性进一步凸显，从而使得各种社会矛盾不断激化。

1. 全球化进程中的世界经济发展不平衡

总体来看，全球化有力地促进了世界经济增长，但是这种增长是不平衡的。其中最显著的不平衡性表现在与新兴发展中国家相比，发达国家经济增速较低，经济实力和综合国力相对下降。特别是在2008年国际金融危机爆发前，"金砖五国"（BRICS）（巴西、俄罗斯、印度、中国、南非）的经济快速发展引发世界广泛关注。2007年由高盛集团发表的一份报告预测，到2050年，现有的G7成员中，只有美国尚能保持世界最大的7个经济体的地位，其余6个则均将被中国、印度、俄罗斯、巴西、墨西哥、印度尼西亚取代。2013年经济合作与发展组织（简称OECD）发布的一份报告则预测，到2060年中国、印度两国GDP之和将超过现在所有

OECD 成员的总和。① 尽管目前还很难判断上述预测是否准确，特别是近年来由于各种原因部分"金砖国家"经济陷入了严重困难，其发展前景并不明朗。但不可否认的是，中国在不断融入全球化的进程中，经济实现了成功发展，而发达国家经济实力则呈现明显的相对下降态势。这种实力对比变化使一些发达国家很不适应，并将矛头指向全球化。

从国际分工变革来看，全球化确实有利于发展中国家经济发展。传统的国际分工形式主要是基于比较优势的产业间分工，即不同国家根据自身的比较优势从事不同产业的生产，然后进行产业间贸易。二战后，另外两种新的分工形式日益发展：一是产业内分工，即不同国家均生产同一种类但具有差异的产品，并且相互间开展该类产品的贸易。例如，美国、日本、德国均生产汽车，并相互将自己生产的汽车卖到对方市场；二是产品内分工，即一个产品往往是多个国家共同参与完成的，各国根据自己的比较优势分别承担不同生产工序、生产工艺、零部件的生产活动，最终形成一个完整的价值链。价值链在全球范围内的分解和生产要素的跨国流动为发展中国家融入全球化、实现经济发展提供了重要机遇，并且使全球化的红利分配更加有利于发展中国家。

按照价值链分工模式，任何一个公司都只能在价值链的某些环节具有竞争优势，为了提高效率就可以专注于自己最擅长的这些环节，而将其他环节进行外包。从价值链全球分解角度看，任何一个经济体都无须在某种产品生产的完整价值链中具有比较优势，只需要在产品生产的某个或某些环节具有比较优势，就可以融入全球分工体系。这种国际分工新变化大大降低了发展中经济体融入全球分工体系的门槛，使得原本不具备生产"整机产品"比较优势，甚至由于在某个生产环节和阶段存在无法克服的技术障碍进而根本不具备生产能力的发展中国家，也可以在新的国际分工模式下，通过专业化于特定生产环节和阶段，而具备相应的生产"能力"。② 跨

---

① 高柏：《为什么全球化会发生逆转——逆全球化现象的因果机制分析》，《文化纵横》2016年第6期，第22~35页。

② 戴翔等：《逆全球化与中国开放发展道路再思考》，《经济学家》2018年第1期，第70~78页。

国公司对外直接投资和产业国际转移，对于工业化处于起步阶段的发展中国家来说无疑是重要的机会窗口，使其能够发展新的产业，并且随着技术扩散和"干中学"效应的逐步发挥，还有可能实现进一步的产业转型升级。随着发展中国家产业逐步升级，其从参与全球分工中所获得利益的可能性越来越大，在世界经济中的地位也将随之不断上升。

2. 全球化进程中的发达国家社会分配失衡

发展中国家由于参与全球化而实现更快的经济增长，并不意味着发达国家就是全球化的受害者。据美国彼得森国际经济研究所估算，全球化使美国增加 1 万亿美元的收益，1950～2003 年户均增加 GDP 1.29 万美元。[①]美国奥巴马政府认同和采信了这一估算结果，白宫网站曾刊文指出，战后关税削减使美国 GDP 增长了 7.3%，按 2014 年计价约合 1.3 万亿美元，如将这些收益在美国所有家庭平均分配，每户将多获得 1 万美元以上。[②] 这表明，以美国为代表的发达国家并非全球化的受害者，而是全球化的主要受益者。

然而，为什么会发生全球化主要受益者成为反全球化重镇的情况？究其原因是发达国家内部在全球化进程中社会分配出现了严重失衡。即在全球化过程中，发达国家获得利益的主要是跨国公司，普通劳动者却成了利益受损者。不同生产要素的跨国流动性是有差异的，资本、技术等生产要素的流动性较强，而低技能劳动力、土地等要素的流动性相对较弱，甚至根本无法流动。从这个角度看，国际直接投资本质上就是可流动生产要素对流动性较低生产要素的追逐，从而实现资本、技术等发达国家优势生产要素与普通劳动力等发展中国家优势生产要素的结合。国际直接投资的发展必然会对发达国家国内劳动力市场供求关系产生深刻影响。

国际劳工组织发布的《全球工资报告2014/2015》指出，1991～2013 年

---

① 斯科特·C. 布雷福德、保罗·L. E. 格里克、加里·克莱德·哈夫鲍尔：《美国在全球一体化中的收益》，《美国与世界经济：未来十年美国的对外经济政策》，经济科学出版社，2005，第 66～71 页。

② 高柏：《为什么全球化会发生逆转——逆全球化现象的因果机制分析》，《文化纵横》2016年第 6 期，第 22～35 页。

发达国家的劳动收入在 GDP 中所占份额普遍出现了下降现象。G20 集团中 8 个发达国家的平均降幅为 4.28%，其中意大利降幅最大，为 6.66%，日本和加拿大分别为 6.03% 和 5.03%，除法国外其余各国降幅均超过了 3%。①20 世纪 90 年代至今是全球化发展最快的一段时期，也是劳动生产率提高最快的时期，然而在发达国家，这种劳动生产率的提高和经济增长几乎与普通民众生活改善明显脱节。有研究认为，自由贸易所引起的资源重新配置，不仅导致部分行业萎缩和部分工人失业，而且也可能造成国内收入不平等等问题恶化。随着全球化进程的推进，发展中国家的劳动力供给对发达国家的工人尤其是低技能工人造成严重冲击。②

从上述情况可以看出，发达国家出现的逆全球化并非发达国家作为一个整体的反全球化，作为全球化最大受益者的跨国公司以及高技能人员也是全球化的最坚定支持者，而作为全球化利益受损者的低技能人员则是反全球化的主力，他们反对自由贸易、排斥外来移民、反对对外直接投资，将自身面临的就业压力和收入停滞归咎于全球化。

3. 金融危机对逆全球化的进一步推动

逆全球化思潮的泛起已持续了较长一段时期，但是在 2008 年国际金融危机爆发以前其影响还较小，特别是没有对发达国家政策决策产生重大影响。然而，在 2008 年以后，逆全球化思潮的影响日趋加强，很多国家也在或多或少采取逆全球化的政策措施。为什么会出现这种局面？其根本原因在于金融危机及其后的经济困难局面进一步激化了此前已经存在的经济社会矛盾，全球化成为各种社会批判的"撒气筒"。

在经济繁荣发展时期，全球化红利分配无论是在国家间出现失衡，还是在一个国家内部出现失衡，由于"相对输家"仍能在一定程度上享受到经济发展带来的直接或间接好处，经济繁荣就能够淡化和掩盖各种复杂的矛盾和利益分歧。例如，即使发达国家部分低技能劳动力遭遇资源和产业

---

① 张晓磊等：《"反全球化"能改善发达经济体低技能劳动这福利吗？——基于全球化背景下劳动收入份额演进趋势与机理的分析》，《江苏行政学院学报》2017 年第 2 期，第 50~56 页。

② Maurice Obstfeld, "Get on Track with Trade", *Finance and Development* 53 (4), 2016, pp. 12–16.

再配置的冲击和损失，但由于其能够享受到较好的社会福利和保障，不满情绪也相对较低。然而在经济不景气时期，受国家财力限制，丰厚的社会福利和保障政策很可能难以为继，全球化红利分配失衡所引发的经济社会问题就会集中爆发，社会不满情绪也会不断爆发和扩散。① 2008 年国际金融危机以来，美国民众对自由贸易协定持正面看法的比重不断减少。2014 ~ 2016 年对自由贸易协定持负面评价的美国民众的比例从 30% 上升到了 39%，支持特朗普的选民中接近 70% 的人认为自由贸易协定损害了美国利益。②

在这种社会经济形势下，具有民粹主义色彩的党派往往能够赢得更多支持，宣扬民粹主义主张的政治人物也更容易当选。从这个角度看，特朗普当选美国总统及其上任后陆续推出逆全球化的政策并非偶发事件。另外，即使没有发生政府更迭，一些国家的政治家也可能为了转嫁国家内部矛盾而将国内经济社会问题归咎于其他国家的冲击，并出台各种各样的贸易保护主义政策。历史经验表明，经济衰退与贸易保护主义措施使用频率之间存在着很强的正相关，③ 因为各种贸易保护主义政策是转嫁国内经济社会危机和安抚"逆全球化"呼声的最优方案。

二　逆全球化对区域一体化发展的影响

长期以来，流行的观点一直将全球化与区域一体化视为两个根本不同的世界经济发展趋势，并且认为区域一体化会阻碍全球化的发展。下文将首先对全球化与区域一体化的关系展开一些再思考，并进而分析逆全球化对区域一体化发展的影响。

（一）全球化与区域一体化的一致性

如果不考虑世界经济发展的现实过程，仅从抽象的概念视角分析全球

---

① 戴翔等：《逆全球化与中国开放发展道路再思考》，《经济学家》2018 年第 1 期，第 70 ~ 78 页。
② 孙伊然：《逆全球化的根源与中国的应对选择》，《浙江学刊》2017 年第 5 期，第 5 ~ 15 页。
③ Irwin&Douglas A.，"The Rise of U. S. Antidumping Activity in Historical Perspective"，*The World Economy* 28（5），2005，pp. 651 - 668.

化与区域一体化的关系，就很容易得出一个结论，即具有排他性的区域一体化会对全球范围的自由贸易、要素自由流动构成障碍，并且如果各个国家和地区都将构建和参与区域一体化组织作为对外经济战略的优先方向，那么就可能降低其对参与和推动 WTO 等框架下多边贸易自由化的积极性。然而，深入分析 20 世纪 90 年代以来全球化与区域一体化的实际发展情况，就会发现仅从概念出发得出的判断并不符合现实情况。

1. 经济主权让渡性质的一致性

从国家经济主权让渡的角度看，全球化和区域一体化在实质上具有很大的内在一致性。任何国家或地区在融入全球经济体系过程中不可避免地会有一定程度的经济主权让渡，即把部分经济主权让渡给国际经济组织，例如国际货币基金组织、世界银行、世界贸易组织等。参与区域一体化进程则需要将其部分经济主权让渡给相应的区域经济组织。[①] 从这个方面看，全球化和区域一体化两者的区别仅体现于经济主权让渡的范围。全球化可以说是面向 WTO 所有成员的经济主权让渡，区域一体化则仅是面向相关区域协定的签约方之间的经济主权让渡。正因如此，有学者认为，区域一体化是全球化的"碎片化"表现，是调节全球化收益不平衡现象的一种机制，是不同地区利益的重新分配和调整[②]。

2. 基本经济政策观念的一致性

无论是参与经济全球化进程，还是推动区域一体化，都需要有关各经济体接受自由贸易、要素自由流动是互利的经济过程这样一种观念。如果各经济体都信奉重商主义的观念和坚持闭关锁国的对外政策，那么无论是区域一体化还是全球化都难以推进。20 世纪 90 年代，经济全球化和区域一体化成为世界经济两大趋势是与当时国际格局的重大变化密切相关的。随着苏联解体和全球冷战格局的终结，原有的社会主义阵营国家大部分走上了资本主义道路，实现了政治制度的资本主义化和经济制度的市场化转轨，

---

① 张建英：《经济全球化中的国家主权让渡与维护》，《社会科学战线》2002 年第 4 期，第 260～263 页。

② 廉晓梅：《建立中日韩自由贸易区与我国的对策》，吉林人民出版社，2008，第 39～41 页。

包括中国在内的坚持社会主义政治制度的国家，则纷纷进行以建立市场经济制度为核心内容的经济改革。这样，市场经济逐步成为全球主导性的经济制度，推进市场开放、加强国际经济合作等越来越成为各经济体普遍接受的观念。因此，冷战格局的终结不仅消除了推进全球化深入发展的政治、军事障碍，而且也使得自由贸易、要素自由流动等自由市场经济观念更加深入人心，成为各经济体经济政策的主导思想。但 2008 年国际金融危机不仅对全球经济造成沉重打击，而且严重动摇了人们对自由市场经济的信心，逆全球化思潮涌动，对经济全球化深入发展构成严峻挑战。

3. 全球化与区域一体化发展的同步性

正如前文所述，20 世纪 90 年代至 2008 年国际金融危机之前，既是经济全球化发展最快的一段时期，也是区域一体化获得空前发展的一段时期。根据 WTO 数据统计，截至 2017 年 5 月，在 WTO 备案的区域贸易协定（RTAs）已达 440 个，274 个已经生效实施。其中，1990 年之前生效的有 20 个，占 7.3%；1990～1999 年间生效的有 51 个，占 18.6%；2000～2009 年间生效的有 118 个，占 43.1%；2010 年以来生效的有 85 个，占 31.0%。这些区域贸易协定大部分是双边性的，影响大的则是一些跨区域、超大型的自由贸易协定。另外，近些年生效的区域贸易协定质量不断提高，协定内容从关税与非关税措施、农产品贸易、原产地规则、争端解决等传统议题，拓展至服务贸易、竞争政策、知识产权、环保标准、劳工权益、政府采购、国有企业、规制一致性、反腐败、社会责任等新议题，覆盖范围之广、规则标准之高远远超过传统的区域贸易协定，呈现在边界议题基础上向边界内议题拓展，在经贸问题基础上向社会问题拓展，在贸易议题基础上向"贸易＋投资＋服务"一揽子议题拓展的发展态势。

（二）作为应对全球化挑战手段的区域一体化

尽管全球化与区域一体化具有多方面的一致性，但两者还是具有明显差异的。如果全球化顺利发展，全球范围内能够消除一切商品和要素流动壁垒，就不需要以区域一体化的方式来推进部分经济体之间的商品和要素流动自由化。与此相反，当全球化发展遇到一些问题而需要通过加强区域合作的方式来解决，或者是将区域一体化作为面向全球市场开放的政策试验场，或者是将区域一体化作为推进全球化的一个步骤，或者是将区域一体化作为成员体维护共同利益的手段，才会激发有关经济体推进区域合作的积极性。因此，在一定意义上讲，区域一体化既是全球化深入发展、发展开放型经济受到普遍认可的产物，也是全球化发展仍不充分并且面临巨大推进阻力或引发一些严重问题的产物。

1. 提升区域集团在多边经贸谈判中话语权的手段

区域一体化组织以一个整体参与全球多边经贸规则谈判，可以提高其成员集体对国际规则制定的话语权与主导权。众所周知，在国际规则的多边谈判过程中，经济实力是决定各方影响力和交涉能力的最重要因素。为此，一些国家期望通过一体化协定与其他国家联合行动，以便在制定国际经济规则过程中掌握主动权和提高话语权。在这方面，欧盟的发展历程就是最好的证明。二战后初期，美国依靠强大的政治经济与军事实力几乎垄断了西方世界多边国际规则制定权，在国际货币基金组织、世界银行、关税及贸易总协定（GATT）等国际组织里，美国拥有决定性的规则制定权和重要活动的决定权。随着欧共体的成立，特别是欧盟经济、货币一体化和实施统一的对外政策，欧盟在全球多边规则谈判中的地位不断提高，WTO/GATT的许多谈判甚至都是在美欧之间展开的。当然，通过区域一体化来提高成员集体在国际多边谈判及国际组织决策中的话语权，需要有关区域合作组织的一体化程度特别高，尤其是需要统一对外政策。单纯的自由贸易区类区域合作组织还不能保证其成员在多边谈判和国际组织决策中协调立场并统一行动。

2. 增进区域政治互信和共享区域和平发展的手段

发展开放型经济首先应该是毗邻国家之间的相互开放，因为地理距离优势，这种相互开放的经济效应更加显著。然而，邻国之间的历史积怨和现实矛盾往往也是最多的。区域一体化通常被视为增进毗邻国家政治互信和维护地区和平稳定的重要途径。二战后，西欧国家之间首先需要解决法德之间的历史恩怨，以欧洲煤钢共同体为起点的逐步区域一体化有效地维护了该地区的和平稳定，也为西欧经济的繁荣发展创造了前所未有的良好环境。印度尼西亚、马来西亚、菲律宾、新加坡和泰国 5 个东南亚国家创立东盟的最初目的也主要是共同的政治安全利益，即东盟曾经只是个保卫有关各国共同安全利益及与西方保持战略关系的联盟，增进共同经济利益则是随着政治安全合作的加深而出现的新需要。20 世纪 80 年代以后，随着一些历史上积怨颇深的国家陆续加入东盟，该区域合作组织在化解成员之间历史与现实矛盾方面的作用日益显现。南美区域一体化的发展也有效缓和了一些国家间的尖锐矛盾和纷争。政治互信和区域一体化之间存在显著的互馈机制，基于政治互信基础上的区域一体化可以进一步提高相互间的政治互信。在全球化时代，和平与发展必然成为时代的主题，通过区域一体化，不断巩固的地区和平则为全球化深入发展奠定了重要现实基础。

3. 为推进市场开放和制定多边经贸规则积累经验的手段

区域一体化可以为有关国家更好地参与全球化进程、应对全球化挑战积累重要经验。OECD 的研究证明，达成区域性贸易协定与多边贸易协定所需要解决的问题是基本一致的，其差别仅在于有关问题的尖锐程度、解决的可能性与有效路径。[①] 一个国家或地区参与的区域自由贸易协定越多，其从区域合作中获得的应对市场开放冲击的经验也越丰富，因此对推动全球市场开放持更积极态度。这就是区域一体化对市场开放的重要经验积累效应。在这方面，日本是一个非常典型的例子。由于农业相对落后，日本在全球农产品市场开放谈判中一直态度消极，甚至对参与区域自由贸易谈判也一直持极为谨慎的态度，但在其与新加坡达成第一个 FTA 之后，情况出现了明显变化，先后与墨西哥、澳大利亚、东盟 10 国等达成一系列 FTA/EPA，甚至在美国退出后还扮演起了推动 TPP 谈判和生效主导国的角色，并在此过程中不断加快农业改革与结构调整，努力适应全球化和区域一体化的新要求。另外，许多区域自由贸易协定中关于市场开放的内容，都可以

---

① 廉晓梅：《论区域经济一体化对经济全球化的促进作用》，《东北亚论坛》2003 年第 5 期，第 17～21 页。

成为多边国际贸易规则谈判的基础。例如，亚太经济合作组织（APEC）关于信息技术产品贸易、贸易投资便利化等方面所达成的共识，都逐步被WTO所采纳并成为全球多边经贸规则的重要内容。从这个角度看，区域经贸磋商和区域经贸规则制定也是全球多边经贸规则制定的重要试验场。

4. 应对区域经济风险和全球化重大挑战的手段

随着经济全球化的深入发展，各种经济社会问题也在全球范围蔓延，从个别国家或局部地区性问题逐步演变为全球性问题。近年来，各种全球性问题日益突出，人口规模膨胀与老龄化问题、全球气候与环境问题，包括能源安全在内的资源问题、金融危机与金融安全问题、恐怖主义蔓延问题、网络安全问题、粮食安全问题、难民潮问题、疾病跨境传播等公共卫生问题、贫困问题等，都越来越具有全球性特征。上述问题均对全球和平稳定与可持续发展构成严峻挑战，单个国家越来越无力予以应对。因此，随着经济全球化的发展和全球性问题日益突出，加强全球治理的紧迫性越来越强烈。然而，受利益分配和观念分歧制约，许多领域的全球治理改革推进非常困难，甚至在一些领域还存在较为明显的全球治理缺位问题。在这一背景下，一些地区的国家或经济体开始通过加强区域合作的方式共同应对全球性问题的挑战。东亚区域合作的不断深入就与1997年源于该地区的金融危机密切相关。东亚金融危机爆发以后，东盟各国认识到有必要通过深化合作来共同应对区域及全球金融危机。2000年11月，在新加坡举行的东盟领导人非正式会议上，东盟各国领导人同意实施"推进东盟一体化计划"，将东盟作为一个经济体在国际上采取整体行动，以推动实现区域一体化和提高整体竞争力。此后，中国、日本、韩国纷纷加强与东盟合作，东亚地区围绕东盟的区域合作机制不断建立和拓展。

5. 绕开WTO等国际组织构建国际经济新规则体系的手段

美国是最典型的将建立巨型区域一体化组织作为主导制定国际经济新规则手段的国家。最初，美国推动建立亚太经济合作组织、北美自由贸易协定（NAFTA）以及推动建立美洲自由贸易区谈判，在一定程度上有与欧盟竞争的目的。也就是说，在欧盟一体化不断发展和在国际多边谈判影响力越来越大的情况下，美国长期垄断多边国际经济规则制定权的局面开始动摇，美国推动建立 APEC、NAFTA 以及美洲自由贸易区谈判，一个重要意图就是希望通过区域合作巩固自身在全球多边规则制定中的主导权。随着全球多极化的不断发展，特别是发展中经济体与发达经济体以及发达经济体内部在市场开放方面的尖锐分歧和矛盾，致使 WTO 谈判基本上陷入困境。在这种情况下，美国丧失垄断 WTO 等国际组织相关经贸规则的制定权和重大决策权，甚至已经无力按照自己的偏好推动各领域的谈判进程。为此，美国在很大程度上已经放弃了推动 WTO 谈判来主导多边经贸规则谈判的传统做法，转而尝试推动跨太平洋伙伴关系协定（Trans-Pacific Partner-ship，TPP）、跨大西洋贸易与投资伙伴关系协定（Transatlantic Trade and In-vestment Partnership，TTIP）以及"诸边服务业协议"（Plurilateral Services Agreement，PSA）三个大型集团性谈判，希望通过这种集团性谈判构建市场开放度更高的国际经贸新规则，并以此确定 WTO 多边贸易规则谈判的基本方向。[①] 奥巴马政府一直积极推动 TPP 谈判。2016 年 2 月，12 个成员终于完成相关谈判并正式签署了 TPP。然而由于美国国会中反对该协议部分条款的力量非常强大，致使奥巴马政府在任期内没能完成 TPP 的国会审批程序。特朗普作为候选人在竞选期间就一直攻击美国所奉行的贸易政策以及所签署的区域贸易协定，认为以开放本国市场为代价换取美国在国际经贸规则谈判中所谓的话语权与主导权是得不偿失的，并且一再声称，一旦当选就立即退出 TPP。特朗普总统确实履行了其在竞选期间有关 TPP 的诺言，出任总统后签署的第一个总统令即为宣布正式退出 TPP。与此同时，美欧之间的 TTIP 谈判也陷入停滞状态，PSA 至今仍没有取得预期进展。因此，美国将区域一体化作为绕开 WTO 等国际组织来构建国际经济新规则体系手段的做法至今尚未取得实效，未来如何发展还有待观察。

（三）逆全球化浪潮对区域一体化的影响

逆全球化对区域一体化的影响是非常复杂的，其短期影响和长期影响

---

① 吴昊等：《构建中美新型大国关系面临的经济性障碍》，《社会科学战线》2014 年第 12 期，第 48 ~ 54 页。

是有差异的，直接影响和间接影响也明显不同。另外，目前表现为贸易保护主义、单边主义盛行的逆全球化，最终要向什么方向演化也存在不确定性。如果美国将贸易制裁作为手段迫使越来越多的国家进一步开放市场，而不是陷入制裁与反制裁不断升级的恶性循环，逆全球化浪潮就将转变为新一轮全球化的深入发展，其最终对区域一体化的影响也将与逆全球化泛起初期的影响大不相同。

1. 逆全球化对区域一体化的冲击

从区域一体化发展所需要的社会环境来看，逆全球化思潮的过度泛滥必将动摇区域一体化发展的社会基础。逆全球化思潮的涌动和异常活跃，将在一定程度上动摇人们对自由贸易、市场开放的支持，进而导致一些国家的政府对开放市场的态度日趋谨慎，各经济体在实施区域一体化战略方面的竞争压力有所降低。20 世纪 90 年代以来出现的区域一体化发展高潮，在很大程度上可以归因于各经济体在实施区域合作战略方面的竞争。随着欧盟一体化的不断深入推进，美国在与加拿大、墨西哥达成北美自由贸易协定的基础上，还积极推动建立涵盖南北美洲的美洲自由贸易区。在欧盟不断发展、扩大和美洲自由贸易区讨论不断升温的背景下，东亚作为全球经济发展最具活力的地区面临的压力不断加大，加强区域合作的动力不断增强，东盟区域一体化进程不断加快。中、日、韩在分别与东盟签署自由贸易协定的同时，还与很多经济体签署了一系列的双边区域贸易协定。在奥巴马政府推动的 TPP 和 TTIP 谈判不断深入开展时期，没有加入上述两个区域经济协定谈判的经济体面临的压力日趋增大，也纷纷开始加强对外协调和沟通，实施更加激进的区域一体化战略。目前，美国放弃推动全球及区域性多边自由贸易体制建设转而追求所谓的"公平贸易"，要求对美存在贸易顺差的经济体减少对美贸易顺差，并且一再宣称要对其已经签署的 FTA 重新谈判。面对美国"特朗普新政"的压力，很多国家和地区不得不在协调对美经贸关系方面投入更多的精力，这也必将对其实施区域合作战略产生不同程度的消极影响。美国从全球化和区域一体化的重要推手转变为区域一体化的重要消极因素，势必会对 20 世纪 90 年代以来快速发展的经济全球化和区域一体化进程产生严重的消极影响。

实际上，早在特朗普上台之前，欧洲的逆全球化思潮就不断泛起并将TTIP 谈判推入绝境。TTIP 谈判于 2013 年 7 月启动，美国和欧盟的目标是建立一个经济规模最大、标准最高的美欧自由贸易区，然而美欧分歧一直难以弥合。逆全球化思潮首先是在欧洲不断泛起，许多国家的民众对市场开放持排斥态度，特别是对与美国进行高水平的自由贸易谈判持强烈反对态度。据统计，在谈判启动之初，就有 59% 的德国民众对 TTIP 持反对意见。法国民众对 TTIP 谈判中美国所主张的全面市场开放也持消极态度。在这种情况下，德、法两国在谈判中一直坚持不妥协立场，有关谈判步履维艰，甚至没有对任何章节内容达成一致，特别是在投资保护、政府采购、原产地标准、降低农产品关税等领域都存在严重分歧。时任德国副总理兼经济部长西格玛尔·加布里尔表示，TTIP 谈判"事实上已经失败"，主要是因为"欧洲人不想也不能屈服于美国的要求"。① 法国时任总统奥朗德也曾表示，法国"不赞同没有准则的自由贸易"，绝不接受损害法国农业、文化等产业利益和有悖于双向市场准入原则的协定。② 尽管美国和欧盟都未正式宣布退出 TTIP 谈判，但在美国特朗普政府坚持"美国优先"政策的背景下，美欧关于双边贸易关系及多边贸易体系、全球气候、北约军备等问题争执不断，矛盾日益尖锐，特别是特朗普政府宣称此后将主要推动双边自由贸易协定谈判，而不再推动多边区域自由贸易协定谈判，这表明 TTIP 谈判事实上已经以失败而告终。与此同时，随着特朗普入主白宫，美国还退出了由其所主导和推动达成的 TPP。

2. 逆全球化背景下的区域一体化新发展

尽管逆全球化思潮的蔓延会对全球化和区域一体化发展构成严重障碍，但这并不意味全球化和区域一体化步伐将会停止。在某些国家逆全球化思潮涌动、滥用贸易保护主义和单边主义措施之际，一些国家的应对措施就可能实施更为积极的区域一体化战略，以尽可能消除自身所面临的国际环

---

① 《财经观察：欧美 TTIP 谈判缺乏动力停滞不前》，中国社会科学网，http://www.cssn.cn/gj/gj_gjzl/gj_ggzl/201609/t20160924_3213649.shtml。

② 《谈判三年毫无进展　欧美自贸谈判陷入僵局》，中国社会科学网，http://www.cssn.cn/gj/gj_hqxx/201609/t20160902_3186636.shtml。

境的不稳定性。最近一段时期，日本、欧盟在缔结区域自由贸易协定方面态度都更为积极，这与美国极力推行"美国优先"对外政策而引发的世界经济风险不断加大密切相关。

日本是近年来实施区域一体化战略最积极的国家。在美国退出 TPP 之后，日本扛起了推动和主导 TPP 谈判的大旗，与其他 11 个成员积极磋商并重启没有美国参加的 TPP 方案谈判。2017 年 11 月，11 国就新协议磋商达成了重要的基础性共识，一致同意继续推进 TPP，并决定在条约内容达成一致后签署新的自由贸易协定，同时明确新自由贸易协定的名称为"全面且先进的跨太平洋伙伴关系协定"（Comprehensive and Progressive Agreement for Trans-Pacific Partnership，CPTPP）。2018 年 3 月，CPTPP 11 个成员完成了谈判进程，并在智利首都圣地亚哥正式签署 CPTPP。CPTPP 保留了原 TPP 超过 95% 的条款，仅搁置了其中 20 项条款，被搁置的条款多数是应美国要求而写入 TPP 的。总体来看，CPTPP 与 TPP 在市场准入、贸易便利化、投资保护、政府采购、电子商务以及服务贸易等方面的规定均无差异，最主要的区别仅在于 CPTPP 冻结了 TPP 中关于知识产权等方面的内容。CPTPP 在各成员完成国内审批程序后，于 2019 年正式生效。

日本在积极推动 CPTPP 磋商的同时，还与欧盟加快了"经济伙伴协定"（Economic Partnership Agreement，EPA）谈判。日欧 EPA 谈判开始于 2013 年，在经过 4 年谈判之后，于 2017 年 12 月双方就日欧 EPA 文本达成一致。2018 年 7 月，日本和欧盟领导人正式签署日欧 EPA，该协定将在分别获得日本国会和欧洲议会批准后正式生效。根据日欧 EPA 的规定，协定生效后欧盟将立即取消约 99% 的进口日本商品关税，日本则将取消约 94% 的进口欧盟商品关税，并在未来逐步将免征关税商品的种类提高到 99%。2017 年，日本和欧盟 GDP 合计超过 22 万亿美元，约占全球经济产出的 30%，与北美自由贸易区的经济规模大体相当。

除了与日本达成经济伙伴关系协定之外，欧盟与其他国家或地区的自由贸易协定谈判也取得了重要进展。2017 年 9 月，欧盟与加拿大的自由贸易协定正式生效。2018 年 4 月，欧盟与墨西哥达成原则性协议，将于 2000 年 7 月生效的欧墨自由贸易协定升级。升级后的欧墨自由贸易协定将实质性扩大墨西哥农产品对欧盟出口的免税范围，增加墨西哥奶酪、奶粉、猪肉和巧克力等对欧盟的出口。墨西哥则需要加强对欧盟产品的知识产权保护，确保 340 种欧盟特色食品和饮品免遭仿制。与此同时，新协议还将允许墨西哥企业竞标欧盟成员政府以及驻墨西哥企业的合同。欧墨双方谈判代表将进一步明确协定的"技术细节"，并于 2018 年底前确定协议最终版本，在经过欧盟 28 个成员政府和欧洲议会批准后将正式生效。此外，欧盟还重启了与南方共同市场（MERCOSUR）、澳大利亚、新西兰的自由贸易谈判，以进一步扩大以自身为核心的全球自由贸易区网络。

总之，在逆全球化浪潮不断泛起的背景下，很多国家或区域合作组织为了给自身经济发展谋求一个相对稳定的国际经济环境，很可能加快推进与自身政策主张较为接近的经济体的合作，积极推动区域自由贸易协定谈判。因此，在全球普遍陷入贸易保护主义的恶性循环时，区域一体化也将与全球化一同陷入停滞或倒退状态；与此相反，局部性的逆全球化和贸易保护主义回潮，则可能会激发部分经济体实施自由贸易区战略，从而强化区域经济一体化的发展趋势。从这个意义上讲，区域一体化也可能成为应对逆全球化浪潮的手段而被加以运用。

三　逆全球化风险加剧背景下的中国区域一体化

近一段时期，逆全球化浪潮的风险不断加剧。特别是美国特朗普政府不断强化其"美国优先"的对外政策，高举单边主义大旗和挥动贸易制裁大棒，以各种理由对全球主要经济体发动贸易制裁。在美国掀起的全球性贸易争端中，受到冲击最大的国家就是中国，因为在美国出台的贸易制裁政策中针对中国的贸易规模最大，而且在中国出台反制裁手段后，其出台的后续制裁措施也最重。中美贸易摩擦仍没有缓和的迹象，甚至存在制裁与反制裁不断加码的恶性循环化倾向。随着逆全球化浪潮的愈演愈烈，中国经济发展的国际环境有趋于恶化的严重风险。在这种新形势下，中国必须审慎和理性制定应对政策，加快实施更加积极的自由贸易区战略。

（一）中国面临的主要逆全球化风险

随着中国经济发展，对外贸易规模也在不断扩大。截至 2017 年底，中国已连续 9 年保持全球货物贸易第一大出口国和第二大进口国的地位，经济增长的对外贸易依存度非常高。在这种情况下，逆全球化浪潮势必对中国经济发展造成严重影响。特别是很多国家将贸易保护主义矛头直指中国，中国遭遇的贸易摩擦开始集中爆发。不仅如此，目前 WTO 的多边贸易体制正遭受逆全球化浪潮的严重冲击。中国作为近年来全球化的主要受益者之一，WTO 多边贸易体制被削弱也必将使有利于经济发展的国际环境趋于恶化。

1. 对外贸易摩擦日趋频发化和复杂化

国际贸易的发展史表明，后发国在经济发展过程中自迈入出口大国行列起，也将随之进入贸易摩擦的高发期。据 WTO 和中国贸易救济信息网统计，1995～2016 年全球范围内的贸易救济调查案件共有 6054 起，其中 1677 起为涉华案件。这意味着在此期间发生的贸易摩擦有近 1/3 与中国有关。根据中国商务部的统计，2014 年针对中国产品的贸易救济调查案件为 97 起，受影响的贸易额为 104.9 亿美元；2015 年为 87 起，受影响的贸易额为 81.5 亿美元；2016 年为 119 起，受影响的贸易额为 143.4 亿美元；2017 年为 75 起，受影响的贸易额为 110 亿美元。

在对外贸易摩擦案件居高不下的同时，中国遭遇的贸易摩擦类型也越来越多。1995～2016 年，在针对中国的贸易救济调查案件中，68.4% 为反倾销调查，20.1% 为反补贴调查。中国已经连续 23 年成为遭受反倾销调查最多的国家，连续 12 年成为遭受反补贴调查最多的国家。与此同时，中国遭遇的"双反"以外的贸易保护手段也日趋增多，许多国家以知识产权问题、生态环境标准、劳工标准、安全标准等为手段制造障碍，贸易保护手段花样不断翻新。从对华贸易摩擦发起国或地区来看，美国、欧盟等发达经济体仍是主要发动者，同时印度、巴西、危地马拉等发展中国家对中国产品的贸易调查和贸易限制也越来越多，甚至在中国遭受的反倾销调查案件中一半以上是发展经济体发起的。① 此外，中国对外贸易摩擦领域正在从钢铁、非铁金属、轻工品、机电等传统行业逐渐延伸至高技术领域，电子信息、生物技术、新能源等技术密集型产业遭遇的贸易摩擦越来越多。②

特别是始于 2018 年初的中美贸易摩擦呈现愈演愈烈之势。早在 2016 年美国大选期间，特朗普作为总统候选人就一再声称中美失衡的贸易关系对美国而言是不公正的，如果他当选就对中国对美出口商品征收 45% 的惩罚性关税。然而，在特朗普上台后初期，美国并未首先发起对华贸易争端，中美两国关系甚至一度出现了逐步向好的发展态势。2017 年 4 月，习近平主席访美，中美双方经过磋商达成诸多共识，并一致同意启动"中美经济合作百日计划"，即中美双方开展为期 100 天的磋商，就解决中美经贸关系分歧达成一致。2017 年 11 月特朗普访华，两国元首共同见证双方签署能源、制造业、农业、航空、电气、汽车等领域的贸易合同和双向投资协议，合同总金额超过了 2500 亿美元。就在社会各界普遍对中美关系发展和中美经贸合作充满憧憬的时候，特朗普政府的贸易制裁大棒突然开始舞动，中国成为受冲击最大的国家。

2018 年 1 月，美国政府宣布"对进口大型洗衣机和光伏产品分别采取为期 4 年和 3 年的全球保障措施，并分别征收最高税率达 30% 和 50% 的关税"。2018 年 2 月，美国政府宣布"对进口中国的铸铁污水管道配件征收 109.95% 的反倾销关税"。2018 年 2 月 27 日，美国商务部宣布"对中国铝箔产品厂商征收 48.64% 至 106.09% 的反倾销税，以及 17.14% 至 80.97% 的反补贴税"。2018 年 3 月 9 日，特朗普正式签署关税法令，"对进口钢铁和铝分别征收 25% 和 10% 的关税"。2018 年 3 月 22 日，特朗普政府宣布"因知识产权侵权问题对中国商品征收 500 亿美元关税，并实施投资限制"。2018 年 4 月 4 日，美国政府发布了加征关税的商品清单，将对中国输美的

① 徐丽：《全球价值链视角下的贸易摩擦应对策略研究》，《改革与战略》2016 年第 9 期，第 141～145 页。

② 李娟：《中国对外贸易摩擦预警机制优化研究》，《管理世界》2014 年第 3 期，第 170～171 页。

1333 项 500 亿美元的商品加征 25% 的关税。在中国也宣布将出台反制措施的情况下，2018 年 4 月 5 日，美国总统特朗普要求美国贸易代表办公室依据"301 调查"，宣布将对额外 1000 亿美元中国进口商品加征关税。2018 年 4 月 16 日，美国商务部发布公告称，美国政府在未来 7 年内禁止中兴通讯向美国企业购买敏感产品。2018 年 4 月 17 日，美国商务部部长罗斯宣布，对产自中国的钢制轮毂产品发起"双反"调查，美国商务部还初步裁定从中国进口的通用铝合金板存在补贴行为。2018 年 5 月 29 日，美国白宫宣布将对从中国进口的含有"重要工业技术"的 500 亿美元商品征收 25% 的关税。2018 年 6 月 15 日，美国政府发布了加征关税的商品清单，将对从中国进口的约 500 亿美元商品加征 25% 的关税，其中对约 340 亿美元商品自 2018 年 7 月 6 日起实施加征关税措施，同时对约 160 亿美元商品加征关税开始征求公众意见。2018 年 7 月 6 日，美国开始对第一批清单上 818 个类别、价值 340 亿美元的中国商品加征 25% 的进口关税。作为反击，中国也于同日对同等规模的美国产品加征 25% 的进口关税。2018 年 7 月 10 日，美国政府公布进一步对华加征关税清单，拟对约 2000 亿美元中国产品加征 10% 的关税，其中包括海产品、农产品、水果、日用品等项目。2018 年 8 月 2 日，美国贸易代表声称，拟将原来宣布的对中国出口美国的 2000 亿美元的产品加征税率由 10% 提高至 25%。2018 年 8 月 8 日，美国贸易代表办公室公布第二批对价值 160 亿美元的中国进口商品加征关税的清单，并宣称将于 8 月 23 日起正式生效。最终清单包含了 2018 年 6 月 15 日公布的 284 个关税项目中的 279 个，包括摩托车、蒸汽轮机等产品。2018 年 8 月 23 日，美国在 301 个调查项下对自中国进口的 160 亿美元产品加征 25% 关税。与此同时，中国出台的对等制裁措施也正式生效。尽管美国政府出台的贸易保护主义和单边主义措施招致广泛批评，特别是美国学界和企业界的反对声音非常强烈，但美国政府仍然坚持不达目的誓不罢休的态度。如果中美政府不能就结束贸易争端达成一致，不仅中美双方贸易会受到灾难性影响，甚至全球经济都会受到严重冲击。

2. WTO 多边贸易体制受到严重削弱

近 40 年来中国经济的高速发展和经济总体实力的提升堪称世界奇迹。

国内外学者对中国经济能够实现发展的原因进行了广泛深入的讨论。尽管各种解释莫衷一是，但至少在一个方面大家的看法是非常一致的，即积极参与全球化进程和分享全球化红利为中国经济高速发展提供了重要动力。在这个历史时期，中国之所以能够积极参与全球化进程，从自身原因方面看，党和国家把工作重心转移到经济建设上来并不断推进改革开放；从国际环境方面看，国际关系明显趋向缓和，全球化不断深入发展，特别是WTO/GATT框架下的多边贸易体制不断完善，国际贸易壁垒总体上不断降低。尽管WTO多边贸易体制存在这样或那样的问题和缺陷，但不可否认的是，这样的多边贸易体制为中国经济发展提供了非常有力的国际制度环境。然而，目前WTO多边贸易规则正遭受逆全球化浪潮的严峻挑战。越来越多的经济体在处理与其他经济体的贸易分歧时更倾向于运用自身的法律和规则，而不是在WTO的框架下展开磋商，或者通过WTO争端解决机制来处理。中国经济发展面临的国际制度环境存在恶化的巨大风险。

众所周知，逆全球化盛行的时代必然是单边主义泛滥的时代。从这个意义上讲，逆全球化与WTO所坚持的协商一致原则是存在根本冲突的。特别是美国特朗普政府对WTO多边贸易体制的批判以及积极寻求改变全球贸易规则的做法，很可能会进一步削弱WTO的作用。特朗普坚持认为，现存多边贸易体制导致了其他国家对美国的"不公平"贸易，因此WTO框架下国际贸易规则需要修正，甚至需要重建。不仅如此，特朗普还认为，凭借美国巨大的市场规模、科技实力、美元特殊地位等优势条件，美国有能力迫使其他国家或地区最终同意修正和重建国际贸易规则，即建立所谓的"公平自由贸易体制"。

当前人们对美国特朗普政府贸易政策关注最多的是其不断挥舞贸易制裁大棒，对几乎所有的主要贸易伙伴均出台了贸易制裁措施，表现出了极强的贸易保护主义和经济民族主义。但我们并不能据此认为特朗普政府所实行的是孤立主义、封闭主义对外经济政策，其挥舞贸易制裁大棒的目标是打开其他国家或地区的市场，而不是把关税提高后将其市场对外封闭。因此，特朗普政府所采取的单边主义政策实际上是绕开WTO的多边磋商而以制裁威胁为手段迫使贸易伙伴扩大市场开放。特朗普政府放弃战后由美国主导建立起来的多边贸易体制是很容易理解的，即随着欧盟等巨型区域一体化组织的不断发展以及发展中国家的群体性崛起，造成世界力量对比更加平衡，美国越来越难以按照自己的意愿左右国际多边机构的决策，特别是WTO所坚持的"一国一票、协商一致"原则，使美国的霸权地位受到严重削弱。在这种情况下，作为WTO多边贸易体制主要构建者和多边谈判主要推动者的美国，开始寻求一对一谈判以便使自身处于更有利的地位，甚至对区域贸易谈判也不再感兴趣，因为考虑到经济实力、科技实力以及贸易不平衡性，任何一个国家和地区单独对美谈判都处于相对不利地位。美国的这种对外政策倾向必然使WTO多边磋商机制和仲裁机制面临被边缘化的风险。

不仅如此，近年来发达国家越来越重视签署自由贸易协定，发达国家有可能建立相互交织的自由贸易协定网络，形成一个存在于WTO之外的贸易投资自由化和便利化程度更高的制度体系，从而造成没有与发达国家普遍签署自由贸易协定的国家和地区实质上处于被歧视的地位。除前文所提到的日欧自由贸易协定以外，韩国分别与美国、欧盟签订了自由贸易协定。尤为引人关注的是，美欧、美日也在就签订更加开放的自由贸易协定进行磋商。在美国的强大压力下，2018年7月25日，美国总统特朗普和欧盟委员会主席容克发表联合声明，宣布将致力于实现美欧之间"零关税、零壁垒、零补贴"的自由贸易，共同推动WTO改革。8月1日，日本经济产业大臣茂木敏充宣布8月9日启动美日第一轮贸易谈判。如果美欧、美日都最终达成高标准的自由贸易协定，加上即将生效的日欧自由贸易协定，世界上最主要的三大发达经济体之间就已基本实现贸易投资自由化和便利化。在这种情况下，WTO必然在一定程度上被边缘化。即使发达国家继续推动WTO框架下的贸易投资自由化便利化谈判，包括中国在内的发展中国家也将处于不利的谈判地位。

WTO能不能被边缘化关键取决于美欧、美日谈判的最终结果。从目前来看，各方面利益分歧巨大，似乎还看不到很快达成一致的前景，特别是在美欧发表联合声明之后，法国总统马克龙、西班牙首相桑切斯均表态反对在美国威胁下开展谈判。① 但不能因此认为美欧自由贸易谈判是完全没有希望的，因为美国对外政策的基本理念、目标和行为方式都已经发生了根本性改变。特朗普政府越来越从现实主义出发定义美国利益，维护既有国际秩序不再属于美国核心利益。与此同时，特朗普总统不仅不认为发动贸易战会严重损害美国经济，而且坚信美国存在的巨额贸易逆差能使其在贸易战中立于不败之地，贸易战是美国借以撬动国际贸易秩序的杠杆。在这种情况下，如果美欧、美日谈判不能取得预期进展，美国必将重启制裁措施，特别是美欧随时可能重回贸易对垒僵局。在极限重压之下，很可能使欧盟不得不做出重大让步，避免与美国爆发不断加码的贸易战。

总之，新一轮逆全球化浪潮对全球秩序的影响是极为复杂的，抱侥幸心态的旁观者将处于极其不利的地位。

3. 国际环境恶化引发制造业严重外流

正如前文所述，不断扩大对外开放和深度参与全球化进程之所以能够让中国实现经济快速发展，一方面是因为在此过程中，中国有效引进了自身所稀缺的资金、技术及管理经验，另一方面则是融入全球价值链中，更好地分享了经济全球化所带来的发展机遇。随着经济全球化的发展，产业内分工和产品内分工两种新的分工形式日益发展。在新的分工形式下，任何一种产品往往是由多个国家共同参与完成的，各国根据自己的比较优势分别承担不同零部件、生产工序、生产工艺的生产，最终形成一个完整的价值链。价值链在全球范围的分解和生产要素跨国流动为中国实现经济发展提供了重要机遇。按照价值链分工模式，任何一个公司都只能在价值链的某个或某些环节具有竞争优势，为了提高效率就可以专注于自己最擅长的这些环节，而将其他环节进行外包。

从价值链全球分解角度看，任何一个经济体都无须并且没有可能在某种产品生产的完整价值链中具有比较优势，而只需要在生产的某个或某些环节具有比较优势就可以融入全球分工体系。国际分工新变化大大地降低

---

① 李曾骙：《如何看待美欧贸易共同声明：目标不现实前景不确定》，光明网，https://baijia-hao. baidu. com/s? id = 1607162411704954452&wfr = spider&for = pc。

了发展经济体融入全球分工体系的门槛，使得原本不具备生产"整机产品"比较优势，甚至由于在某些生产环节存在无法克服的技术障碍进而根本不具备某种产品生产能力的发展中国家，通过特定生产环节的专业化，从而具备相应的生产"能力"①。中国就是通过不断扩大对外开放很好地把握住了融入全球价值链的机会。改革开放以来，很多产业从无到有，从小到大，从价值链低端不断向高端迈进。

全球价值链分工的开展过程，实际上就是跨国公司出于效益最大化考量在全球范围进行生产再配置、再布局的过程。改革开放以来，中国凭借劳动力、土地价格相对低廉的成本优势，对外资给予各种优惠待遇的政策优势，以及全球市场开放的有利国际环境，大规模引进海外投资，深度参与全球价值链分工体系，成为世界制造业转移的最大承接地和受益者。

然而，近些年中国出现了需要引起高度重视的制造业外流问题。特别是随着中国劳动力、土地等成本的上升，东南亚等新兴经济体在低廉制造业方面的优势不断显现，一些中、低端制造业开始向印度、东盟等新兴经济体转移。与此同时，发达国家积极推行"再工业化"战略，通过大规模减税等方式抑制资本外流并吸引资本回流。近些年中国仍然保持着世界主要外资流入地的地位，但实体经济特别是制造业形势的严峻性也需要引起高度重视，其主要表现是制造业采购经理指数（PMI）持续低迷。2008年国际金融危机爆发时，中国制造业PMI一度下降到39的谷底，此后虽然随着经济复苏而出现触底回升，但一直在50的荣枯线附近徘徊。世界经济发展的经验表明，制造业一旦外流则极难回流。因为制造业发展需要配套的产业链作为支撑，外流后相关配套部门也将出现萎缩甚至外流的局面。

当前我们特别需要关注的是逆全球化浪潮，尤其是美国对中国贸易制裁将对制造业发展产生的影响。中国的许多商品出口是外资企业进行的。这些外资企业实际上是将在全球采购的主要零部件在中国加工组装，并将其中大部分产品销往全球市场，主要是美国、欧盟、日本等发达经济体。中国对美巨额贸易顺差在很大程度上也源于此。在中国出口商品面临的贸

---

① 戴翔等：《逆全球化与中国开放发展道路再思考》，《经济学家》2018年第1期，第70~78页。

易保护主义措施越来越多，特别是美国显著提高从中国进口商品关税的情况下，中国在很多领域将失去最佳生产地的优势。如果这种局面一直持续下去的话，制造业严重外流的风险将不断加剧。一旦形成这种局面，中国参与全球价值链分工就将受到严重的制约，并进而无法像以往一样深度参与全球化进程和分享全球化红利。

（二）推动区域一体化在防范逆全球化风险中的作用

对于当前面临的严峻的逆全球化风险，中国必须予以高度重视并沉着应对，一方面需要理性认识中国对外贸易摩擦产生的根源和实质，另一方面需要采取系统的应对措施。对于严重的贸易摩擦，例如中美贸易摩擦，需要从维护国家发展环境的大局出发，坚持"有理、有利、有节"的战术原则，对各种单边主义和霸权主义既要采取对等反制措施，也要诉诸世界贸易组织争端解决机制。与此同时，还要尽可能争取对方放弃单边主义做法，通过平等协商解决矛盾和分歧。① 从长远发展来看，需要坚定地走改革开放道路，充分认识扩大开放的重大意义，越是在逆全球化浪潮汹涌的时期，越要坚定不移地深化改革、扩大开放，加快实施自由贸易区战略。

1. 努力维护外部经济环境的相对稳定

中国的发展离不开世界，深入推进对外开放特别需要一个良好的国际环境。十一届三中全会之所以能够开启中国改革开放的历史征程，也是以党中央准确研判国际形势新变化和时代主题为前提的。邓小平曾明确指出，"党的十一届三中全会以后，我们对国际形势的判断有变化，对外政策也有变化，这是两个重要的转变"。"根据对世界大势的这些分析，以及对我们周边环境的分析，我们改变了原来认为战争的危险很迫近的看法。""第二个转变即对外政策"，即放弃了"针对苏联霸权主义威胁"的"一条线的战略"，"根据独立自主的对外政策，我们改善了同美国的关系，也改善了同苏联的关系"。② 上述两个转变是有内在联系的，即第一个转变是前提和基

---

① 隆国强：《理性认识当前的中美贸易摩擦》，2018 年 8 月 29 日《人民日报》第 7 版。

② 《邓小平文选》（第三卷），人民出版社，1993，第 126~127 页。

础，对外政策的转变是建立在对国际形势新判断之上的，并且为推进改革开放提供了重要依据，实现了全党的工作重心转移到集中精力搞经济建设上来。

总体来看，当今世界"和平发展大势不可逆转"，和平与发展仍是时代主题。首先，随着多极化的发展，国际力量对比更趋平衡，有利于维护世界和平发展的力量不断增强。冷战结束以来，经济全球化日益深入发展，以金砖国家为代表的新兴经济体在全球经济中的地位不断提升，大国实力对比逐步向新兴国家倾斜。特别是 2008 年国际金融危机以来，随着世界经济格局深度调整和新兴大国的群体性崛起，国际力量"东升西降""南升北降"态势更加明显。① 其次，随着经济全球化深入发展，各国相互联系和依存日益紧密，共同利益不断扩大。经济全球化在本质上是各国深化国际分工的过程，并形成相互融合、相互依存、竞争合作的国家间经济关系。全球价值链理论较为深入地揭示了全球化时代国家之间的分工合作和相互依赖关系。跨国公司是全球价值链的最大受益者，其借助全球价值链可以在全球范围内配置资源，弥补自身在价值链中的薄弱环节，最大限度降低生产成本，并将产品销往世界各地。特别是发达国家及其跨国公司由于具有技术和资金优势，占据了"微笑曲线"两端研发设计和营销售后等增值最多的环节。当然，发展中国家也是全球化和全球价值链的受益者，参与全球价值链使得发展中国家获得了深度融入世界经济的机会，并且促进了其产业升级和出口多元化。

需要注意的是，世界和平发展也面临着许多严峻挑战，恐怖主义、环境问题、网络安全、金融风险等越来越具有全球性特征，需要通过加强全球治理合作来解决。然而随着近年来反全球化浪潮的蔓延，许多领域的国际合作都陷入了困境。特别是美国一方面希望以更小的成本继续掌握全球治理的主导权，同时不断逃避所应承担的国际义务，甚至废弃曾由其主导构建的相关国际规则，已经陆续退出了《巴黎协定》、联合国教科文组织、联合国人权理事会，并一再威胁要退出 WTO。

---

① 蔡拓：《中国如何参与全球治理》，《国际观察》2014 年第 1 期，第 1～10 页。

在这种背景下，中国迫切需要进一步加快实施自由贸易区战略，与主要经贸伙伴签署全面的相互开放市场和经济合作协议，使中国与这些经济体的经贸关系不仅不受逆全球化带来的不确定性和不稳定性影响，而且实质性地消除影响经贸关系发展的各种障碍。

2. 保持在国际经贸规则制定中的主动权

随着中国经济实力的不断提高，近年来主张中国应该成为国际规则制定者的呼声越来越强烈。从这种观点来看，改革开放以来，中国一直努力融入国际体系和争取与国际接轨，主要是作为国际规则的被动接受者，或者说是国际公共产品的使用者。然而，在中国已经成为一个具有全球利益的大国情况下，就不能再简单地听任别的国家制定规则，不能把自己的命运交到别人手里，而是需要中国积极参与国际规则的制定，成为国际规则的制定者和提供者，以便维护好我们的国家利益。应该说这种政策主张是非常合理的，中国政府也一直在国际规则制定和国际公共产品提供方面积极发挥作用，特别是通过推动"一带一路"建设和设立亚洲基础设施投资银行等方式，开创了中国积极参与国际规则制定和提供国际公共产品的新纪元，有力地向全世界贡献了合作共赢的新理念和新模式。

当然，也需要清醒地看到，当前全球秩序和国际经济体系面临的最主要挑战，不是现有国际规则的落后性和不公平性，也不能认为有关国际规则从根本上不符合中国利益。与此相反，当今世界和国际体系面临的最突出挑战是现有的国际规则正遭受逆全球化的侵蚀，以美国为代表的发达国家正试图按照自己的利益改变现有国际规则和国际秩序，WTO 等国际组织框架下的国际多边经贸规则正遭受严重冲击。另外，还需要看到，现有国际秩序和国际规则是有利于中国对外开放和加快发展的，中国正是充分利用了较为有利的国际环境和支持开放合作的国际规则实现了经济高速增长。因此，维护 WTO 等国际组织框架下的多边国际体制和多边国际规则，本身也是在国际规则制定和国际公共产品提供方面发挥积极作用的表现。

众所周知，参与国际规则制定需要争取其他国家的认同和支持，否则自身的主张就难以变为现实。区域一体化协定则是增进经贸伙伴之间发展共识并扩大相互间共同利益的重要手段。在全球多边经贸规则受到严重侵蚀的情况下，中国应该加大自由贸易区战略的实施力度，争取与更多的主要经贸伙伴签订全面经贸伙伴关系协定，既可以使双边经贸关系免受逆全球化浪潮的影响，同时也可以在全球多边经贸规则磋商中争取更多的支持者。

3. 有效增强各领域深化改革开放的动力

面对复杂多变的国际形势和逆全球化浪潮，中国最重要的应对措施就是要保持战略定力，做好自己的事情。具体来说，就是要始终坚持以经济建设为中心，不断提升我国综合国力和不断改善人民生活。解决经济发展问题的关键则在于全面深化改革，破除经济持续高质量发展的体制机制的障碍。改革开放以来的发展经验表明，改革与开放存在着密不可分的关系，开放本身就是改革的重要内容和组成部分，而且开放对改革亦具有巨大的推动作用。

"开放倒逼改革"的逻辑在过去 40 年中国发展实践中屡屡得到验证，其中最为典型和影响深远的主要有四波。第一波发生在 20 世纪 80 年代初，国家设立深圳等经济特区。深圳等经济特区为引进外资企业，不得不尝试逐步突破土地使用、生产资料调配、劳动用工、外汇管理等原有体制束缚，从而在局部地区启动了改革传统计划经济体制的试验。第二波发生在 1992年邓小平发表南方谈话之后，中国的对外开放迅速由少数沿海地区向内陆纵深拓展，国家全面启动建立市场经济运行机制的政策试验。第三波开始于 2001 年加入世界贸易组织，中国为与世界贸易组织规则相衔接，开启了关税减让、消除非关税贸易壁垒、完善国内贸易法律体系等领域的系统性改革，仅法律法规就废止、修改和制定了数千条之多。第四波则以 2013 年设立上海自贸区为开端，开启了新一轮以扩大各领域对外开放为重点的改革试验。①

加快实施自由贸易区战略是扩大开放的重要内容之一，能够增强中国全面深化改革的动力。同多边贸易体系的开放相比，自由贸易区的开放不仅具有对象可选、进程可控的特点，同时也具有开放水平更高、领域更广

---

① 刘少华：《大国开放改革跟上》，《人民日报》（海外版）2014 年 12 月 3 日，第 8 版。

的特点。通过加快自由贸易区建设，不断提高在货物贸易、服务贸易、投资等领域的自由化水平，同时逐步深化政府采购、知识产权保护等领域的改革，形成新一轮的"开放倒逼改革"政策试验。

（三）逆全球化风险加剧背景下的中国区域一体化战略

2002 年 11 月，中国与东盟签署《中国—东盟全面经济合作框架协议》，这是中国参与的第一个区域自由贸易区协定，此后在不断探索中区域一体化战略日趋成熟和完善。2013 年 11 月，党的十八届三中全会通过的《中共中央关于全面深化改革若干重大问题的决定》，明确提出加快自由贸易区建设，以周边为基础，形成面向全球的高标准自由贸易区网络。2015 年 11月，中央全面深化改革领导小组通过的《关于加快实施自由贸易区战略的若干意见》，对我国自由贸易区的战略布局提出了更加明晰的方向，即加快构建周边自由贸易区，积极推进"一带一路"沿线自由贸易区，逐步形成全球自由贸易区网络。目前，我国已与 22 个国家和地区签署并实施了 16 个自由贸易协定，并正在进行 11 个自由贸易协定的谈判，相关经贸伙伴遍及亚洲、拉美、大洋洲、欧洲等地区。在新的形势下，中国应该进一步提高实施自由贸易区战略的积极性和主动性，将构建面向全球的自由贸易区网络作为应对逆全球化浪潮的重要措施。

1. 加快构建面向全球的高标准自由贸易区网络

随着中国成为全球第二大经济体和产业竞争力的不断提高，各产业越来越有能力应对市场开放所带来的冲击。加入 WTO 以来，经济发展实践也表明，市场开放和参与国际竞争亦是提高产业国际竞争力的必由之路，靠各种保护政策不会培育出具有国际竞争力的产业。另外，中国面临的提升在全球生产价值链中的地位压力非常大，迫切需要进一步提高开放水平，积极构建开放型经济新体制，加快高水平自由贸易区建设。在当前逆全球化的大背景下，WTO 框架下的多边贸易规则建设很可能陷入停顿状态，甚至被一些主要经济体忽视。在这种情况下，中国需要以更大的勇气和魄力来实施自由贸易区战略，构建面向全球的自由贸易区网络，争取让越来越多的主要经贸伙伴与中国启动自由贸易谈判，并最终签署双边或多边自由贸易协定，为对外经贸交流创造相对稳定的制度环境。特别需要将建立高水平的自由贸易区确定为实施自由贸易区战略的重要目标，即在货物贸易方面尽可能减少保护类产品的种类，积极推动服务贸易自由化；加快实施准入前国民待遇和负面清单的外资管理模式，进一步扩大投资领域开放。

2. 通过"一带一路"建设推动自由贸易区构建

推动共建"一带一路"倡议已经产生重要的全球性影响，越来越多的国家和区域组织希望参与"一带一路"建设，或在此框架下开展与中国各领域的合作。"一带一路"建设的主要内容和目标是实现"五通"，贸易畅通就是其中一项重要内容。所谓贸易畅通，就是指逐步消除影响商品、要素流动的障碍，实质性地推进贸易投资自由化和便利化。自由贸易区建设则是贸易畅通的高级阶段。为此，在"一带一路"建设中推进贸易畅通，需要与有关国家和区域组织重点研究和磋商构建自由贸易区问题。需要注意的是，"一带一路"倡议本身也在不断发展和完善之中，目前已经成为面向全球合作的重要平台和合作新模式，已经不局限于最初的"沿线"国家和地区，拉美、非洲均为推进"一带一路"建设的重要区域。为此，在推动共建"一带一路"的过程中实施自由贸易区战略，不限于重点推进与"一带一路"沿线国家自由贸易区建设，并且要将积极参与"一带一路"建设的国家和地区均纳入合作对象，积极探讨构建双边或多边自由贸易区的可行性。

3. 争取与世界主要经济体的合作取得突破性进展

中国面临的逆全球化风险主要来自发达经济体，主要贸易伙伴大部分也是发达经济体。实现与发达经济体贸易关系稳定发展才能保住对外贸易发展的基本盘。通过"一带一路"建设推动中国与发展中国家经贸关系快速发展可以创造新的增量，但基本盘的重要性并未因此而降低。近一段时期，中国面临的最大的国际经济风险是发达经济体就国际经济新规则达成一致并集体向中国施压，致使中国的政策回旋余地大大缩小。美国向包括盟友在内的所有主要贸易伙伴施压的政策已经引起了欧盟、日本、加拿大、韩国等世界主要经济体的强烈不满，但这些经济体并未在反对美国贸易

"霸凌"政策上采取一致行动，反而出现了纷纷向美国妥协的倾向。因此，中国也不可能寄希望于通过联合世界主要经济体共同维护 WTO 多边贸易体制来应对美国的贸易保护主义政策。但这并不意味着与发达经济体推进经济一体化就失去了重要意义，相反如果与世界主要经济体在构建自由贸易区方面取得突破，就可以防止发达经济体在美国的压力和带领下向中国集体施压。不仅如此，如果日本或者欧盟与中国达成自由贸易协定，美国企业在中国市场就会面临巨大的竞争压力，在未来的谈判中中国的反制手段也会因此而增加。目前，中英两国都对构建双边自由贸易区展现出了较为积极的态度，在英国正式脱欧后有望展开相关谈判。同时，中国应该积极推动尽早与日本、欧盟展开共同研究和磋商。

4. 积极参与和推动多边自由贸易区的建设

目前中国参与的多边区域合作组织包括 APEC、上海合作组织、东盟"10＋3"和区域全面经济伙伴关系机制框架下的区域合作等。近年来，APEC 各领域的合作进展不大，尽管包括中国在内的一些成员希望推动其向亚太自由贸易区发展，但由于各方分歧还难以弥合，特别是美国特朗普政府在构建多边自由贸易区方面的消极态度，将导致在较长一段时期内都难以开展亚太自由贸易区的实质性谈判。为此，中国应该将推动区域全面经济伙伴关系（RCEP）谈判作为构建多边自由贸易区的重点，争取早日取得积极进展。在 APEC 合作进展缓慢和美国退出 TPP 后，RCEP 在东亚乃至亚太地区多边区域经济合作中的地位凸显。中国的区域一体化对象一直以东亚为重点，并且取得了重大进展。今后中国应该加强与东盟的沟通和协调，加快推进中国—东盟自由贸易区升级版建设，增强政治安全互信，维护地区繁荣和稳定，合作引领东亚区域一体化发展方向。与此同时，推动中、日、韩自由贸易区谈判和中韩自由贸易区升级，促进 RCEP 框架下的能源合作、货币金融合作、交通与物流网络合作、环境保护合作、科技合作及人文交流，以经济技术合作扩大各方面的共同利益，增进政策共识，为区域贸易投资自由化奠定现实基础。此外，还应该积极推动上海合作组织框架下的区域一体化，积极探讨金砖合作组织向自由贸易区转型发展的可行性。

5. 推动中、日、韩自由贸易区谈判尽早达成一致

中、日、韩三国是东亚地区三个最大的经济体，相互间经贸联系密切。由于中、日、韩三国均与东盟签订了自由贸易协定，因此 RCEP 谈判的难点在于中、日、韩三方的磋商，在一定意义上讲，中、日、韩 FTA 谈判进程甚至直接影响着东亚区域经济一体化的进展。由于长期受政治缺乏互信、各自弱势产业问题突出、外部势力干扰强烈等问题制约，中、日、韩 FTA 谈判启动相对较晚，进展也非常缓慢。目前，困扰中、日、韩 FTA 谈判顺利进行的仍然是日本的消极态度，日本始终未将中国列入其区域经济合作优先考虑对象。美国退出 TPP 对日本实施其区域合作战略造成巨大打击，日本有可能对其区域合作战略进行逐步调整，即对东亚以及东北亚区域合作采取更积极的态度。为此，中国应该更加积极主动地推动中、日、韩 FTA 谈判进程，并充分借鉴中韩 FTA 协定和 TPP 基本协议在处理农产品贸易、服务业市场开放、弱势产业部门市场开放等敏感问题的经验，争取相关谈判尽快取得实质性进展。由于日本、欧盟、美国三大发达经济体的产业在中国市场竞争关系较为明显，一旦中、日、韩自由贸易协定谈判取得重要进展，美国、欧盟就会受到较大的竞争压力，这将有助于提高中国在处理对外经贸摩擦和多边经贸规则谈判方面的主动性。

第三章　东亚区域合作的主要进展与推进对策

东亚地区是当今世界最具经济发展活力的区域，同时也是区域合作发展潜力最大的地区。进入 21 世纪以来，东亚地区主要经济体之间的区域合作快速发展，已有的区域合作组织不断深化各领域的合作，并且达成了一系列新的区域经贸合作协定。与此同时，也应该看到东亚区域合作仍处于初步发展阶段，东亚整体性区域经济一体化仍然没有取得突破性进展，区域合作的向心力和推动力还不够强，区域外的各种力量对深化东亚区域合作的影响还比较大。中、日、韩三国均为东亚地区主要经济体，在推动东亚区域合作中应该发挥更大的作用和承担更大的责任。建立中日韩自由贸易区则是三国协调一致推动东亚区域合作的重要基础。

一　东盟内部区域合作的主要进展

东盟即东南亚联盟（ASEAN）是目前东亚地区唯一具有国际法实体地位的多边政府间组织。1967 年 8 月，印度尼西亚、马来西亚、菲律宾、新加坡和泰国 5 国在曼谷签署《东盟宣言》，即《曼谷宣言》，正式启动东盟建设。20 世纪 80 年代后，文莱（1984）、越南（1995）、老挝（1997）、缅甸（1997）和柬埔寨（1999）5 国先后加入东盟，使这一组织涵盖了整个东南亚地区。2002 年 5 月 20 日，东帝汶正式独立，东南亚再次出现了非东盟成员国家。2003 年 10 月，第九届东盟峰会在印度尼西亚巴厘岛举行，会议通过了《东盟协调一致第二宣言》，各国领导人宣布将在 2020 年建成经济共同体。2007 年 1 月举行的第十二届东盟首脑会议签署了《宿务宣言》，决定在 2015 年底之前建成东盟共同体。2007 年 11 月，在新加坡举行的第十三届东盟首脑会议签署了《东南亚国家联盟宪章》和《东盟经济共同体蓝图宣言》等重要文件。2009 年 2 月，在泰国华欣和差安举行的第十四届东盟首脑会议签署了《2009—2015 年关于东盟共同体路线图的差安华欣宣言》《东盟政治与安全共同体蓝图》《东盟社会与文化共同体蓝图》《东盟一体化工作计划第二份倡议》《关于东盟内部实现千年发展目标的共同宣言》《东盟地区食品安全声明》《关于全球经济与金融危机的媒体声明》。2015 年 11 月，第二十七届东盟峰会宣布，将于 2015 年 12 月 31 日建成以政治安全共同体、经济共同体和社会文化共同体三大支柱为基础的东盟共同体，同时通过了题为《东盟 2025：携手前行》的文件。该文件包括《东盟迈向 2025 年吉隆坡宣言：携手前行》《2025 年东盟经济共同体蓝图》《2025 年东盟政治安全共同体蓝图》《2025 年东盟社会文化共同体蓝图》四个部分，为 2016～2025 年的东盟共同体建设确定了基本方向和目标。

（一）东盟政治安全共同体建设

政治安全共同体是东盟共同体的三大支柱之一。《2025 年东盟政治安全共同体蓝图》从政治安全方面提出了东盟的发展愿景，即一个拥有共同价值和规范的基于规则的共同体，一个对全面安全负有共同责任的团结、和平、稳定、有韧性的地区，一个在日益一体化和相互依存的世界中充满活力和对外开放的区域。东盟在政治安全领域的合作，主要包括政治发展、形成和共享规范、防止冲突、解决冲突、冲突后和平建设以及落实机制等。① 经过长期的努力，东盟政治安全共同体建设在很多方面都取得了显著进展。根据东盟的内部评估，截至 2015 年 11 月，《2009—2015 年东盟共同体路线图的差安华欣宣言》所确定的共同体建设任务 97% 已经完成，其中

---

① ASEAN Secretariat, *ASEAN Political-Security Community Blueprint*, 2009, https://asean. org/wp-content/uploads/images/archive/5187 – 18. pdf.

政治安全和社会文化预定目标完成率均为100%，经济的完成率也达到了93%。①

1. 政治发展与规范建设合作

东盟在该领域合作的最主要成果是人权促进和保护。《东南亚国家联盟宪章》（简称《东盟宪章》）将保护和促进人权明确为东盟及其成员国需遵守的基本原则，并明确提出东盟要成立专门的人权机构。2009年第十五届东盟峰会通过了《东盟关于成立政府间人权委员会的华欣宣言》。东盟政府间人权委员会成立后，立即着手拟定了《东盟2010—2015年人权工作计划》和《东盟人权宣言》。2012年11月，第二十一届东盟峰会通过并签署了《东盟人权宣言》及关于该人权宣言的金边声明。此后，东盟政府间人权委员会将工作重点转向宣言的宣传和协调落实等方面。在此过程中，人权委员会努力加强与东盟各成员、东盟其他机构的合作和沟通，并积极开展与联合国人权委员会、人口基金会等国际机构的合作。东盟还设有人权基金，专门支持东盟以及各成员国的人权促进和保护事业。

2. 传统安全合作

东盟传统安全合作的目标不是构建一个区域军事同盟，而是强化以东盟机制为中心的安全框架，加深成员国之间的军事互信，发展防务性外交争端解决机制。东盟的安全合作以《东南亚友好合作条约》、《东南亚无核武器区条约》以及《南海各方行为宣言》为基本规范，并通过安全对话机制加强成员国之间的沟通和安全对话。2006年5月，东盟确立了其内部最高防务合作机制，即东盟国家防长会议机制。此后，东盟国家防长会议先后签订了《东盟加强防务合作和促进地区稳定发展联合宣言》《建立直接通讯联系意向书》等文件，积极探索深化安全合作的有效途径。建立有效的争端解决机制也是安全合作的重要内容。《东盟宪章》《东南亚友好合作条约》等重要法律文件尽管明确了解决成员之间冲突的基本原则，但是并未明确落实相关原则的具体机制。为此，东盟一直积极推动构建有效的争端

---

① 王玉主等：《东盟共同体建设：进程、态势与影响》，《人民论坛·学术前沿》2016年第19期，第6~15页。

解决机制。1996 年东盟签署的《争端解决机制议定书》，对争端解决程序、方法和相关机构的责任做出了原则规定。2004 年东盟签署了《东盟促进争端解决机制议定书》，对原议定书进行了系统的修改和完善。2010 年东盟签署了《东盟宪章争端解决机制议定书》，该议定书已于 2017 年 7 月正式生效。

3. 非传统安全合作

在应对非传统安全挑战方面，东盟确定的优先合作领域包括打击恐怖主义、毒品走私、武器走私、人口贩卖、海盗、洗钱、网络犯罪及其他国际经济犯罪等。2007 年东盟签署的《东盟反恐公约》，为各成员国合作打击和预防恐怖主义确定了基本法律框架，2011 年 5 月该公约正式生效。2009 年 11 月，东盟打击跨国犯罪部长会议通过了《东盟反恐综合行动计划》，系统规划了联合反恐的主要任务和措施。此外，东盟还先后制定和签署了《东盟打击跨国犯罪宣言》、《东盟打击跨国犯罪行动计划》和《东盟打击跨国犯罪行动计划工作进程》等文件，为加强打击跨国犯罪合作提供了规范依据。[①] 为加强边境治理安全和打击人口贩卖，2015 年 11 月，东盟峰会通过了《东盟打击人口贩卖公约》，该公约于 2017 年 3 月正式生效。此外，东盟还在打击贩毒、应对气候变化、传染病防治等非传统安全领域展开了富有成效的合作。

4. 东盟与外部的安全合作

东盟深刻认识到周边国际环境及其自身与外部的关系对地区安全的重要性，因此一直积极推动与外部国家、国际组织的安全对话与合作。东盟与外部的安全合作主要是以《东南亚友好合作条约》为基础，并依托东盟地区论坛、东亚峰会、"东盟＋"会议以及东盟防长扩大会议等会议机制来实现。东盟要求其对话伙伴国均需接受并加入《东南亚友好合作条约》，承诺以和平方式解决国际分歧和争端。于 1994 年成立的东盟地区论坛现有成员 27 个，是亚太地区规模最大、影响最广的官方多边政治和安全对话合作

---

① 赵海立：《东盟政治安全共同体建设：成就与问题》，《南洋问题研究》2015 年第 4 期，第 41 ~ 50 页。

平台。东盟不断加强东盟地区论坛在区域政治安全合作架构中的支柱地位，充分发挥其在政治安全对话、磋商合作中的作用，通过制定和实施《东盟地区论坛预防外交工作计划（2011）》，将该会议机制工作重心从信心建设向预防外交转变，[1] 并且对话与合作的领域不断拓展，形成了传统安全与非传统安全并重的基本格局。2010 年 10 月，东盟为加强与对话伙伴的防务与安全领域的协商和对话，正式启动了东盟防长扩大会议机制，重点探讨海洋安全、反恐、人道主义援助和灾害应对、维和行动、军事医疗 5 个领域的合作。2014 年后，东盟防长扩大会议又将人道主义排雷纳入合作议题。为有效推动各领域合作，按合作议题设立了专家组，以便从务实层面探讨深化合作的途径和措施。另外，东盟防长扩大会议的各参与方还多次举行海洋安全、反恐、人道主义救援和救灾、军事医疗等方面的联合演练和演习，大大强化了东盟防长扩大会议推动务实合作的功能。

（二）东盟经济共同体建设

东盟经济共同体建设也经历了一个较长的发展过程。1997 年 5 月，东盟外长特别会议通过了《东盟 2020 年愿景》，各方一致承诺将东盟转变为一个稳定、繁荣和高度竞争的地区，实现公平的经济发展，减少贫困和社会经济差距。2003 年 10 月，第九届东盟峰会发表了《东盟协调一致第二宣言》，宣布将于 2020 年建成包括经济共同体在内的东盟共同体。《2015 年东盟经济共同体蓝图》具体阐述了到 2015 年建成东盟经济共同体的途径。《2025 年东盟经济共同体蓝图》沿用了《2015 年东盟经济共同体蓝图》关于东盟经济共同体内涵的界定。

1. 单一市场和生产基地建设

东盟单一市场和生产基地建设主要包括货物贸易、服务贸易、直接投资、技术人员流动、资本流动等方面的自由化和便利化，以及在粮食和农林产业领域提升合作水平。2010 年 6 月，《东盟货物贸易协定》（ATIGA）

---

① 韩志立：《东盟共同体建设困局与观念交锋》，《中国—东盟研究》2017 年第 3 期，第 68 ~ 81 页。

正式生效，为东盟自由贸易区建设确立了法律框架。到 2015 年底，东盟 6 个老成员国取消了 99% 的货物贸易关税，柬、老、缅、越 4 个新成员国取消了 93% 的货物贸易关税，东盟计划到 2018 年实现所有内部货物贸易零关税。在大幅度削减关税壁垒的同时，东盟还实施贸易便利化行动计划，积极推动贸易便利化和消除非关税壁垒措施。东盟将化妆品、电子电器设备、医疗器械等作为优先领域，推进监管制度协调统一，并通过统一原产地认证规则和建立东盟贸易信息库、东盟单一窗口系统等方式，为区内贸易便利化提供支撑。

在服务贸易自由化方面，根据"东盟服务贸易框架协定"的原则要求，东盟已经出台了一揽子计划，在近 130 个服务业领域实现了贸易自由化。在投资自由化方面，东盟也取得了重大进展。2009 年 2 月，东盟领导人签署了《东盟全面投资协定》（ACIA），其协定整合了 1987 年的"东盟促进和保护投资的协定"及 1998 年通过的"东盟投资区协定"。《东盟全面投资协定》（ACIA）于 2012 年 3 月正式生效。该协定以建设一个高度自由、便利、透明和竞争的投资环境为目标，明确了投资自由化时间表，同时承诺给予制造业等工业领域的外国投资以国民待遇，并保留了东盟投资区特惠安排。2016 年 9 月，修改后的《东盟全面投资协定》（ACIA）正式生效，东盟进一步放宽甚至取消了部分制造业、农业、渔业、林业、采矿业以及服务业的投资限制。[①]

1998 年，东盟各国共同签署了《东盟互认框架协定》，为制定各部门的资格互认协定确立了基本法律依据。2005 年以来，东盟先后签署了《工程服务资格互认安排》（2005）、《医务护理服务资格互认安排》（2006）、《建筑服务资格互认安排》（2007）、《测绘资格互认框架协定》（2007）、《医疗从业者资格互认安排》（2009）、《牙医从业者资格互认安排》（2009）、《会计服务业资质互认框架安排》（2009）、《旅游业者资格互认安排》（2012）、《东盟会计服务业资格互认安排》（2014）等行业资质与资格互认安排，为相关专业人才在东盟内部流动提供了便利。

---

① ASEAN Secretariat, *ASEAN Legal Instruments*, http://agreement. asean. org/home/index. html.

为推动区域金融合作和资本市场开放，2003 年东盟第七届财长会议出台了"东盟货币金融一体化路线图"，其内容涵盖资本市场发展、金融服务业自由化、资本账户自由化、东盟货币合作等方面的内容。根据该路线图的安排和形势需要，东盟分别签署了《清迈倡议多边协定》（2011）、《东盟金融一体化框架协定》（2011）、《东盟保险一体化框架协定》（2011）、《东盟资本账户自由化热图》（2013）、《东盟资本市场设施蓝图》（2014）、《东盟银行业一体化框架协定》（2015）等合作协议。

此外，东盟还针对粮食安全、食品安全、农业、林业等领域出台了一系列的合作措施。

2. 建设有经济竞争力的区域

建设有竞争力、创新力和发展活力的东盟，是东盟经济共同体建设的重要内容。其主要措施包括消费者保护、竞争政策、知识产权保护、基础设施建设、能源合作等方面的内容。为加强东盟各成员国在保护消费者方面的合作，东盟设立消费者保护委员会专门加强政策协调，并且有九个成员国已经颁布消费者保护法。有效的竞争政策是提升区域市场竞争活力的重要保障。《东盟经济共同体蓝图宣言》倡议各国都要根据国际法和各自的国内竞争法建立有效的竞争机制，并逐步推动东盟内部竞争政策协调一致。目前，东盟已有九个成员国颁布实施竞争法。加强知识产权保护也是维护市场竞争秩序和鼓励创新的重要内容，东盟将深化专利审查合作和建立东盟商标实质性审查共同指引，并确定为提升区域经济竞争力的重要内容，但至今仍未达成具体的相关协议。东盟已经充分认识到交通基础设施建设和互联互通对区域竞争力的巨大影响，一直积极推动完善东盟高速公路网，推动建设中国昆明至新加坡的泛亚铁路，推动达成东盟"开放天空"协定。然而受各种因素的影响，上述合作领域和项目进展都较为缓慢，有的项目启动后受政府更迭等问题影响而发生波折。此外，能源合作也是东盟所规划的提升区域经济竞争力的重要措施。东盟能源合作起步较早，已经取得许多重要进展。早在 1986 年 6 月就签署了《东盟能源合作协定》（1987 年4 月生效）。1998 年 5 月，东盟签署了《关于建立东盟能源中心的协定》，2000 年 1 月该协定正式生效，同时东盟能源中心开始运营。2002 年 7 月，东盟签署了《东盟跨境天然气管道项目谅解备忘录》（2004 年 5 月生效）；2007 年 8 月，签署了关于"东盟电网计划"的谅解备忘录（2009 年 3 月生效）；2009 年 3 月，签署了《东盟石油安全协定》（2013 年 3 月生效）。[①] 目前存在的主要问题是东盟共同体成立以来合作进展不大，特别是没有达成新的合作协议和合作计划。

3. 促进经济均衡发展

东盟各成员国之间的经济发展不平衡非常突出，既有经济发展水平处于世界前列的国家，也有贫困的最不发达国家。有的学者将东盟 10 国的经济富裕程度划分为四个层次：新加坡和文莱处于第一层次，这两个国家的经济发展水平最高，人民也最为富裕；马来西亚和泰国处于第二层次，属中高收入国家；印度尼西亚和菲律宾处于第三层次，属中低收入国家；越南、柬埔寨、老挝和缅甸则处于第四层次，属于低收入甚至是世界最不发达国家。[②] 东盟将促进各国经济均衡发展确定为经济共同体建设的重要目标，并出台了一系列的支持欠发达国家和地区发展的项目和措施。其中，东盟中小企业发展项目就是最重要的措施之一，先后出台了东盟中小企业竞争力提升计划、"一村一品"活动提升农村生活条件指引、东盟杰出中小企业目录、东盟发展中小企业战略行动计划等支持中小企业发展的措施。[③] 另外，从 2000 年起，东盟还连续实施了支持越南、柬埔寨、老挝和缅甸四个国家的 3 个项目，即"东盟一体化倡议"（The Initiative for ASEAN Integration，IAI）、"东盟一体化倡议工作计划 Ⅱ：2009—2015"（The IAI Work Plan Ⅱ：2009 - 2015）和"后 2015 东盟一体化倡议工作计划"（The Post-2015 IAI Work Plan），促其更好地参与东盟区域一体化进程并从中获益。[④]

总体来看，柬、老、缅、越四国加入东盟以后经济增速明显提高，经

---

① ASEAN Secretariat, *ASEAN Legal Instruments*, http://agreement. asean. org/home/index. html.

② 杨新华：《东盟经济共同体建设路径及展望》，《东南亚纵横》2017 年第 5 期，第 9～14 页。

③ ASEAN Secretariat, *A Journey Towards Regional Economic Integration：1967 - 2017*（Jakarta：August 2017），https://asean. org/wp-content/uploads/2017/09/ASEAN-50-Final. pdf.

④ IAI Work Plan Ⅲ, Overview, http://asean. org/asean-economic-community/initiative-for-asean-integration-iai-and-narrowing-the-development-gap-ndg/.

济发展状况得到明显改善。1999 年，四个国家 GDP 总量占东盟总量的比重不足 8%，2016 年上升至 11.8%；货物贸易的比重从 4.3% 提高至 21.2%。因此，总体来看，东盟国家间的经济差距呈现缩小态势。

4. 积极融入全球经济体系

东盟经济共同体建设一直非常重视区域开放性，推动东盟与其他国家、区域经济组织及国际经济组织的合作。东盟已经确立多层次和多渠道的对外合作机制，最早建立的这种合作机制是与部分国家和区域组织间的对话伙伴关系。东盟已经与日本（1973）、澳大利亚（1974）、新西兰（1975）、美国（1977）、加拿大（1977）、欧盟（1977）、韩国（1989）、中国（1991）、俄罗斯（1996）建立对话伙伴关系，与巴基斯坦（1993）、挪威（2015）、瑞士（2016）建立了专业性的对话伙伴关系。截至 2017 年 5 月，已有 87 个非东盟国家任命驻东盟大使。[①] 2010 年 1 月，东盟与中国、日本、韩国、印度以及澳大利亚和新西兰六国达成的自由贸易协定正式生效，从而基本形成了以东盟为中心的东亚区域经济合作网络框架。东盟经济共同体建设一直强调推进亚太区域一体化要坚持以东盟为中心的基本方向，这也是 2011 年第十九届东盟峰会提出推动"区域全面经济伙伴关系协定"谈判计划的重要动因。

《2025 年东盟经济共同体蓝图》明确了东盟进一步融入经济全球化发展进程的基本方向。第一，在构建对外经济关系方面，采取更具战略性和连贯性的方针，以期在区域和全球经济论坛上采取共同立场；第二，继续检讨和提升东盟自由贸易协定和全面经济伙伴关系，以使之保持现代性、全面性、高水平，并更切合在东盟经营生产网络的企业的需要；第三，通过实施贸易投资项目和计划，加强与非自贸协定对话伙伴的经济伙伴关系；第四，通过与区域和全球伙伴的战略合作，寻求与拥有共同价值和信念的新兴经济体和区域集团建立经济伙伴关系的契机；第五，继续努力支持多边贸易体制，积极参加区域经济论坛；第六，继续提升参与全球性和

---

① ASEAN Secretariat, *A Journey Towards Regional Economic Integration*：*1967 – 2017*（Jakarta：August 2017），https：//asean. org/wp-content/uploads/2017/09/ASEAN-50-Final. pdf.

区域性组织的水平。①上述内容看似简单，但全面落实起来难度非常大。例如，在区域和全球经济论坛上采取共同立场就是非常复杂的，因为在很多问题上，东盟各国的利益和认识可能存在明显差异，其内部协调就是一个巨大的难题。

（三）东盟社会文化共同体建设

社会文化共同体与政治安全共同体、经济共同体并列为东盟的三大支柱，并且与二者之间存在很多交叉关系。例如，政治安全共同体建设中的政治发展与人权问题，也是重要的社会问题；促进经济均衡发展和消除贫困既是经济问题，也是社会问题。正是因为如此，东盟三大共同体不是相互割裂的，而是彼此密切联系、相辅相成的。

1. 东盟社会文化共同体的建设蓝图

2009 年发布的《东盟社会文化共同体蓝图》较为系统地阐述了东盟社会文化共同体的基本特征、主要目标和推进措施。该蓝图提出，东盟社会文化共同体的主要目标是推动建立东盟共同体，建立一个以人为本、有社会责任感和确立身份认同的共同体，以实现东盟各国人民和国家间的团结、稳定和统一；建立一个共同关怀、福祉共享、包容和谐的社会，以增进和改善本地区人民的生活和福利。东盟社会文化共同体建设，将通过开展共同参加的、以人为本的环境友好型的活动，促进区域可持续发展和人民生活改善。东盟社会文化共同体建设需要根据本地区的文化特点进行，坚持一致原则、合作精神、集体责任，促进人类和社会发展；尊重基本自由、性别平等、促进和保护人权及社会正义。东盟社会文化共同体应尊重东盟各国人民的文化差异、语言与宗教信仰，强调多样性中的团结精神为共同价值，并使之适应目前的现实机遇与挑战。在社会层面，东盟文化共同体建设的重点是缩小成员国之间的发展差距。

在明确界定东盟社会文化共同体基本特征的基础上，《东盟社会文化共

---

① ASEAN Secretariat, *ASEAN 2025：Forging ahead Together*（Jakarta：November 2015），https://www. asean. org/storage/2015/12/ASEAN-2025-Forging-Ahead-Together-final. pdf.

同体蓝图》提出了六个方面的建设任务。

（1）人的发展。东盟社会文化共同体建设把人的发展放在首位，提出要推动教育优先发展，注重投资人力资源开发，通过普及信息通信技术和应用科学技术便利化促进体面劳动，加强妇女、青年、老人和残疾人的创业技能，提升公务员能力。

（2）社会福利和社会保障。彻底消除社会经济不平等和贫困，在东盟成员国实现千年发展目标；构建社会安全网，消除区域一体化和全球化的负面影响；加强粮食安全和保障；加强医疗保健，倡导健康的生活方式，提高控制传染病的能力，建设一个安全、可靠、无毒的社会环境，改善人民生活福祉。

（3）社会正义和公民权利。东盟社会文化共同体关于社会正义和公民权利保护问题，突出强调了特殊群体的权利保护和企业责任，即促进和保护妇女、儿童、老人以及残疾人的权利和福利保障，保护和促进移民劳动力的权利，提高企业的社会责任。

（4）环境可持续发展。积极参与解决全球环境问题，加强东盟跨境环境管理和污染防治，通过环境教育促进可持续发展和公众参与，促进无害环境技术使用推广，提高东盟特别是市区生活质量，促进各种资源的可持续利用和生物多样性可持续管理，应对气候变化及其影响，协调环境政策和建设基础数据库。

（5）建立东盟身份认同。东盟的身份是东南亚地区的利益基础，是一种集体人格，需要拥有共同的规范、价值观和信仰。为此，需要形成东盟的共同体意识，加强东盟文化遗产的保护，提升文化产业的创造力，鼓励人们积极参与社会共同体构建。

（6）缩小发展差距。重点是缩小东盟6个老成员国和4个新成员国之间在社会层面上的发展差距，加大在东盟内部一些欠发达地区的投入，通过各种次区域合作框架解决社会发展问题。①

---

① ASEAN Secretariat, *ASEAN Socio-Cultural Community Blueprint* (Jakarta: June 2009), https://asean. org/wp-content/uploads/archive/5187 – 19. pdf.

2016 年发布的《2025 年东盟社会文化共同体蓝图》则根据形势需要和认知水平的提高，对东盟社会文化共同体的基本特征、建设目标和推进措施进行了新的界定。《2025 年东盟社会文化共同体蓝图》提出，东盟要建立一个让人民参与并受益的、包容的、可持续的、有活力的东盟共同体。具体来说，就是本着善政原则并通过负责任的和包容性的机制，建立一个完全为东盟利益而信守承诺、广泛参与、承担社会责任的共同体；建立一个促进生活质量提升、人人平等获得机会的包容性共同体，促进和保护妇女、儿童、青年、老年人、残疾人、移民工人、身心障碍者和边缘群体的人权；建立一个可持续发展的共同体，通过有效的机制促进社会发展和环境保护，以满足人们当前和未来的需要；建立一个具有弹性的共同体，加强对社会经济脆弱性、自然灾难、气候变化以及新出现威胁和挑战的适应和应对能力；建立一个充满活力与和谐的共同体，让所有人都为自己的身份、文化和传统而自豪，具有更强的创新能力并且积极为全球共同体做出贡献。

《2025 年东盟社会文化共同体蓝图》还明确提出了 2015～2025 年东盟社会文化共同体的主要建设任务。（1）参与并造福人民。将利益攸关方讨论和参与东盟机构活动制度化，支持其参与到政策倡议、影响评估、方案制定、政策实施和监督等政策过程中来；赋予人民权利并加强组织机构建设，提升人民参与各层次政府决策的能力。（2）提高社会包容性。减少各种技术性与制度性障碍，推动人人平等获得社会保护和享有人权，并参与社会活动；促进人人享有平等并有效参与东盟政策措施制定和实施的机会；促进和保护人权，加强高质量的保健、福利、两性平等、社会正义、人权和基本自由，特别要加强弱势群体人权保护。（3）提高发展的可持续性。加强生物多样性和自然资源的保护与可持续管理，建设环境可持续城市，积极应对气候变化，形成可持续的消费与生产方式。（4）提高社会发展韧性。在减少灾害风险、人道主义援助和赋予社区权力等方面构建伙伴关系，建设一个能够预测、应对、适应灾害并且更好、更智能、更迅速开展灾后重建的东盟；积极应对与健康有关的各种风险，提升适应气候变化的能力，建设社会安全网，努力建设无毒品东盟。（5）提高社会发展活力。通过完善政策和制度环境，使人民和企业更加开放并具有适应性、创造性、创新

性和企业家精神，建立一个高度开放和富有适应性、创造力、创新精神和
灵敏反应能力的东盟。[1]

2. 东盟社会文化共同体的建设成效

东盟自建立以来，一直积极推动区域内的社会文化事务合作，先后达
成了一系列社会文化领域合作的重要协定，主要有《关于促进大众传媒和
文化活动合作的协定》（1969）、《关于设立东盟文化基金的协定》（1978）、
《东盟大学联盟宪章》（1995）、《东盟跨境雾霾污染协定》（2002）、《东盟
灾害管理和应急响应协定》（2005）、《关于建立东盟生物多样性中心的协
定》（2005）、《关于建立东盟灾害管理人道主义援助协调中心的协议》
（2011）。在 2009~2015 年《东盟社会文化共同体蓝图》实施期间，东盟社
会文化共同体理事会先后签署了《东盟非传染性疾病宣言》《东盟消除对妇
女和儿童的暴力行为宣言》。

上述法律文件和共同宣言的出台，为东盟社会文化共同体建设提供了
重要的制度性和政策性框架。近年来，东盟各国在人权保障、社会保障和
福利、环境可持续性等方面都取得了举世瞩目的进步。东盟"在过去 20
年，每天生活费不足 1.25 美元的人口比例从 1/2 下降到 1/8；小学学龄儿童
的净入学率从 1999 年的 92% 上升到 2012 年的 94%；妇女在议会中的席位
比例从 2000 年的 12% 上升到 2012 年的 18.5%；孕产妇死亡率从 1990 年的
3.712‰ 下降到 2012 年的 1.037‰；居住在贫民窟的城市人口比例从 2000 年
的 40% 下降到 2012 年的 31%"[2]。

东盟共同体成立后，东盟按照《2025 年东盟社会文化共同体蓝图》的
规划目标和重点任务，继续努力推进社会文化领域的合作。特别是 2017 年
被称为东盟社会文化共同体建设的里程碑之年，先后签署了《关于保护和
促进流动劳动力权利的东盟共识》《关于采用东盟青年发展指数的东盟宣
言》《关于〈2025 年东盟社会文化共同体蓝图〉性别反映实施情况及可持

---

[1]　ASEAN Secretariat, *ASEAN Socio-Cultural Community Blueprint 2025* (Jakarta：March 2016)，
https://www. asean. org/wp-content/uploads/2012/05/8. -March－2016－ASCC-Blueprint－2025. pdf.

[2]　ASEAN Secretariat, *ASEAN Socio-Cultural Community Blueprint 2025* (Jakarta：March 2016)，
https://www. asean. org/wp-content/uploads/2012/05/8. -March－2016－ASCC-Blueprint－2025. pdf.

续发展目标的东盟宣言》《关于以公共服务推动实施〈2025 年东盟社会文化共同体蓝图〉的东盟宣言》《关于灾害健康管理的东盟领导人宣言》《关于〈联合国气候变化框架公约〉第二十三届缔约方会议的东盟联合声明》，发布了《东盟青年发展指数报告》、《加强减灾和气候变化适应机制和政策框架的工作计划》、《东盟灾害法图谱：实施东盟灾害法的区域盘点》（AAD-MER）、《东盟灾害管理专家标准化和认证框架》（ASCEND），批准了《东盟生物多样性中心成立协定》，颁发了第四届"东盟环境可持续发展城市奖"，启动了东盟基于灾害管理平台的科学研究项目。

上述措施对东盟各国社会文化各领域的发展发挥了重要促进作用。东盟各国的人类发展指数（HDI）总体呈现不断上升趋势，特别是越南、柬埔寨、老挝和缅甸 4 个欠发达国家的人类发展指数呈持续上升趋势（见表 3 - 1）。2010 年东盟按国际标准的人口贫困率为 19%，2015 年下降为 14%；同期的人口营养不良率从 13.4% 降至 8.9%，预期寿命从 67.4 岁提高到 70.9 岁，其中女性预期寿命从 70.2 岁上升到 73.8 岁，男性预期寿命从 64.8 岁上升到 68.1 岁。2010～2016 年，东盟 5 岁以下儿童死亡率从 33‰降至 26‰，医疗卫生支出占 GDP 的比重从 3.9% 上升至 4.5%；成人识字率从 92.5% 上升至 94.9%，其中女性从 94.9% 上升至 96.3%，男性从 90.1% 上升至 93.5%；高等教育入学率从 27.3% 上升至 36.1%，其中女性从 27.7% 上升至 39.1%，男性从 26.9% 上升至 33.0%。[①]

表 3 - 1　2008～2017 年东盟部分国家人类发展指数（HDI）演变

国家	2008 年	2009 年	2010 年	2011 年	2012 年	2013 年	2014 年	2015 年	2016 年	2017 年
文莱	0.841	0.845	0.846	0.852	0.860	0.863	0.864	0.865	0.852	0.853
柬埔寨	0.520	0.519	0.533	0.540	0.546	0.553	0.558	0.563	0.576	0.582
印度尼西亚	0.645	0.656	0.662	0.669	0.677	0.682	0.686	0.689	0.691	0.694
老挝	0.525	0.535	0.542	0.554	0.563	0.573	0.582	0.586	0.598	0.601
马来西亚	0.756	0.764	0.774	0.776	0.779	0.783	0.787	0.789	0.799	0.802
缅甸	0.504	0.515	0.520	0.533	0.540	0.547	0.552	0.556	0.574	0.578

① ASEAN Secretariat, *Celebrating ASEAN：50 Years of Evolution and Progress*（Jakarta：July 2017），https：//asean. org/wp-content/uploads/2012/05/ASEAN50_Master_Publication. pdf.

国家	2008 年	2009 年	2010 年	2011 年	2012 年	2013 年	2014 年	2015 年	2016 年	2017 年
菲律宾	0.661	0.662	0.669	0.666	0.671	0.676	0.679	0.682	0.696	0.699
新加坡	0.887	0.889	0.911	0.917	0.920	0.922	0.924	0.925	0.930	0.932
泰国	0.706	0.711	0.720	0.729	0.733	0.733	0.738	0.740	0.748	0.755
越南	0.641	0.647	0.655	0.662	0.668	0.675	0.675	0.683	0.689	0.694

资料来源：《2018 东盟统计年鉴》，https://asean.org/storage/2018/12/asyb – 2018.pdf。

当然，东盟社会文化共同体建设涵盖领域非常广泛，上述内容仅从一个侧面反映了近年来东盟各国的社会事业发展情况。另外，东盟各国的社会事业发展最主要的推动力来自其自身经济的发展，在多大程度上得益于东盟社会文化共同体建设还很难进行准确评估。

二　围绕东盟开展的东亚区域合作

东盟在不断推进其内部区域合作的同时，也充分发挥了自身对东亚区域合作的主导作用，建立了一系列"东盟＋"区域合作机制，与此同时，东盟还积极推动区域全面经济伙伴关系的谈判。东盟对东亚区域合作发挥了无可替代的重要作用。

（一）东盟与中国"10＋1"区域合作

东盟与中国启动"10＋1"合作机制始于1991年7月召开的东盟外长会议，中国时任外交部部长钱其琛应邀参加了中国—东盟外交部长对话会。1996年7月，第二十九届东盟外长会议同意中国成为东盟全面对话伙伴。2003年10月，第七届中国—东盟峰会签署了《中国—东盟面向和平与繁荣的战略伙伴关系联合宣言》，将东盟与中国关系提升到了一个新的高度。此后，双方先后三次共同制定"落实联合宣言行动计划"。2011年11月，中国—东盟中心在北京成立。该中心是促进中国—东盟贸易、投资、旅游、教育、文化等领域合作的一站式信息中心。2018年1月，第二十一届中国—东盟峰会通过的《中国—东盟战略伙伴关系2030年愿景》，明确规划了至 2030 年中国与东盟发展战略伙伴关系的发展方向和重点任务。

1. 政治安全合作

中国一直坚持东盟在东亚各领域合作中的主导地位，积极参与中国与东盟"10 + 1"、东盟与中日韩"10 + 3"、东亚峰会、东盟地区论坛、东盟防长扩大会等东盟主导的各区域合作机制，坚定维护开放、透明、包容和基于规则的区域合作架构。中国是第一个加入《东南亚友好合作条约》的东盟对话合作伙伴国，并且正是由于中国的率先加入，使得《东南亚友好合作条约》成为规范该地区国家间关系的重要准则。中国也是首个加入《东南亚无核武器区条约》的核大国。可见，中国发展与东盟的政治安全合作是以尊重和支持东盟基本主张为基础的。

共同维护南海和平稳定是中国与东盟政治安全合作的最主要内容。众所周知，中国与部分东盟国家在南海存在领海和领土争端，东盟一些成员国之间也存在此类分歧和矛盾。因此，南海局势直接影响着东南亚乃至东亚地区的和平稳定，也在一定程度上影响着中国与东盟的关系走向。中国与东盟围绕维护南海和平稳定问题一直保持着有效的对话和沟通，并且达成了一系列共识。2002 年 11 月，中国与东盟在金边签署了《南海各方行为宣言》（DOC）。该宣言是中国与东盟签署的第一份有关南海问题的政治文件，强调以和平方式解决南海有关争议，各方承诺在争议解决之前不采取使争议复杂化和扩大化的行动。此后召开的历次中国—东盟外长会议等重要会议都将全面有效落实《南海各方行为宣言》作为重要内容，并且积极争取在协商一致的基础上早日达成"南海行为准则"。2011 年 7 月，在印度尼西亚巴厘岛举行的中国—东盟高官会就"落实《南海各方行为宣言》指针案文"达成一致，随后召开的中国—东盟外长会核准该指针案文，为推动落实《南海各方行为宣言》进程和推进南海务实合作明确了方向。2016 年 7 月发表了《中国和东盟国家外交部长关于全面有效落实〈南海各方行为宣言〉的联合声明》，有效缓解了"南海仲裁案"所引发的南海紧张局势。同年 9 月召开的第十九次中国—东盟领导人会议暨中国—东盟建立对话关系 25 周年纪念峰会，通过了《中国与东盟国家关于在南海适用〈海上意外相遇规则〉的联合声明》和《中国与东盟国家应对海上紧急事态外交高官热线平台指导方针》，为南海意外紧急事态应急处置及其操作规范提供了明确指引。2017 年 8 月，中国外长与东盟国家外长在菲律宾马尼拉举行会晤，通过了"南海行为准则"框架。2017 年 11 月召开的第二十次中国—东盟峰会正式宣布启动"南海行为准则"谈判。2018 年 3 月，中国—东盟落实《南海各方行为宣言》联合工作组第二十三次会议在越南岘港举行，启动"南海行为准则"正式谈判。2018 年 6 月，第十五次中国—东盟落实《南海各方行为宣言》高官会议在中国长沙召开，中国与东盟就"南海行为准则"单一磋商文本草案达成一致，为相关谈判奠定了重要基础。

中国与东盟的军事交流与合作也是政治安全领域合作的重要内容。2010 年中国与东盟正式启动防长会议机制。截至 2018 年，中国—东盟国防部长非正式会议已举行九次。第九次会议于 2018 年 10 月在新加坡举行，双方围绕建立防务直通电话、开展联演联训、救灾救援、中青年军官交流等领域的合作进行了深入交流。2017 年 10 月底，中国与泰国、菲律宾、柬埔寨、缅甸、老挝和文莱等六个国家成功举行了海上联合搜救实船演练。2018 年，中国与东盟国家举行了首次海上联合军事演习。联合演习的第一阶段于 2018 年 8 月在新加坡樟宜海军基地进行桌面推演，第二阶段于 2018 年 10 月在中国湛江及其外海举行实兵演习。

此外，中国还与东盟建立了打击跨境犯罪和开展非传统安全领域合作机制，主要包括中国与东盟打击跨国犯罪部长级会议、高官会议以及警察首长会议三个执法合作机制框架。2002 年 11 月，中国与东盟第六次领导人会议共同发表了《中国与东盟关于非传统安全领域合作联合宣言》，标志着双方执法安全合作进入新的历史阶段。2004 年，中国与东盟签署了《中国—东盟关于非传统安全领域合作谅解备忘录》，确定了双方在反恐、禁毒和打击国际经济犯罪等重点领域合作的中长期目标，明确了双方将通过信息交流、人员交流与培训、执法协作和共同研究等方式加强合作。2010 年，该备忘录获得续签。2017 年 9 月，中国与东盟打击跨国犯罪部长级会议根据双方深化合作的需要，签署了新的《中国—东盟关于非传统安全领域合作谅解备忘录（2015－2021）》。

2. 经济合作

中国与东盟的经贸关系一直保持快速发展的态势。目前，中国是东盟第一大贸易伙伴和第三大海外直接投资来源地。2017 年，中国与东盟的商品贸易额达到 4410 亿美元，约占东盟对外商品贸易总额的 26.3%；中国对东盟的直接投资额为 113.7 亿美元，约占其利用外资总额的 10.5%。①

中国与东盟经济合作的最突出成果是建成了中国—东盟自由贸易区。中国—东盟自由贸易区是中国对外商谈的第一个自由贸易区，也是目前为止发展中国家间最大的自由贸易区。2002 年 11 月，中国与东盟签署了《中国—东盟全面经济合作框架协议》，决定正式启动自由贸易区建设进程。2010 年 1 月，中国—东盟自贸区如期全面建成，双方对超过 90% 的产品实行零关税。中国对东盟平均进口关税从 9.8% 降至 0.1%，东盟 6 个老成员国对中国的平均进口关税从 12.8% 降至 0.6%。关税水平大幅降低有力地推动了双边贸易快速增长。2015 年 11 月，中国与东盟结束了自由贸易区升级的相关谈判，正式签署了《中华人民共和国与东南亚国家联盟关于修订〈中国—东盟全面经济合作框架协议〉及项下部分协议的议定书》。2018 年 11 月，中国—东盟自贸协定"升级版"正式全面生效。

中国—东盟博览会是中国—东盟开展全方位经贸合作的重要平台。2003 年 10 月，中国国务院总理温家宝在第七次中国—东盟领导人会议上倡议，从 2004 年起，每年在中国广西南宁举办中国—东盟博览会。这一倡议得到了各国领导人的普遍欢迎。中国—东盟博览会是由中国商务部和东盟国家经贸主管部门及东盟秘书处共同主办，以"促进中国—东盟自由贸易区建设、共享合作与发展机遇"为宗旨，内容涵盖商品贸易、投资合作和服务贸易。截至目前，中国—东盟博览会已举行了十五届，对促进中国与东盟各国各领域合作发挥了重要作用。2018 年 9 月 12～15 日，第十五届中国—东盟博览会在广西南宁举行。该届博览会以"共建 21 世纪海上丝绸之路，构建中国—东盟创新共同体"为主题。博览会期间，举办了中国—东盟商

---

① ASEAN Secretariat, *ASEAN Statistical Yearbook 2018* (Jakarta：December 2018)，https：// asean. org/？static_ post = asean-statistical-yearbook – 2018.

界领袖论坛、首届"一带一路"新经济发展论坛、首届"一带一路"青年领袖论坛、中国—东盟跨境电子商务发展论坛等专题论坛，有关各方就"一带一路"建设和开展创新合作展开了深入交流。

互联互通合作也是中国与东盟区域合作的重要领域之一。2004年10月，中国与东盟签署了《运输合作谅解备忘录》，明确了中远期合作的方向和目标。2007年11月，双方签署了《中国—东盟海上运输协定》。2010年11月，双方签署了《中国—东盟航空运输协定》及其第一议定书。此外，中国与东盟还启动了一系列交通基础设施建设项目。在公路方面，中国与东盟最主要的合作项目是昆曼公路建设。昆曼公路起于昆明，经老挝至泰国曼谷，并与马来西亚、新加坡公路网相衔接，是联通中国与东南亚的大动脉。中国在完成昆曼公路中方境内段升级改建的同时，还积极参与和支持老挝境内段道路和桥梁建设。2013年底，昆曼公路实现全线贯通。在铁路互联互通合作中，中国一直积极支持并推进泛亚铁路建设。中国在推进自身境内东、中、西三条线路建设的同时，还致力于支持境外段的建设，根据东盟各国的愿望，采用多种方式为东盟国家铁路建设提供协助。2002～2003年，中方出资500万美元帮助老挝和缅甸境内湄公河航道实施排障，大大提高了河道安全可靠性。2017年11月举行的第二十次中国—东盟领导人峰会，就《东盟互联互通总体规划2025》与中国"一带一路"倡议对接达成广泛共识，会议通过了《中国—东盟关于进一步深化基础设施互联互通合作的联合声明》，明确将重点深化大湄公河次区域及澜沧江—湄公河流域的基础设施和互联互通合作。

近年来，中国与东盟之间的双向跨境旅游蓬勃发展。2016年，中国赴东盟的游客数量达到1980万人次，同比增长6.4%；东盟国家赴中国的游客数量达到1034万人次，同比增长57.8%。随着2017年《中国—东盟航空运输协定》及其议定书的正式生效，东盟国家已有37个城市与中国52个城市之间每周有近5000个直飞航班。2017年为中国—东盟旅游合作年，双方通过一系列活动和措施推动区域旅游合作，第二十次中国—东盟领导人峰会通过了《中国—东盟旅游合作联合声明》，明确了区域旅游合作的目标和努力方向。

此外，中国与东盟还就产能合作、农业合作、信息与通信技术合作、科技创新合作达成了一系列共识，签署了《中国—东盟关于产能合作联合声明》《东盟秘书处与中华人民共和国农业部关于农业合作的谅解备忘录》《中国—东盟信息通信技术共同发展伙伴关系行动计划（2017—2021）》等一系列重要文件，建立了中国—东盟遥感卫星数据共享与服务平台、中国—东盟技术转移中心等合作平台，开展了大量务实性交流活动。

3. 社会文化合作

中国与东盟在社会文化领域也开展了较为深入的合作，双方围绕公共卫生、教育、文化、劳动和社会保障、地方合作、民间交流、环境保护、减贫等重大议题达成了一系列合作共识，并开展了大量实质性交流活动。中国与东盟在卫生领域的深入正式合作始于 2003 年。2006 年 6 月，首届中国—东盟卫生部长会议在缅甸仰光举行，商定将每两年举办一次部长会议，在部长会议之前举行高官会议。2008 年 6 月，东盟与中日韩传染病信息通报网站正式开通，实现了中国与东盟国家在新发传染病领域的疫情信息共享，促进各国更好地开展传染病防控工作。2012 年 7 月，第四届中国—东盟卫生部长会议签署了《中国—东盟卫生合作谅解备忘录》。为全面落实该谅解备忘录，中国与东盟卫生发展高官会议或卫生部长会议每年都要确定年度优先合作课题。2017 年 9 月举行的第六次中国—东盟卫生部长会议，决定将"促进健康和卫生信息通信技术"确定为 2017～2018 年度中国—东盟卫生合作的优先课题。此外，中国还经常通过与东盟举办卫生培训班的方式为东盟培训卫生技术人员和提供相关技术支持。

中国与东盟的教育合作也取得了重大进展。2008 年以来，双方每年都在中国贵阳举办"中国—东盟教育交流周"。交流周期间，举办的大学校长论坛、教育行政官员研讨会、青少年夏令营等活动，有效地促进了双方的教育交流与合作。2010 年 8 月在第三届"中国—东盟教育交流周"期间，双方举办了首届"中国—东盟教育部长圆桌会议"。会议通过了《中国—东盟教育部长圆桌会议贵阳声明》，一致同意将继续创新中国—东盟人文交流合作机制，建立高层磋商机制，积极落实 2020 年东盟来华留学生和中国到东盟留学生均达到 10 万人的"双十万计划"。2016 年 8

月在第九届"中国—东盟教育交流周"期间，召开了第二届中国—东盟教育部长圆桌会议，会议通过了《中国—东盟教育合作发展联合公报》。为落实好该联合公报，在 2017 年 7 月举办的第十届"中国—东盟教育交流周"期间，双方共同发布了《中国—东盟教育合作行动计划（2017—2020）》。此外，中国还通过扩大东盟留学生奖学金名额、举办各种培训班等方式支持东盟人才培养。

2012 年 5 月，中国与东盟召开了首届文化部长会议，并决定此后每两年举办一次。2016 年 8 月，第三次中国—东盟文化部长会议在文莱首都斯里巴加湾市举行，双方就开展文化艺术、文化产业、文化遗产保护、文化与技术进步等领域的合作进行了深入交流。中国—东盟文化论坛也是双方重要的文化交流机制，该论坛自 2006 年在中国南宁创立以来已经连续举办了十三届。2018 年 9 月举办的第十三届中国—东盟文化论坛重点讨论了创意产业交流与合作问题，双方围绕文化旅游产业提档升级、文化创意与科技创新深度融合、文化创意产业对传统文化的传承与创新、创新型中小微文化企业的发展方向与路径等多个分议题展开对话。

中国与东盟环境保护合作是根据《中国—东盟环境保护战略》的相关规定，并在中国—东盟环境保护合作中心协调下进行的。2009 年，中国—东盟环境高官会议通过了《中国—东盟环境保护合作战略（2009—2015）》。2010 年 10 月举行的第十三次中国—东盟领导人会议确认了《中国—东盟环境保护合作战略（2009—2015）》，并发表了《中国和东盟领导人关于可持续发展的联合声明》。2010 年 3 月，中国—东盟环境保护合作中心在北京成立，2011 年 5 月正式运行。2016 年 9 月，中国—东盟环境高官会议签署了《中国—东盟环境保护合作战略（2016—2020）》和《中国—东盟环境展望：共同迈向绿色发展》。2018 年 9 月召开的第十四届东盟环境部长会议通过了《中国—东盟环境合作行动计划（2016—2020）》，进一步明确了双方开展环境保护合作的重点领域和重点项目。

此外，中国与东盟还在青年交流、灾害管理、媒体交流合作等方面开展了大量务实合作，丰富了双方社会文化领域合作的内容。

（二）东盟与日本"10＋1"区域合作

早在 1973 年，东盟和日本就建立了非正式对话关系。1977 年 3 月，以东盟—日本论坛的召开为标志，双方确立正式对话伙伴关系。此后，东盟与日本在政治安全、经济和社会文化等领域的合作不断深入。2003 年 12 月，在东京举行的纪念东盟—日本对话伙伴关系 30 周年峰会上，双方领导人签署了《东盟—日本在新千年建立充满活力的持久伙伴关系的东京宣言》及其行动计划。2004 年 7 月，日本加入《东南亚友好合作条约》，2011 年 6 月正式成立派驻东盟使团。2011 年 11 月，第十四届东盟—日本领导人会议发表了《加强东盟—日本共同繁荣战略伙伴关系联合宣言》，并通过了《2011—2015 年东盟—日本行动计划》。2013 年 12 月，在东盟与日本建立对话关系 40 周年纪念峰会上，双方领导人批准了《东盟—日本友好合作愿景声明》和《东盟—日本携手面对地区和全球挑战的联合声明》。上述两个声明及其实施计划为发展 2015 年以后的东盟与日本关系提供了原则框架。2016 年 6 月，第三十一届东盟—日本论坛在东京举行，东盟方面接受了日方的建议，同意在修改《东盟—日本友好合作愿景声明》实施计划时，要充分考虑《东盟互联互通总体规划 2025》《东盟一体化倡议工作计划 Ⅲ》等《2025 年东盟共同体愿景》所包含的内容。2017 年 8 月，东盟与日本"10＋1"项目会议上通过了按照上述共识修改的实施计划。

1. 政治与安全合作

东盟与日本一直通过东盟—日本峰会、部长级会议、高官会、专家会等多种会议机制开展对话合作。此外，日本还积极参加东盟地区论坛、东盟与中日韩"10＋3"论坛、东盟防长扩大会议等区域性政治安全对话机制。东盟与日本在政治安全领域最主要的合作是反恐和打击跨国犯罪。2004 年，东盟与日本正式建立了"打击跨国犯罪部长级会议"和"东盟与日本打击跨国犯罪高官会议"磋商机制，双方就共同关心的跨国犯罪问题定期交换意见。在上述磋商机制下，东盟与日本还建立了两个专门领域的对话机制，即 2006 年启动的"东盟—日本反恐对话"和 2013 年启动的"东盟—日本网络犯罪对话"。2014 年 11 月，第十七次东盟—日本峰会通过了《东盟—日本打击恐怖主义和跨国犯罪合作联合宣言》。该联合宣言内容涵盖了东盟与日本打击跨国犯罪高官会议讨论的 8 大类跨国犯罪活动。为落实该联合宣言，2015 年 9 月 28 日，东盟与日本打击跨国犯罪高官会议通过了《打击恐怖主义和跨国犯罪合作工作计划（2015—2017）》。

为深化防务合作，2014 年 11 月，东盟与日本召开了首次防长非正式会议，双方一致同意继续就应对非传统安全威胁问题进行对话。2016 年 11 月，东盟与日本召开第二届防长非正式会议，双方一致认为，东盟与日本防务合作对建立稳定的包容性的区域安全架构具有重要意义，会议还就地区安全形势和新安全挑战达成了共识。会议期间，日本还发布了《万象愿景：与东盟防务合作的日本倡议》，明确了日本开展与东盟防务合作的重点领域和基本政策。此外，为加强双方防务合作的交流与沟通，自 2009 年以来，东盟与日本一直举行年度副防长论坛。近年来，东盟—日本副防长论坛已逐步转变为落实双方防务合作共识的后续机制。

网络安全也是东盟与日本政治安全合作的重要内容。东盟与日本在网络安全领域的合作主要是通过东盟地区论坛和东盟防长扩大会议等会议机制及相关活动来实现。在东盟地区论坛 2018～2020 年闭会期间，日本、马来西亚和新加坡三国共同担任了信息通信技术安全利用会议的联合主席。2018 年 3 月，日本和越南共同主持了东盟地区论坛第十二届专家和名人会议，会议通过了工作组提交的题为"关于促进网络安全的东盟地区论坛倡议"的报告，并将该报告作为政策建议提交给参加第二十五届东盟地区论坛的与会各国部长。日本还积极参与东盟防长扩大会议合作机制下的网络安全工作组会议。

日本还通过东盟地区论坛和东盟防长扩大会议等途径，积极开展与东盟的海洋安全合作。日本与菲律宾、美国共同主持了 2015～2017 年东盟地区论坛闭会期间的"海上安全会议"，2017 年 2 月，在东京主办了东盟地区论坛闭会期间第九届海上安全会议。日本还与马来西亚共同主持了 2017～2018 年东盟地区论坛闭会期间的"领海权意识国际合作研讨会"，研讨会于2018 年 3 月在日本东京举行。日本还参与了东盟防长扩大会议合作机制下的海洋安全专家工作组的相关工作，主要包括于 2013 年 9 月在澳大利亚举行的东盟防长扩大会议海洋安全演习，2016 年 5 月在文莱和新加坡举行的反恐演习。此外，日本还与韩国、印度尼西亚共同主持了 2018～2020 年东盟地区论坛闭会期间的"核不扩散与裁军会议"，旨在推动区域各国在该领域的对话与协商。

2. 经济合作

东盟与日本一直互为重要的经贸伙伴。2017 年，日本为东盟的第四大贸易伙伴，双方的货物贸易额为 2179 亿美元，约占东盟对外贸易额的 8.5%。同年日本对东盟直接投资为 132 亿美元，是东盟的第二大直接投资来源国，约占东盟利用外国直接投资总额的 9.6%。2008 年 4 月，日本与东盟签署了《全面经济伙伴关系协定》，同年 12 月协定正式生效。《东盟—日本全面经济伙伴关系协定》规定，在货物贸易方面，日本须在 10 年内完全免除东盟进口额中 93% 的商品关税，农产品关税则按照国家对国家的方式进行减免；6 个东盟老成员国要在 10 年内取消日本进口额 90%（按照关税税目也为 90%）的关税，东盟 4 个新成员的关税减免计划则根据各国的经济发展情况分别设定。截至 2016 年末，东盟和日本先后完成了《东盟—日本全面经济伙伴关系协定》中关于服务贸易、自然人跨境流动以及投资章节的谈判，同时致力于"关于修改《东盟—日本全面经济伙伴关系协定》的第一份议定书"的终稿工作，以便将达成共识的条款纳入《东盟—日本全面经济伙伴关系协定》。

东盟与日本一直通过经济部长会议机制推进双方的经济合作。2012 年 8 月，第十八届东盟国家经济部长与日本经济产业大臣协商会议正式签署"东盟—日本战略性经济合作未来 10 年路线图"，明确了双方在改善营商环境、贸易投资便利化和自由化、基础设施建设与互联互通、人力资源开发、国内政策与监管措施协调等方面提升战略伙伴关系。2014 年 8 月，第二十届东盟国家经济部长与日本经济产业大臣协商会议签署了"未来 10 年路线图"的升级协议，将发展中小企业和合作社、完善经济法规、科学技术、医疗卫生、交通物流、信息通信技术、教育和人力资源开发以及旅游等具有共同利益的领域纳入合作范围。2016 年 8 月，第二十二届东盟国家经济部长与日本经济产业大臣协商会议批准了对路线图的新修改，即充分考虑其与《2025 年东盟共同体愿景》的相互衔接问题。

日本一直推动开展与东盟的交通基础设施建设合作。2011 年，东盟互联互通委员会与日本特别工作组建立定期会晤机制。2015 年 5 月，日本首相安倍晋三宣布实施"高质量基础设施伙伴关系：亚洲未来投资"倡议，希望以此为亚洲高质量基础设施建设提供融资支持和加强区域互联互通。2016 年 5 月，日本首相安倍晋三宣布"扩大高质量基础设施伙伴关系"倡议，该倡议重申了 2015 年倡议的基本目标，并且提出支持东盟实施《东盟互联互通总体规划 2025》。

自"东盟一体化倡议工作计划"实施以来，日本一直积极支持东盟推进一体化进程。日本根据《东盟一体化倡议工作计划 I》的相关内容，共支持了东盟 47 个合作项目，其中 28 个项目是与东盟 6 个老成员国联合资助的，资助经费总额为 640 万美元。获支持的项目涉及交通、能源、公共部门能力建设、劳动就业、高等教育、信息通信技术、货物和服务贸易、海关、投资、旅游和环境等多个领域。《东盟一体化倡议工作计划 II》出台后，日本为 87 个合作项目提供了资金支持，其中 58 个项目是与东盟 6 个老成员国联合资助的，资助经费总额为 680 万美元。有关项目涵盖柬、老、缅、越四国的农业、旅游、中小企业、质量保证、投资促进、商业环境、生态环境和公共部门能力建设等领域。《东盟一体化倡议工作计划 III》出台后，日本对该工作计划附件中的两个项目提供了 75.8 万美元的资助。

日本还通过参与各种次区域开发合作的方式支持东盟缩小内部发展差距。日本一直积极支持大湄公河次区域开发合作，与老挝、柬埔寨、越南、泰国、缅甸五个湄公河区域国家建立了湄公—日本（Mekong-Japan）部长级会议、首脑峰会等合作机制，为该地区的公路、铁路等交通基础设施建设提供大量支持。自 2009 年首次湄公—日本首脑峰会（Mekong-Japan Summit）召开以来，至今该峰会已经连续举行了十届，双方达成了一系列重要合作共识。2015 年 7 月，第七届湄公—日本首脑峰会通过了《湄公—日本合作东京战略 2015》，提出在未来三年要以实现湄公河地区经济高质量增长为目标深化相互间的合作。会上日本首相安倍晋三还宣布，在未来三年日本将向湄公河区域国家提供 7500 亿日元的官方开发援助。2018 年 10 月,第十届湄公—日本首脑峰会通过《湄公—日本合作东京战略 2018》,规划了双方至 2030 年的重点合作领域和主要项目。①

此外,东盟与日本还围绕能源、信息通信技术、科技创新、人力资源开发等领域建立了一系列对话与合作机制,并开展了大量务实合作。

3. 社会文化合作

东盟与日本一直高度重视双方人的交往与文化交流,特别是青年和学者间的交流,以此培养团结意识并在传统和价值观方面相互尊重和理解。日本—东亚学生与青年交流网络(The Japan-East Asia Network of Exchange for Students and Youths, JENESYS)就是日本政府设立的重要项目,目的是促进日本与包括东盟在内的东亚国家间的交流。日本还积极推动双方大学之间的高质量交流合作。2011 年开始实施的"再造日本项目"(Re-inventing Japan Project),有效地推动了东盟与日本大学及学生间的交流。2011 ~ 2016 财年,该项目为双方 7000 多名学生交流提供了支持。日本还于 2013 年加入了东盟学生国际流动计划(ASEAN International Mobility for Students, AIMS),2013 ~ 2017 财年共实施了 7 个交流项目,1500 名学生获得了该计划支持。

医疗卫生也是东盟与日本开展社会文化合作的重要领域。双方根据日本—东盟健康倡议设立了许多合作项目,其中包括以促进健康生活方式、疾病预防和提高卫生保健标准为目标的东盟—日本卫生交流项目。2017 年 7 月,在东盟与日本卫生部长会议上,日本同意提升东盟—日本"全民健康覆盖"(Universal Health Coverage, UHC)倡议,重点关注 2030 年前老龄化对可持续的"全民健康覆盖"的影响,并且双方将在东盟与中日韩"全民健康覆盖"网络等已有的合作倡议中保持协调一致。日本还一直支持东盟提升灾害卫生管理能力。日本设立"加强东盟区域性灾害卫生管理能力"(2016 年 7 月至 2019 年 7 月)项目的主要目的,是加强东盟各国在灾害卫生管理方面的相互协调,以便利用区域资源对东盟区域内发生的灾害做出

---

① 「日メコン協力のための東京戦略 2018」,https://www.mofa.go.jp/files/000406730.pdf.

迅速和有效的反应。

为深化科技领域的合作，东盟与日本建立了东盟—日本科技合作委员会（ASEAN-Japan Cooperation Committee on Science and Technology，AJCCST）。截至 2018 年初，该委员会共举行了八次会议。2015 年 1 月在东京举行的第六次会议上，双方一致同意采取措施鼓励科技政策决策者、学术界以及私营部门进行多渠道政策对话，加强研究人员特别是青年研究人员的交流，在东盟地区建立诸如联合研究实验室等新型研究基地。

此外，东盟与日本还在环境保护、科技创新、灾害应急管理、文化交流、体育等领域开展了大量合作。例如，在东盟—日本环境合作对话框架下，双方的很多环境保护倡议都得到了有效落实。由日本发起的"东盟—日本环境合作倡议"，以应对气候变化、水资源管理、生物多样性保护、化学污染控制、污水控制、可持续城市优质环境基础设施建设为重点领域，支持双方开展有效合作，促进各国可持续发展政策目标相互协调。

（三）东盟与韩国"10 + 1"区域合作

东盟与韩国的官方关系起步较晚，但发展却非常快。双方于 1989 年建立部门对话关系，1991 年 7 月举行的第二十四次东盟会议同意给予韩国全面对话伙伴地位。1997 年，东盟与韩国的对话伙伴关系提升至首脑会议级别，2004 年，韩国加入《东南亚友好合作条约》。2004 年 11 月，东盟与韩国领导人第八次峰会发表了题为《东盟—韩国全面合作伙伴关系的联合声明》，将双方的伙伴关系提升至一个新的高度。2010 年 10 月，第十三次东盟与韩国领导人峰会将双方的全面合作伙伴关系提升为战略伙伴关系，发表了《东盟—韩国面向和平与繁荣战略伙伴关系的联合宣言》及其 2011 ~ 2015 年的行动计划。2017 年，韩国总统文在寅宣布"新南方政策"，旨在将东盟与韩国的伙伴关系提升至更高水平。韩国的"新南方政策"提出在与东盟发展关系上要双轮驱动，即一方面要积极发展与东盟成员国的关系，另一方面积极参与东盟主导的各种合作机制。

1. 政治与安全合作

东盟与韩国的政治安全合作主要是通过领导人峰会、部长级会议、高官会等合作机制进行的。与此同时，韩国还积极参加"10＋3"东亚峰会、东盟地区论坛、东盟防长扩大会等区域性合作机制。自1994年东盟地区论坛创办以来，韩国一直是该论坛的参与者。2012～2014年，韩国与印度尼西亚、美国共同主持了东盟地区论坛闭会期间的"海上安全会议"。2018年4月，韩国与泰国共同主持了在首尔举行的东盟地区论坛闭会期间的"灾害救援会议"。韩国还与印度尼西亚、日本作为共同会议主席，主持了2018～2020年的东盟地区论坛闭会期间的"防止核扩散与裁军会议"。此外，2017年12月，韩国作为共同主席还参与主持了2017～2018年东盟防长扩大会议闭会期间两个论坛的研讨，即与泰国和中国共同主持的"降低台风灾害风险和减灾"论坛，以及与越南和加拿大共同主持的"维和行动的合作能力建设及与联合国伙伴关系"论坛。

韩国与东盟的政治安全合作主要集中于非传统安全方面，涵盖了东盟防长扩大会议所涉及的全部7个重点领域，即人道主义救援减灾、海上安全、军事医疗、反恐、维和、人道主义扫雷、网络安全等方面。2014～2017年，韩国与柬埔寨共同主持了东盟防长扩大会议维和行动专家工作组工作。目前与新加坡共同主持了2017～2020年的东盟防长扩大会议海上安全专家工作组工作。此外，韩国还参加了东盟防长扩大会议第二个三年周期（2014～2017）举行的三次维和实战演练，即2016年3月在印度浦那举行的人道主义扫雷和维和行动演习，2016年5月在文莱达鲁萨兰国和新加坡举行的海上安全和反恐演习，2016年9月在泰国春武里府举行的军事医疗、人道主义救援与救灾演习。

2005年7月，东盟与韩国外长会议签署了《东盟—韩国打击国际恐怖主义合作联合声明》。2006年6月，东盟与韩国首届打击跨国犯罪高官磋商会在印度尼西亚巴厘岛举行。2015年6月，第九次东盟与韩国打击跨国犯罪高官磋商会最后敲定了《东盟—韩国打击和预防跨国犯罪合作工作计划》的文本。在2016年5月举行的第十次东盟与韩国打击跨国犯罪高官磋商会上，双方同意对上述工作计划进行修订，并制定新的《东盟—韩国打击和预防跨国犯罪合作工作计划（2016—2020）》。2018年9月，在第十二次东盟与韩国打击跨国犯罪高官磋商会上，双方共同表达了继续完善打击和预防跨国犯罪合作工作计划的意愿。

东盟与韩国在禁毒领域也建立了密切的合作关系。2007～2013 年，双方共同实施了六个禁毒知识转移项目（Knowledge Transfer Programme on Narcotics Crime）。2014 年 12 月，在韩国釜山举行的东盟—韩国领导人峰会上，双方领导人一致同意加强双方在打击毒品交易等跨国犯罪方面的合作。2011～2018 年，东盟和韩国共举行了七次禁毒高官会的协调会议，研究落实双方领导人就禁毒合作达成的共识。

2. 经济合作

从经济合作方面看，东盟与韩国互为重要的经贸伙伴。2017 年，韩国为东盟第五大贸易伙伴，按照东盟的统计，双边贸易额超过 1526 亿美元。其中，东盟对韩出口 549 亿美元，对韩进口 977 亿美元。与此同时，韩国还是东盟的第五大国际直接投资来源国，同年韩国对东盟的直接投资超过 50 亿美元。东盟与韩国经济合作的最突出成果是建成了东盟—韩国自由贸易区。

2004 年 3 月，东盟与韩国就建立双边自由贸易区等经济合作事宜开展了专家研讨。2005 年 2 月，双方正式启动官方谈判。2005 年 12 月，双方正式签署了《东盟与韩国全面经济合作框架协议》。2006 年 4 月，双方完成物品贸易协定谈判，8 月，除泰国外的东盟 9 国与韩国正式签署了《东盟—韩国货物贸易协定》，2007 年 6 月该协定正式生效。同年 6 月，东盟与韩国签署投资协定，9 月该协定正式生效。2007 年 11 月，除泰国外的东盟 9 国与韩国正式签署了《东盟—韩国服务贸易协定》。2009 年 10 月至 2017 年 8 月，东盟与韩国共举行了十六次专门委员会会议，研究落实上述三个协定遇到的问题，并就升级和修改协定进行磋商。在消除货物贸易关税壁垒方面，《东盟—韩国货物贸易协定》规定的是分阶段有差别的关税减让方式。该协定规定，双方在 2010 年 1 月要取消 90% 的税目和进口额的关税。其余 10% 的税目和进口额中，7% 要在 2016 年降至 5% 以内，另外 3% 的高度敏感商品要根据各国的情况设定长期关税减免计划。①

---

① 日本貿易振興機構（ジェトロ），「世界と日本の FTA 一覧」，https://www.jetro.go.jp/ext_images/_Reports/01/da83923689ee6a5e/20180033.pdf.

为加强经济合作项目的研究和对接，2006年，双方成立了"东盟—韩国经济合作工作组"。2008年，韩国外交通商部设立了"东盟—韩国经济合作特别基金"，首期出资53万美元，专门用于落实"东盟—韩国经济合作工作组"职权范围内的合作项目。2011年以来，韩国政府每年向"东盟—韩国经济合作特别基金"捐款50万美元。截至2018年4月，该基金已支持近70个"东盟—韩国经济合作工作组"确定的合作项目。

支持东盟中小企业发展是东盟与韩国经济合作的重要领域。在2015年5月举行的第二十三次韩国—东盟磋商会议上，韩国提出开展产业技术合作的建议。2016年，双方正式启动了"韩国技术咨询与解决方案"（Technology Advice and Solutions from ROK，TASK）联合项目。该项目由东盟中小企业协调委员会负责实施，主要任务和目标是东盟分享韩国的工业技术和开展技术合作，并以此支持东盟工业发展。该联合项目与《东盟中小企业发展战略行动计划（2016—2025）》紧密衔接，特别是在提高生产效率、促进技术进步和创新、推广新技术应用等方面两者高度吻合，符合东盟经济发展的现实需要。

交通与交通设施互联互通合作在东盟与韩国经济合作中也占有重要地位。2010年11月，第二次东盟与韩国交通部长会议通过"东盟—韩国交通合作路线图"，确定了双方有潜力的合作项目和活动。"东盟—韩国交通合作路线图"所确定的2018～2020年的双方合作重点，主要包括专业能力建设、交通发展总体规划、基础设施建设可行性研究等。东盟互联互通协调委员会与韩国特别工作组还建立了会议机制，专门研究开展互联互通合作事宜。2014年10月，在东盟互联互通协调委员会与韩国特别工作组会议上，双方同意就选择实施有潜力的旗舰项目进行内部磋商。重点项目包括建设新加坡至昆明的泛亚铁路缺失路段、区域内河航道畅通工程等项目，以及加强东盟与韩国航空服务合作等。2014年11月，第五次东盟与韩国交通部长会议对上述交通合作路线图进行了修订。此后，韩方多次参加东盟互联互通委员会会议，并且提出了一系列支持东盟推进互联互通的合作建议。2018年9月，首届东盟与韩国基础设施部长级会议在韩国首尔举行，双方就建设智慧城市、智能基础设施以及土地高效利用等议题展开了深入讨论。

此外，东盟与韩国还在信息通信技术以及支持东盟缩小区域发展差距方面开展了大量务实合作。韩国一直支持东盟通过实施"东盟一体化倡议"以缩小区域发展差距的努力。2003～2007 年，韩国国际合作机构共为五个"东盟一体化倡议"项目提供 500 万美元支持。韩国对东盟实施《东盟一体化倡议工作计划Ⅲ》及其他次区域开发项目也持积极支持态度，2017 年 9 月 1 日，湄公—韩国外长第七次会议通过了《湄公—韩国行动计划（2017—2020)》，明确了韩国参与东盟次区域开发合作的重点项目。

3. 社会文化合作

东盟与韩国在社会文化领域开展了大量务实合作。为加强双方人民之间的理解和友谊，东盟与韩国一直高度重视双方的人员交流合作。1990 年，韩国政府正式启动东盟—韩国特别合作基金，旨在促进双方人文交流。1996年，韩国设立东盟—韩国面向未来合作项目基金，以支持双方开展人力资源开发、科技、文化、体育等领域的合作项目。2010 年，上述两项基金合计年度支持额度已增至 500 万美元，2015 年进一步增至 700 万美元。2017年，东盟与韩国一致同意将上述两项基金进行合并，建立"东盟—韩国合作基金"，专门用于支持实施在"东盟—韩国新合作框架"下的合作项目。在 2017～2020 年项目周期内，该基金主要支持教育、环境、文化三大领域的合作项目。

自 1998 年以来，双方仅在青年交流领域就开展了七个常规性项目，包括"青年交流和文化共同体建设项目""东盟—韩国前沿论坛""东盟青年广场""东盟—韩国论坛与高级研讨会""东盟—韩国面向未来合作项目：青年交流计划""东盟—韩国青少年跆拳道文化交流营"以及"东盟—韩国妇女研究青年学者教育交流项目"。此外，2017～2018 年，双方还启动了一个标志性的青年交流项目，即"东盟青年行动计划"，旨在为来自双方的青年营造互相交流的环境以深化其对东盟共同体社会文化的理解。

东盟与韩国也非常重视开展教育领域的合作。自 2010 年以来，韩国先后举办了七个东盟儿童图书馆馆员培训项目以帮助提高东盟相关人员的专业能力，同时也提升了东盟成员国儿童图书馆的服务水平。韩国在东盟网络大学的协助下，设立了"韩国研究项目东盟—韩国奖学金"，东盟网络大学与首尔网络大学合作设立了"东盟—韩国网络大学"。柬埔寨、老挝、缅甸、越南还与韩国达成原则共识，由韩国支持分别在柬埔寨科技学院、老挝国立大学、缅甸科技大学、越南河内科技大学设立电子学习中心，支持有关各国的网络教育发展。

生态环境保护也是东盟与韩国的重点合作领域。2012 年 8 月，双方正式签署了为期两年的《东盟与韩国森林合作协定》。该协定于 2014 年 8 月到期，后又延长至 2016 年 8 月。在《东盟与韩国森林合作协定》框架下，双方开展了一系列森林保护项目。与此同时，在东盟与韩国的共同推动下，部分东亚国家还达成了《关于建立亚洲森林合作组织的协定》。2015 年 9 月，该协定经韩国、不丹、越南、缅甸、东帝汶五国批准，于 2018 年 4 月 27 日生效。早在 2000 年，东盟与韩国共同实施了"东盟地区退化生态系统恢复和生物多样性保护"项目，该标志性项目旨在加强双方对土地和森林退化的重视和合作。2000～2018 年，东盟与韩国共实施了九个阶段的"东盟地区退化生态系统恢复和生物多样性保护"项目合作。

此外，东盟与韩国还在文化交流、防灾减灾、社会福利等领域开展了大量合作，举办了一系列论坛或研讨会，并实施了许多具体的合作项目。

（四）东盟与中、日、韩"10＋3"区域合作

1997 年东亚金融危机所引发的严重经济动荡，使东亚国家意识到加强区域合作的必要性和迫切性。1997 年 12 月，在第二次东盟非正式首脑会议期间，举行了首次东盟与中、日、韩领导人非正式会晤，从此开启了东盟与中、日、韩"10＋3"合作进程。1999 年，第三次"10＋3"领导人非正式会议发表《东亚合作联合声明》，正式将"10＋3"峰会机制化，并明确了"10＋3"区域合作的基本原则、发展方向及主要目标。2007 年 11 月，第十一次"10＋3"峰会通过第二个东亚区域合作联合声明，即《深化东盟与中日韩合作的基础》。该联合声明重申，将继续坚持东盟主导的东盟与中日韩合作进程，并将其作为建设东亚共同体这一长期目标的主要途径。此次峰会还批准了作为"10＋3"合作总体规划的《东盟与中日韩合作工作计划（2007—2017）》。经过多年的发展，"10＋3"合作领域不断增多，合作

机制不断完善。目前，"10＋3"已经发展为包括首脑会议、16 个部长级会议、20 个高官会议、20 个技术级别会议、5 个其他轨道会议以及 1 个东盟与中日韩长期代表会议委员会等在内的多层次区域合作机制。

1. 政治安全合作

"10＋3"政治安全合作的成果主要体现在培育东亚共同意识方面，而其他领域的具体合作进展总体来看不够显著。在东亚金融危机的背景下，东亚国家认识到只有加强相互合作才能有效克服危机冲击。1998 年 12 月召开的"10＋3"第二次峰会决定，成立首个东亚展望小组（East Asia Vision Group，EAVG），专门负责就区域合作问题向东亚领导人提供政策建议。2001 年，东亚展望小组完成并向领导人会议提交了题为《迈向东亚共同体：和平、繁荣与进步的地区》研究报告，为东亚地区合作勾勒出基本发展蓝图。东亚展望小组的报告希望激励东亚各国人民和政府为建设东亚共同体而努力，共同应对该地区面临的挑战，增进相互理解和信任。

2011 年成立的"第二东亚展望小组"（EAVG Ⅱ），开展了对"10＋3"各项活动及其对东亚共同体建设贡献的评估工作。2012 年 11 月，"第二东亚展望小组"向"10＋3"峰会提交了题为《实现东亚经济共同体》的研究报告。该报告根据 2008 年国际金融危机发生后的国际形势新变化，对"10＋3"框架下的东亚地区合作进行了新的系统性规划，建议将 2020 年实现东亚经济共同体（EAEC）确定为东亚合作新愿景的核心内容。具体来说，该报告所描绘的东亚经济共同体主要具有以下四个方面的特征：一是形成单一市场和生产基地；二是保持金融稳定以及粮食和能源安全；三是实现公平的可持续发展；四是对全球经济增长做出建设性贡献。

2017 年 11 月举行的"10＋3"第二十次峰会，发表了《"10＋3"合作 20 周年马尼拉宣言》。与会领导人认为，以东盟为主导的"10＋3"进程在区域共同体建设中发挥着关键作用，对维护和促进东亚和平、稳定与发展具有重要意义，并重申将进一步加强和深化"10＋3"框架下的各领域区域合作。

在"10＋3"框架下，东盟与中、日、韩还开展了一些专业性的政治安全合作。例如，"10＋3"打击跨国犯罪部长级会议和高官会，围绕非传统安全领域合作展开了一系列磋商。2017 年 9 月通过的《第八届东盟与中日韩打击跨国犯罪部长级会议的联合声明》，重申加强 "10 + 3" 在打击跨国犯罪领域合作的必要性，并特别提出，各方需加强在打击新形式跨国犯罪方面的合作。2018 年 11 月召开的第十届 "10 + 3" 打击跨国犯罪部长级会议，重点讨论了打击跨国犯罪合作机制建设问题，特别是案件协查、缉捕和遣返犯罪嫌疑人等具体执法程序的国际合作问题。与此同时，会议还讨论了降低恐怖袭击与避免种族歧视等问题。

2. 经济合作

如前文所述，东盟与中、日、韩三国互为重要的经贸伙伴，即使在全球经济低迷和不确定性挑战日益凸显的情况下，东盟与中、日、韩三国的贸易投资仍保持了较快的增长势头。"10 + 3" 经济合作的核心领域是货币金融合作。2000 年 5 月，第二次 "10 + 3" 财长会议达成 "清迈倡议"（Chiang Mai Initiative），一致同意将东盟内部原有的货币互换机制扩展到中、日、韩三国，即在 "10 + 3" 范围内逐步建立双边货币互换网络，以便在有关国家出现外汇支付困难时进行援助，防范金融危机发生和蔓延。此外，会议还决定将筹建中的区域外汇储备规模从 800 亿美元逐步扩大至 1200 亿美元。"清迈倡议" 是 "10 + 3" 货币金融合作所取得的最为重要的制度性成果。2010 年 3 月，"10 + 3" 财长会议决定逐步将 "清迈倡议" 由双边货币互换机制升级为多边互换机制，即建立多边互换协议的统一决策机制，以便更有效地解决区域内有关国家的国际收支不平衡和短期流动性短缺等问题。在 "清迈倡议" 的基础上，"10 + 3" 各国同意实施 "亚洲债券市场倡议"（Asian Bond Market Initiative，ABMI），并设立 6 个专门工作组从不同方面来促进亚洲债券市场发展。2008 年 5 月，"10 + 3" 马德里财长会议通过了 "亚洲债券市场倡议" 新路线图，将原来的 6 个工作组整合为 4 个新的工作组，负责研究推进亚洲债券市场建设的相关问题。为加强对东亚宏观经济运行监测和实现 "清迈倡议" 多边化运作，在东盟与中、日、韩财长会议倡导下，2011 年成立了 "10 + 3" 宏观经济研究办公室。2013 年，有关各国财长和央行行长同意将 "10 + 3" 宏观经济研究办公室升级为国际组织，并启动《"10 + 3" 宏观经济研究办公室国际组织协议》起草工作。2014

年10月，"10＋3"财长共同签署了《"10＋3"宏观经济研究办公室国际组织协议》，该协议于2016年2月正式生效，此后"10＋3"宏观经济研究办公室具备了国际组织法律地位，成为东亚地区独立的经济金融监测机构。

东盟与中、日、韩非常重视区域旅游合作。2016年1月，有关各国共同签署了一项旅游合作备忘录，鼓励各国采取实际行动推动旅行和旅游便利化，提升旅游业发展质量，加强各国旅游教育和培训机构间的联系与合作。为实施该合作备忘录，2018年1月，第十七次"10＋3"旅游部长会议通过了《"10＋3"旅游合作工作计划（2018—2020）》，明确了推进东亚区域旅游合作的具体措施。

在"10＋3"农林部长会议机制下，东盟与中、日、韩在粮食、农业、渔业、林业等领域的合作也不断深入。具体来讲，主要合作领域包括粮食安全、生物质能开发、可持续森林管理、减缓和适应气候变化、动植物健康疾病控制等。2017年9月，"10＋3"农林部长会议通过了《"10＋3"粮食、农业与林业合作战略（2016—2025）》，将农业、渔业、畜牧业和林业确定为实施《东盟愿景2025》和推进"10＋3"合作的优先领域。2011年10月，第十一届"10＋3"农林部长会议签署了《"10＋3"大米紧急储备协定》，决定建立区域性大米紧急储备库，旨在发生重大自然灾害造成大米供应与生产失衡时进行应急。2018年10月，第十八次"10＋3"农林部长会议签署了《关于修订〈"10＋3"大米紧急储备协定〉的议定书》，决定在未来五年（2018～2022年）继续为实施《"10＋3"大米紧急储备协定》的运营成本提供年度捐款。

此外，东盟与中、日、韩还在能源安全、矿产资源开发利用、发展中小企业等领域建立起一系列会议机制，加强各领域的合作和信息沟通。

3. 社会文化合作

东盟与中、日、韩在社会文化合作领域的合作内容非常丰富，取得的成果也非常多。环境保护合作一直在东盟与中、日、韩社会文化合作方面占据非常重要的地位。2016年9月，"10＋3"领导人第十九次峰会通过了《"10＋3"领导人关于促进可持续发展合作的声明》。该声明清楚表明了东盟与中、日、韩领导人坚定支持落实联合国《2030年可持续发展议程》的决心，并且在主要内容方面与《东盟愿景 2025》相对接，目标是通过加强可持续发展合作提高有关各国人民未来的生活水平。2017 年 9 月，第十五次"10 + 3"环境部长会议在文莱达鲁萨兰国举行，重点讨论了开展生物多样性保护、应对气候变化、环境教育、环境科技、建设环境可持续城市等领域的战略合作问题。在"10 + 3"合作基金的支持下，一系列区域环境合作项目得到了有效实施。例如，2018 年 6 月末至 7 月初，在新加坡举办了"10 + 3"青年环境论坛，该论坛旨在鼓励青年人思考他们理想的未来环境和制订自己的计划，积极采取行动以推动必要的社会变革。与此同时，论坛还倡导该地区要为青年人提升知识和技能提供更多的机会。

为加强"10 + 3"框架下的农村发展与消除贫困合作，东盟与中、日、韩共同建立了"10 + 3"农村发展与消除贫困高官会议机制，相互分享政策实践经验和项目创新，以便更好地消除贫困并使贫困人口有效地参与到发展进程中来。2013 年以来，东盟与中、日、韩在"10 + 3"农村发展与消除贫困高官会议机制的基础上，开展了一系列交流项目，以便使农村负责人在社区或村的层面进行知识、技能交流和学习。

在社会保障与发展领域，东盟与中、日、韩一直通过年度"10 + 3"高官会和三年一次的部长级会议交换意见，并且分享经验。2016 年 9 月，"10 + 3"领导人第十九次峰会通过了《"10 + 3"关于积极老龄化的声明》。该声明阐述了东亚国家面临的人口老龄化严峻形势，并就开展应对人口老龄化区域合作和分享相关经验进行了总体性规划。2017 年 10 月，第十二届"10 + 3"社会保障与发展高官会议以"加强应对老龄化挑战的社会保障"为主题，重申有关各国应致力于深化区域合作，以应对社会保障和老龄化问题的挑战。2009 年 11 月，随着首次"10 + 3"妇女委员会会议的召开，东盟与中、日、韩在性别问题和妇女事务领域的合作也实现了制度化运作。此后，"10 + 3"妇女委员会每年都举行一次会议，有关各方就以权利为基础的妇女减贫方案最佳实践及其他减少女性贫困的途径等交换意见。在青年领域，东盟与中、日、韩区域合作主要是通过"10 + 3"青年部长级会议和高官会议合作机制进行。2018 年 5 月举行的第八届"10 + 3"青年高官会议，重点审议了中、日、韩三国与东盟有关合作计划和项目的实施情况，并且就如何进一步加强有关合作交换了意见。

"10+3"框架下的文化交流合作也在不断加强。在2016年8月召开的"10+3"第七届文化部长会议上，与会部长均强调已注意到《东盟文化艺术战略计划（2016—2025）》的获批，并鼓励中、日、韩三国与东盟携手实施该战略计划。与此同时，与会部长还认为应该在"东盟文化城市"和"东亚文化城市"项目下，东盟与中、日、韩共同举办艺术节等文化活动进而推动有关国家之间的长期伙伴关系。

此外，东盟与中、日、韩在教育、科技、公务员、媒体、劳工、传染病防治等领域亦开展了大量交流合作。

（五）东亚峰会和 RCEP 谈判

在东盟主导下，东亚区域合作还呈现向区域外拓展的发展趋势。东亚峰会（East Asia Summit）和区域全面经济伙伴关系协定（RCEP）谈判就是其中的典型实例。

1. 东亚峰会框架下的区域对话合作

在一定意义上讲，东亚峰会是"10+3"首脑会议向区域外的扩展。2004年11月，第十届东盟首脑会议决定于2005年在马来西亚召开首届东亚峰会，同期召开的第八次"10+3"领导人会议一致支持东盟的上述决定。2005年4月，东盟10国外长就东亚峰会的日程、形式和参与国等问题展开闭门磋商，并就东盟在东亚峰会中的地位和作用达成一致意见。同年7月，第三十八届东盟外长会议决定建议东亚峰会与东盟峰会同期举行，由东盟轮值主席国主办，东盟在东亚峰会及东亚合作进程中发挥了主导作用。2005年12月召开了首届东亚峰会，参加国包括"10+3"所有成员及澳大利亚、新西兰、印度共16个国家。会议发表的《关于东亚峰会的吉隆坡宣言》主要明确了东亚峰会的性质、目标、特征、合作领域及参加国条件等。2010年10月，第五届东亚峰会决定邀请美国和俄罗斯加入。2011年11月，美国和俄罗斯作为正式成员参加了第六届东亚峰会，从此东亚峰会实现了由"10+6"到"10+8"的成员扩容。与其他区域合作机制相比，东亚峰会合作机制的特征非常明显。

从讨论议题领域来看，东亚峰会主要关注非传统安全及非安全领域合作。《关于东亚峰会的吉隆坡宣言》没有对东亚峰会的议题范围做出明确规定，仅提出"与会各国可以就共同感兴趣和关切的战略、政治和经济问题进行对话"。第二届东亚峰会则对其讨论议题做出了相对明确的限定，即能源、金融、教育、禽流感和减灾五个重点领域。这意味着东亚峰会的议题将被限定于非传统安全和非安全问题。随着全球及地区局势的变化，尽管各届东亚峰会的议题内容会有所变化，特别是近年来信息技术通信安全、打击恐怖主义、南海局势、朝核问题等越来越受到东亚峰会的关注，但总体来看，基本没有偏离第二届东亚峰会所确定的基本方向。需要注意的是，近年来东亚峰会的讨论议题逐步增加，特别是对形势较为紧迫的地区或全球问题关注越来越多，一些传统安全问题也逐步被纳入会议议题，例如朝核及朝鲜半岛局势问题、裁军与核不扩散问题、南海问题、海洋安全问题等。由于东亚峰会的各成员国在许多区域热点问题上存在严重的态度和利益分歧，因此会议很难就此达成一致，甚至在会议中发生尖锐对抗。东亚峰会议题范围的扩大与美国加入东亚峰会存在密切关系，在美国没有加入的前五届东亚峰会上基本没有触及安全议题。但美国加入后，许多传统安全问题逐步被纳入东亚峰会议题（见表3-2）。由于所有成员均坚持东盟在东亚峰会的主导地位，而东盟不希望东亚峰会成为各方纷争与对抗的舆论战场，因此美国也不能随心所欲地抛出其所主张的议题，特别是不能随心所欲地控制东亚峰会的各种对话与磋商。因此，从总体上讲，在东亚峰会现有运作模式和各方力量平衡变化态势下，传统安全议题的广泛引入仍受到各种因素的较强约束。

表3-2 历届东亚峰会的主要议题及重要文件

届数	时间（年月日）	地点	议题	通过的重要文件
1	2005.12.14	马来西亚吉隆坡	经贸、金融、能源、防控禽流感	《关于东亚峰会的吉隆坡宣言》《关于预防、控制和应对禽流感的东亚峰会宣言》

续表

届数	时间 （年月日）	地点	议题	通过的重要文件
2	2007.01.15	菲律宾宿务	能源、金融、教育、防控禽流感	《东亚能源安全宿务宣言》
3	2007.11.21	新加坡	能源、环境、气候变化、可持续发展	《气候变化、能源和环境新加坡宣言》
4	2009.10.25	泰国华欣	应对国际金融危机、气候变化、灾害管理、粮食安全、能源安全、朝核问题	《东亚峰会关于全球经济和金融危机联合新闻声明》《东亚峰会灾害管理帕塔亚声明》
5	2010.10.31	越南河内	东亚合作进展与发展方向、经济复苏、可持续发展	《东亚峰会成立五周年纪念河内宣言》
6	2011.11.19	印度尼西亚巴厘岛	经贸合作、能源安全、教育、传染病防控、灾害管理	《东亚峰会互惠关系原则宣言》《东亚峰会关于东盟互联互通的宣言》
7	2012.11.20	柬埔寨金边	金融、能源、教育、灾害应对、公共卫生、互联互通	《关于东亚首脑会议发展倡议的金边宣言》《第七届东亚首脑会议关于疟疾防控和应对疟疾抗药性区域合作宣言》
8	2013.10.10	文莱斯里巴加湾市	粮食安全、能源安全、气候变化、灾害管理、流行病控制及其他地区和国际热点问题	《东亚峰会关于粮食安全的宣言》
9	2014.11.13	缅甸内比都	金融、环境与能源、教育、全球卫生问题和流行病、灾害管理以及东盟互联互通	《第九届东亚峰会关于区域应对埃博拉病毒疫情的联合声明》《东亚峰会关于伊拉克与叙利亚恐怖主义/极端主义组织暴力行径上升的声明》《东亚峰会关于灾害快速反应的声明》《落实〈关于东亚峰会发展倡议的金边宣言〉的行动计划（2014—2015）》《东亚峰会关于打击走私野生动植物的声明》
10	2015.11.22	马来西亚吉隆坡	能源、教育、金融、包括流行病在内的全球卫生、环境、灾害管理、东盟互联互通、海洋合作、信息通信技术利用安全、裁军与核不扩散以及南海、朝鲜半岛、中东与巴勒斯坦等地区与国际问题	《纪念东亚峰会成立十周年吉隆坡宣言》《东亚峰会关于全球温和运动的宣言》《东亚峰会关于加强区域卫生安全的声明》《东亚峰会关于打击暴力极端主义的声明》《东亚峰会关于信息和通信技术安全和使用问题的声明》《东亚峰

续表

届数	时间（年月日）	地点	议题	通过的重要文件
				会关于网络事务的声明》《东亚峰会关于加强地区海洋合作的声明》
11	2016.09.08	老挝万象	除《关于东亚峰会发展倡议的金边宣言》所确定的能源与环保、教育、金融、公共卫生、灾害管理、东盟互联互通六大优先合作领域之外，还重点讨论了南海局势、核扩散、气候变化、全球发展、难民、恐怖主义等地区与全球热点问题	《东亚峰会促进东亚基础设施发展合作万象声明》《东亚峰会关于加强应对危机移民及人口贩卖的声明》《东亚峰会核不扩散声明》
12	2017.11.14	菲律宾马尼拉	除六个优先合作领域外，还重点讨论了区域经济一体化、可持续发展、海洋合作、南海问题、朝鲜半岛问题、女性经济赋权、网络安全、反恐、裁军与核不扩散、打击野生动植物及木材非法交易等地区与全球热点问题	《东亚峰会领导人关于反洗钱和打击恐怖主义融资的声明》《东亚峰会领导人关于化学武器的声明》《东亚峰会领导人关于减贫合作的声明》《东亚峰会领导人关于应对恐怖主义意识形态挑战和恐怖主义扩散的声明》《推进〈关于东亚峰会发展倡议的金边宣言〉的马尼拉行动计划（2018—2022）》
13	2018.11.15	新加坡	除六个优先合作领域外，还重点讨论了经济合作与贸易、粮食安全、海洋合作、信息与通信技术安全、核不扩散、南海局势、朝鲜半岛局势、反恐等问题	《东亚峰会领导人关于东盟智慧城市的声明》《东亚峰会领导人关于应对海洋塑料垃圾的声明》《东亚峰会领导人关于应对境外恐怖主义战斗人员及其回国者威胁的声明》《东亚峰会领导人关于深化信息通信技术和数字经济安全合作的声明》《东亚峰会领导人关于安全使用、储存和运输核及其他放射性材料的声明》

资料来源：根据东盟官方网站发布的相关信息整理。

2. RCEP 协定谈判

2012 年 11 月，在第七届东亚峰会期间，东盟 10 国与中国、日本、韩国、印度、澳大利亚、新西兰的国家领导人共同发布了《启动区域全面经济伙伴关系协定谈判的联合声明》，一致同意于 2013 年初正式启动谈判，并在 2015

年底前结束谈判。参与 RCEP 协定谈判的 16 个国家，人口约占全球的 44%，对外贸易占全球比重接近 40%，GDP 占全球比重接近 30%。各国领导人一致承诺，将通过谈判达成一个现代、全面、高质量、互惠的区域自由贸易协定，以深化区域经济一体化进程，从而推动区域经济增长和平衡发展。

2013 年 5 月，RCEP 协定首轮谈判在文莱举行，各国代表一致同意努力推进谈判，并重申了领导人联合声明所确定的 2015 年结束谈判议程的目标。然而，实际谈判进程却比当初预想的复杂得多、缓慢得多。截至目前，RCEP 协定谈判已经进行了二十三轮，议题领域也已由最初的三个增至包括货物贸易、服务贸易、投资、原产地规则、海关程序与贸易便利化、卫生与植物卫生措施、技术法规与合格评定程序、贸易救济、金融、电信、知识产权、电子商务、法律机制、政府采购等十多个领域。各领域的谈判尽管都已取得不同程度的进展，特别是经济技术合作、中小企业、海关程序、贸易便利化、政府采购五个章节已完成案文磋商，但货物贸易、服务贸易、投资等核心领域市场开放安排的谈判一直无法取得根本性突破，结束谈判的预定日期只能一再推迟。为加快有关谈判进程，2018 年 11 月，在新加坡举行了第二次 RCEP 协定领导人会议，与会各国领导人再次高度评价了谈判达成 RCEP 协定的重大意义，并且一致同意争取在 2019 年结束谈判。为落实第二次领导人会议所达成的共识，并且规划 2019 年相关谈判的工作安排，2019 年 3 月 RCEP 协定第七次部长级会议在柬埔寨举行，会议重申在 2019 年结束谈判的共识，讨论并通过了 2019 年工作计划。由于有关各方围绕货物贸易、服务贸易、投资等核心领域市场开放安排的意见分歧还较大，最终能否实现在 2019 年结束谈判目标还存在较大不确定性。2016 年以后的 RCEP 谈判内容见表 3 – 3。

表 3 – 3　2016 年以后 RCEP 谈判的主要内容

谈判轮次	谈判时间	谈判地点	谈判内容
第十三轮	2016 年 6 月 10 ~ 18 日	新西兰 奥克兰	各方就货物贸易、服务贸易、投资、知识产权、经济技术合作、竞争、电子商务、法律条款等领域进行了深入磋商，并商定 RCEP 第四次部长会议的举行时间与地点

续表

谈判轮次	谈判时间	谈判地点	谈判内容
第十四轮	2016 年 8 月 10～19 日	越南 胡志明市	在 8 月 5 日第四次部长会议成果的基础上，各方就货物贸易、服务贸易、投资三大核心领域市场准入问题展开深入讨论，并就继续推进知识产权、经济技术合作、竞争、电子商务、法律条款等领域案文展开磋商
第十五轮	2016 年 10 月 11～21 日	中国 天津	各方继续就货物贸易、服务贸易、投资等领域市场开放安排问题展开磋商的同时，还就原产地规则、知识产权、竞争、电子商务等进行了深入沟通
第十六轮	2016 年 12 月 2～10 日	印度尼西亚 唐格朗	各方就货物贸易、服务贸易、投资三大核心领域市场准入问题展开深入讨论，并继续推进知识产权、竞争、电子商务、法律条款等领域文案展开磋商，成功结束中小企业章节的谈判，这是继结束经济技术合作章节谈判之后的又一积极进展
第十七轮	2017 年 2 月 21 日～3 月 3 日	日本 神户	谈判期间举行了货物贸易、服务贸易、投资、知识产权、电子商务、法律与机制问题工作组会议，各方就加紧推进货物贸易、服务贸易、投资三大核心领域市场准入问题和各领域案文展开磋商，推动谈判进入更加实质性的阶段。各方还讨论了 2017 年的 RCEP 谈判计划
第十八轮	2017 年 5 月 2～12 日	菲律宾 马尼拉	各方重申了迅速结束 RCEP 谈判的重要性和紧迫性，并继续就货物贸易、服务贸易和投资等领域的市场准入展开谈判，就知识产权、电子商务、法律机制等各领域的规则案文进行磋商
第十九轮	2017 年 7 月 17～28 日	印度 海德拉巴	各方继续就货物贸易、服务贸易、投资等领域市场开放和贸易规则问题展开深入磋商，并且商定了 RCEP 第五次部长级会议日期
第二十轮	2017 年 10 月 24～28 日	韩国 仁川	各方按照 2017 年 9 月第五次部长会议通过的关键要素文件，继续就货物贸易、服务贸易、投资和规则领域展开深入磋商，讨论并形成了拟向领导人提交的联合评估报告草案
第二十一轮	2018 年 2 月 5～9 日	印度尼西亚 日惹	各方按照 2017 年 11 月首次 RCEP 领导人会议的指示，继续就货物贸易、服务贸易、投资和部分规则领域议题展开深入磋商，并商定了下届 RCEP 部长级会议日期和会址
第二十二轮	2018 年 4 月 28～5 月 8 日	新加坡	各方继续就货物贸易、服务贸易、投资和规则领域议题展开深入磋商，一致同意推动尽早结束谈判。在全体会议召开的同时，货物贸易、服务贸易、投资、原产地规则、海关程序与贸易便利化、卫生与植物卫生措施、技术法规与合格评定程序、贸易救济、金融、电信、知识产权、电子商务、法律机制、政府采购等领域都举行了工作组会议

谈判轮次	谈判时间	谈判地点	谈判内容
第二十三轮	2018 年 7 月 22～27 日	泰国曼谷	各方就货物贸易、服务贸易、投资、原产地规则、海关程序与贸易便利化、卫生与植物卫生措施、技术法规与合格评定程序、贸易救济、金融、电信、知识产权、电子商务、法律机制、政府采购等领域进行了全面磋商，完成了海关程序与贸易便利化、政府采购章节谈判，技术法规与合格评定程序、卫生与植物卫生措施等章节的谈判也取得了重要进展

资料来源：根据中国商务部官方网站的相关信息整理、制作。

三　东亚区域合作的特点与面临的问题

与其他地区相比，东亚区域合作具有非常明显的自身特点。正是由于存在这些特点，使得东亚区域各领域合作既呈现蓬勃发展的态势，同时也造成实质性合作难以深入开展的困境。

（一）东亚区域合作的主要特点

从推动区域合作的主导力量、合作机制的性质、与域外地区的关系、主要国家区域合作战略选择等方面看，东亚区域合作与欧盟、北美自由贸易区等相比都存在非常大的差异。这些差异一般也被视为东亚区域合作的特点。

1. "小马拉大车" 式的推动方式

传统的区域合作基本上是由大国牵头和主导的。例如，在欧盟区域合作发展进程中，德国、英国、法国三个实力最强的国家长期发挥着关键大国的作用，因此被称作欧盟的 "三驾马车"。近年来，英国因启动脱欧进程而失去了欧盟关键大国地位，德、法两国则继续承担着引领欧盟发展的关键角色。北美自由贸易协定（NAFTA）则是美国积极推动的结果，也正是在美国特朗普政府的强硬政策推动下，美、加、墨三国对北美自由贸易协定的许多条款进行了重大修改，并将名称修改为美、墨、加三国协议（USMCA）。然而，东亚地区一直未出现区域内大国主导合作进程的情况，大部分合作机制和合作平台运作一直是在东盟的主导下进行的。

东盟在东亚合作中的主导地位主要是体现在以下三个方面。一是东亚地区的主要合作机制都是由东盟首先倡导的。在"10＋1"、"10＋3"、东盟地区论坛、东亚峰会建立之初，东盟都是以"主人"的身份邀请有关国家参与其相关对话活动，并在对话过程中逐步将相关对话活动机制化。二是各种合作机制的主席国一直由东盟成员轮流担任，因而东盟在很大程度上决定了合作议题的设定。尽管东盟在确定合作议题的过程中会与有关各国进行沟通和协调，各个参与国也会通过各种渠道对议题选择发挥影响力，但议题的最终决定权掌握在东盟手中。三是东盟一直强调要坚持自身在各种合作机制运作中的中心地位，各非东盟成员也一直承诺坚持和尊重东盟的主导地位。

尽管东盟在人口与经济总量方面上看并不算小（其人口总量超过6亿，GDP总量接近韩国的2倍，在东亚地区仅次于中国和日本），但与中国、日本、印度、美国等东亚区域合作主要参与国相比，其各方面实力还是有非常大的差距。学术界认为东亚区域合作存在的"小马拉大车"现象正是基于上述实力对比得出的结论。另外，东盟本身就是一个内部矛盾重重并且缺乏严密组织体系和决策机制的松散组织机构，① 尽管已经宣布建成东盟共同体，但其内部一体化程度不高，同时也没有统一对外政策，这些问题进一步降低了其对区域合作的领导能力。当然，领导能力不足与是否处于主导地位并不是一个问题。在一些大国无意或不能承担起推动区域合作重任的情况下，东盟作为"一匹小马"拉动了东亚区域合作这辆"马车"。从这个角度看，如果没有东盟的积极推动，许多东亚区域合作机制就不会建立。

2. 以政府间论坛为主的区域合作机制

东亚地区已经构建起多层次并行发展的区域合作机制。这些合作机制中的大部分属于政府间论坛和对话平台，而不是具有充分决策能力的合作规则制定组织。东亚峰会就是一个最典型的国家领导人论坛。首届东亚峰

① 张锡镇：《东盟的历史转折：走向共同体》，《国际政治研究》2007年第2期，第123～134页。

会发表的《关于东亚峰会的吉隆坡宣言》，将该峰会明确为"一个开放、包容、透明和外向型的论坛"。① 2010 年 10 月发表的《东亚峰会成立五周年纪念河内宣言》再次确认了东亚峰会的政府间论坛性质。在实践中，东亚峰会就各方共同关切的重大区域性或全球性问题交换意见并达成共识，作为会议成果的主席声明和领导人联合声明均为不具约束力的共同倡议，既不存在各国落实共同倡议的政治承诺，也没有正式的落实宣言的后续机制。东盟地区论坛、东盟与中、日、韩"10＋3"会议在性质上与东亚峰会一样，也是政府间论坛。

东盟与中、日、韩分别开展的三个"10＋1"合作机制则是政府间论坛与制度性合作的混合体。东盟分别与中、日、韩签订了"全面经济合作框架协议""自由贸易协定"等经济合作法律文件，因此三个"10＋1"合作机制均具有制度性合作性质。与此同时，在"10＋1"框架下，东盟还分别与中、日、韩建立了包括领导人峰会、部长级会议、高官会在内的会晤机制。这些会晤机制基本上是论坛性质的。当然，如果双方就这些会晤机制展开磋商并出台具有法律约束力的协议，那么这种会晤机制就具备了决策职能，从而就具有了制度性合作机制的性质。通常情况下，这些会晤机制主要是各方的对话平台，所以其政府间论坛性质更明显。

东盟也兼具政府间论坛和制度性合作两种性质。一方面东盟是一个具有国际法地位的国际组织，其拥有各成员国均需遵守的宪章和一系列多边协定，并且建立起系统组织架构；另一方面，与欧盟相比，东盟的组织化程度还很低，领导人峰会、部长级会议等会议机制在很大程度上还具有政府间论坛性质，所通过的文件很多是倡议性的宣言，而不是具有充分约束力的国际协定。甚至指导东盟共同体建设的文件——《东盟经济共同体蓝图》《东盟政治与安全共同体蓝图》《东盟社会与文化共同体蓝图》《东盟愿景 2025》等也均为远景规划，对各成员国并不具有法律强制约束力。总

---

① 《关于东亚峰会的吉隆坡宣言（2005 年 12 月 14 日吉隆坡）》，外交部网站，https：//www.fmprc.gov.cn/web/wjb_673085/zzjg_673183/yzs_673193/dqzz_673197/dyfh_673241/zywj_673253/t230070.shtml。

之，至今东盟并未完全建成基于系统规则之上的区域合作组织。

3. 成员国所属地域范围的相对开放性

许多以东亚命名的区域合作机制其成员并不局限于东亚国家。例如，东盟地区论坛目前共有 27 个国家参加，除 10 个东盟国家外，还包括中国、日本、韩国、朝鲜、蒙古国、印度、巴基斯坦、孟加拉国、斯里兰卡、俄罗斯、美国、加拿大、澳大利亚、新西兰、巴布亚新几内亚、东帝汶和欧盟。这样，东盟地区论坛的成员在全球分布非常广泛，涵盖了全部东亚国家、大部分南亚国家和大洋洲国家，美国、俄罗斯、欧盟、加拿大均为其成员。因此，东盟地区论坛已经将影响东亚局势乃至全球格局的主要力量全部纳入。

东亚峰会也具有明显的跨地区性特征。东亚峰会没有制定自身的章程和参加国标准，首届峰会发表的《关于东亚峰会的吉隆坡宣言》提出，"东亚峰会的参加范围将依据东盟制定的参与标准"。[1] 东盟所提出的东亚峰会参加国需要满足三个基本条件，即应为东盟的全面对话伙伴，已加入《东南亚友好合作条约》，需要与东盟存在实质性政治与经济关系。上述条件没有限定参加国所属地域。在具体实践中，东亚峰会自成立伊始就存在"非东亚化"的特征，将印度、澳大利亚、新西兰三个非东亚国家纳入其中，使成员构成横跨东亚、南亚和大洋洲。随着美国和俄罗斯的加入，东亚峰会的"非东亚化"倾向更为明显。[2]

有的学者将东亚区域合作的这种区域开放性视为"开放的地区主义"。[3] 这种看法并不符合开放的地区主义的内涵。"开放的地区主义"是描述亚太经合组织（APEC）在推进贸易投资自由化方面所倡导的一种原则。传统的区域经济合作都以建立排他性的经贸集团为目标，即在集团内部取消贸易、投资以及要素流动的壁垒，对外则继续实行保护主义政策。"开放的地区主义"则坚持非排他性的原则，即区域内所出台的市场开放措施都有条件或

① 《关于东亚峰会的吉隆坡宣言（2005 年 12 月 14 日吉隆坡）》，外交部网站，https://www.fmprc.gov.cn/web/wjb_673085/zzjg_673183/yzs_673193/dqzz_673197/dyfh_673241/zywj_673253/t230070.shtml.
② 田野：《东亚峰会扩容与地区合作机制的演化》，《国际观察》2012 年第 2 期，第 37~44 页。
③ 范斯聪：《东亚经济一体化的困境与出路——国际比较的视角》，人民出版社，2015，第 36 页。

无条件地适用于区域外国家。弗雷德·伯格斯坦曾对"开放的地区主义"进行专门的界定，认为其主要是指五种区域合作方式，即开放的成员资格、无条件的最惠国待遇、有条件的最惠国待遇、全球化以及贸易便利化。① 东亚区域合作所体现的开放性与上述内容基本没有关系，只是部分会议机制的成员资格没有限定于东亚甚至亚洲国家。但无论是东亚峰会还是东盟地区论坛，其成员资格也不是完全开放的。东亚地区已有的区域自由贸易协定都具有排他性，完全不具有任何"开放的地区主义"特征。

4. 众多区域自由贸易协定相互交织

进入 21 世纪以来，东亚经济体参加的区域自由贸易协定数量迅速增长，大部分东亚经济体参加了多个区域自由贸易协定，并使得该地区一举改变了在区域一体化进程中的落后局面。这些自由贸易协定既有东亚区域内的，也有跨区域的；既有双边的，也有多边的。根据 WTO 公布的数据，截至目前，中国签署的自由贸易协定共有 17 个，其中 7 个为与东亚经济体签署的；日本共签署 17 个，其中 12 个为与东亚经济体签署的；韩国共签署 15 个，其中 7 个为与东亚经济体签署的；东盟共签署 5 个，其中 3 个为与东亚经济体（中、日、韩）签署的；新加坡共签署 20 个，其中 11 个为与东亚经济体签署的；马来西亚共签署 14 个，其中 11 个为与东亚经济体签署的；泰国共签署 11 个，全部为与东亚经济体签署的；印度尼西亚共签署 7 个，全部为与东亚经济体签署的；文莱共签署 9 个，全部为与东亚经济体签署的；菲律宾共签署 7 个，其中 6 个为与东亚经济体签署的；柬埔寨共签署 6 个，全部为与东亚经济体签署的；缅甸共签署 5 个，全部是与东亚经济体签署的；老挝共签署 7 个，全部为与东亚经济体签署的；越南共签署 11 个，其中 9 个为与东亚经济体签署的。②

正是由于东亚主要经济体参加了大量双边或多边区域自由贸易协定，从而形成了这些区域自由贸易协定和区域合作组织相互交织的局面。例如，

---

① 〔美〕弗雷德·伯格斯坦：《开放的地区主义》，《经济资料译丛》1999 年第 2 期，第 40 ~ 50 页、73 页。

② WTO, *Participation in Regional Trade Agreements*, https://www.wto.org/english/tratop_e/region_e/rta_participation_map_e.htm.

东盟已经与中国、日本、韩国、印度及澳大利亚与新西兰分别签订了五个自由贸易协定，中国、日本、韩国、印度、澳大利亚、新西兰还分别与数量不等的东盟成员国签订了双边自由贸易协定，甚至部分东盟成员国之间签署了双边自由贸易协定。处于谈判中的区域全面经济伙伴关系协定（RCEP）、全面进取的跨太平洋伙伴关系协定（CPTPP）及亚太经合组织（APEC）之间存在明显的交叉关系。总之，在东亚地区已经形成极为复杂的区域自由贸易协定网络关系（见图3-1）。

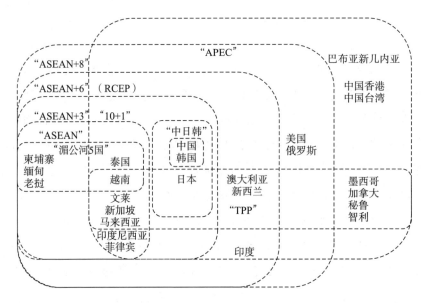

图 3 -1　东亚主要经济体参与的主要 FTA 结构示意

资料来源：笔者根据文献资料自行绘制。

（二）东亚区域合作面临的主要问题

东亚各领域区域合作在取得重大进展的同时，仍面临很多严峻挑战。东盟的推动能力相对不足、弥合各方利益分歧极为困难、各方战略重心明显不一致、受域外因素的干扰等，都严重制约着东亚区域合作深入发展。

1. 东盟对区域合作推动能力相对不足

历史经验表明，区域合作强有力的推动者需要具备两个基本条件：一是意愿，即有推动和协调有关各方开展区域合作的意愿；二是能力，即协调各方形成合作共识并制定相关规则的能力。在正常情况下，上述两个基本条件缺一不可。没有意愿就不可能主动承担召集和协调各方开展合作的责任，没有能力则无法推动各方接受必要的妥协并达成合作共识。

东盟在推动东亚区域合作方面一直具有较为强烈的意愿，其成员国均认为深化区域合作有利于维护其自身各方面战略利益。与此同时，"小马拉大车"式的区域合作推动模式也能够获得地区及全球大国的认同。东南亚国家众多，地理位置极为重要，不仅是中国、日本等东亚主要大国重要战略利益的交会点，而且美国等域外大国也与该地区部分国家长期保持特殊战略合作关系。在这种情况下，由任何一个主要大国主导和推动区域合作都可能会遭到其他大国的抵制。与此相反，由实力相对较弱的东盟主导发起的合作倡议则更容易得到各实力较强大国的普遍响应和认同，因为主要大国均不希望失去在有关合作机制中维护自身在该地区战略利益的机会。另外，东盟也希望与自身存在较大利益关系的所有大国均参与到各种合作机制中来，从而形成有关大国之间的相互制衡，以避免由于自身实力不足而在各种合作机制中处于被动地位。另外，东盟各成员国的战略利益也存在较大差异，不同国家的主要战略合作伙伴也是完全不同的，更多大国的参与还能够平衡东盟成员之间的利益关系。

东盟主导东亚区域合作面临的问题则是推动能力相对不足，即东盟能够将有关各方召集起来进行对话和磋商，但却无力协调各方构建区域合作的规则体系。东盟地区论坛、东亚峰会、"10＋3"等东亚合作机制自建立以来，各种活动从未间断，但东亚地区各领域的区域合作并没有取得根本性进展。不仅政治安全领域的合作存在各说各话的问题，经济与社会文化合作也有徘徊不前的倾向。因此，在东亚各种区域合作机制创建初期，东盟实际上是采用平衡一些主要大国利益的政治外交手段充当了"倡议型"主导者的角色，即大国利益的平衡者，而不是区域合作的"轴心型"领导者。但在合作机制和对话平台建立后，即使东盟继续坚持平衡中、美、日等大国关系的态度，其在推动东亚一体化方面也存在难以克服的障碍。①

---

①　范斯聪：《东亚经济一体化的困境与出路——国际比较的视角》，人民出版社，2015，第95页。

在推进区域经济一体化的进程中，经济大国之所以更具协调和推动能力，主要是因为其市场开放能够提供更大的市场，同时也能够通过经济技术合作为其他国家创造发展机会。"10＋3""10＋1"在很多领域的经济合作都在一定程度上带有对东盟发展援助的性质。因此，东盟所倡导的一些区域合作机制并不能实质性地发挥主导作用。

2. 弥合各方严重的利益分歧极为困难

东亚各领域区域合作一直存在严重的利益分歧。从东盟内部看，各成员国之间的矛盾纷繁复杂。各成员国在社会制度、经济发展水平以及国家意识形态等方面都存在巨大的差异，并且各国都曾深受侵略战争和殖民主义伤害，在对外政策选择方面均不同程度上带有民族主义特征，高度重视维护主权独立，对需要放弃和相互让渡部分国家主权的制度性区域合作一直怀有不够积极的心态。① 正是考虑到推进制度性区域合作面临的上述困难，东盟才在推进合作的过程中采取了"东盟方式"，即各项合作议题需要通过论坛性合作机制并协商一致确定合作方案，既没有表决机制，也不存在否决机制问题。在各领域合作中坚持不干涉内政原则，对于成员国之间的矛盾和分歧也只有有限的调解能力，没有建立内部仲裁机制。通过非正式对话和磋商机制达成的合作共识，也没有强制性的外在约束机制要求各成员国必须履行，而只能以各自承诺和信誉机制为保证。"东盟方式"的优势就是在该地区各种矛盾和分歧极为严重的情况下能够将各国聚在一起，共同商讨区域合作，逐步培育区域共同意识。其存在的主要问题则是在很大程度上回避了分歧和矛盾，很难将各种合作不断推进深入。东盟自成立至今，已经走完50多年的发展历程，但至今各领域合作的制度体系也没有得到完全确立，更没有建立起解决相互间矛盾和利益分歧的机制。

东盟所主导的各种区域合作机制，在很大程度上是"东盟方式"的拓展和延伸，"东盟方式"的利弊在"10＋3"、东盟峰会、东盟地区论坛等合作机制中均有全面体现。因此，东亚区域合作难以深入展开的原因，不仅

---

① 《从最现实的区域合作起步——就中国—东盟合作前景访问中国社科院亚太研究所所长张蕴岭》，《中国经济导报》2002 年 10 月 14 日。

是"小马拉大车"导致的推动力不足问题，而且"东盟方式"本身就在很大程度上限定了区域合作的深度。在这种情况下，由东盟主导更大范围的东亚区域合作，则必将使东亚区域合作也呈现"东盟化"趋势。

表3-4 各方在"东盟+"自由贸易协定中的贸易自由化率对照

单位：%

国家	东盟—中国	东盟—日本	东盟—韩国	东盟—澳大利亚和新西兰	东盟—印度
新加坡	100.0	100.0	100.0	100.0	100.0
文莱	98.3	97.7	99.2	99.2	85.3
马来西亚	93.4	94.1	95.5	97.4	79.8
印度尼西亚	92.3	91.2	91.2	93.1	48.7
泰国	93.5	96.8	95.6	98.9	78.1
菲律宾	93.0	97.4	99.0	95.1	80.9
柬埔寨	89.9	85.7	97.1	89.1	88.4
越南	——	94.4	89.4	94.8	79.5
缅甸	94.5	85.2	92.2	88.1	76.6
老挝	97.6	86.9	90.0	91.9	80.1
中国	94.1				
日本		91.9			
韩国			90.5		
澳大利亚和新西兰				100.0	
印度					78.8

注：（1）商品分类按 HS6 位编码进行。

（2）在中国—东盟自由贸易协定中，因缺少数据而没有计入越南与中国的贸易自由化率；缅甸 HS01－HS08 类商品也因数据缺失而未计入。

资料来源：Yoshifumi Fukunaga and Ikumo Isono, "Taking ASEAN ＋1 FTA towards the RCEP: A Mapping Study", ERIA Discussion Paper Series DP－2013－02, p. 8。

　　抛开东亚地区复杂的政治、领土等方面的矛盾，人们曾一直期待以东盟为主导的东亚经济合作能够尽快取得根本性突破，特别是曾对 RCEP 谈判进程持有非常乐观的态度。中国、日本、韩国、印度、澳大利亚和新西兰已经分别与东盟签订自由贸易协定，似乎将这五个均包含东盟的自由贸易协定整合为一个范围更大的自由贸易协定并非难事。然而，事实是上述看法严重低估了 RCEP 谈判的难度。一方面，在已经生效的各自由贸易协定中，东盟并不是以整体单一谈判伙伴出现的，东盟并没有统一的谈判立场和政策主张，而是 10 个成员国各自独立加入谈判，并分别各自确定自己的市场开放安排。即在每个"东盟＋"自由贸易协定中，东盟各国的市场开放安排存在明显差异。在 RCEP 谈判中，东盟依然没有作为接受统一市场开放安排的整体来参与。这样，有关谈判就不再是六个经济体之间的磋商，而是 16 个经济发展水平、政策主张都差异巨大的国家之间的谈判。与此同时，在这 16 个国家中又没有真正能够发挥主导力量的谈判推动者，因此谈判进展缓慢就不足为奇。

不仅如此，五个"东盟＋"自由贸易协定的内容也存在巨大差异（如表 3 - 4 所示），很难简单地将其整合为一个自由贸易协定。将五个"东盟＋"自由贸易协定相叠加，很多东盟国家的市场开放度将非常低。例如，印度尼西亚在五个"东盟＋"自由贸易协定中完全实现零关税的商品仅占 46%。在 RCEP 谈判中，印度以及东盟部分欠发达国家对市场开放的态度非常谨慎，很多国家存在一些市场开放难度较大的敏感领域或敏感商品。因此，RCEP 谈判能否在较短的时期内最终达成一个高水平的自由贸易协定，仍然存在很大的不确定性。

3. 各方区域合作战略重心明显不一致

东盟推动东亚区域合作的核心目标是将区域内外大国都纳入自己所主导的合作机制，提升自己在东亚地区的影响力，并在此基础上推进东盟内部的一体化进程和共同体建设。正是出于此种目的，东盟对邀请区域外大国参加各种合作机制非常积极，因为这将形成大国力量之间相互制衡的局面，而其自身则可以成为协调大国关系的重要平衡者。但这种局面也使得各种区域合作机制面临更多的困难，即参加的国家越多，矛盾和分歧就越多，达成合作共识并建立合作机制的难度也就越大。实际上东盟推动创立东盟地区论坛、东亚峰会、"10＋3"峰会等合作机制，原本也没想建立制度性合作机制，但有关各方能够在东盟的组织和协调下就地区和全球热点问题展开磋商并表达共同看法，共同推动地区局势缓和，东盟实际上就已经实现了其基本目标。

在经济合作方面，东盟对推动 RCEP 谈判态度并不十分积极。正如前文所述，东盟已经与其他参加 RCEP 谈判的六个国家签订了五个自由贸易协定，从而已经获得东亚区域自由贸易协定网络的"轮轴"地位。这既能够提高东盟国家对海外投资的吸引力，同时也因竞争效应的存在而使更多的经济体希望与东盟签订自由贸易协定。[①] 在推动东亚合作进程中，东盟一直强调要确保东盟在更为广泛的区域合作机制中的"中心"地位，东亚地区现有的自由贸易格局是非常符合东盟利益和愿望的，一旦 RCEP 谈判完成，东盟原有的"轮轴"地位将随之终结，并将成为该自由贸易区中的普通一员。RCEP 谈判步履维艰，不仅是"小马拉大车"造成的推动力不足问题，东盟推动谈判的意愿不足恐怕也是重要原因。

东亚地区一直在日本的区域合作战略中占有极为重要的地位，但其战略重点却不是推动东亚整体性的区域合作，而主要是与东南亚国家的区域合作，并且其在东亚地区推进的区域合作甚至带有平衡或抑制中国影响力的色彩。日本曾提出的"价值观外交""自由与繁荣之弧""东亚共同体"等区域合作构想，都将东南亚视为对中国进行战略围堵的重要支点。尽管日本的一些战略构想因没有获得有关国家的响应而无果而终，但其通过东南亚平衡中国影响力的努力并没有彻底放弃。在日本已经签署的 17 个自由贸易协定中，有 12 个为与参加 RCEP 谈判的经济体签署的。日本主导下达成的《全面与进步的跨太平洋伙伴关系协定》（CPTPP），11 个成员中有 7个为参与 RCEP 谈判的经济体。截至目前，参加 RCEP 谈判的经济体中，只有中国和韩国没有与日本签署自由贸易协定。因此，日本参加有关谈判的重点目标不是推动各方尽快达成协议，而是希望将 CPTPP 的高标准市场开放规则引入 RCEP，以便更好地维护其自身利益和主导未来国际经济规则制定。日本的这种战略选择为 RCEP 谈判增加了难度。

韩国是参与东亚区域合作态度及其作用变化非常大的一个国家。进入21 世纪，随着韩国从以往多边贸易体系的坚定支持者快速转变为更加重视区域自由贸易的国家，其一度扮演东亚区域合作积极推动者的角色，即积

---

① 李向阳：《区域经济合作中的小国战略》，《当代亚太》2008 年第 3 期，第 36~49 页。

极协调中国、日本、印度、澳大利亚、新西兰等各方在 RCEP 谈判中的立场。[①] 但随着中国、日本、韩国三国政治关系的不稳定,韩国协调相关谈判的热情和能力都出现明显下降,并转而将主要精力放在与大型经济体构建双边自由贸易协定上。韩国已经与中国、美国、欧盟、欧洲自由贸易区、印度、东盟等大型经济体签订了双边自由贸易协定,在参与 RCEP 谈判的经济体中只有日本没有与韩国签订自由贸易协定,并且韩国对与日本签订自由贸易协定态度一直消极。在当前韩日关系明显恶化的情况下,韩国对推动 RCEP 谈判的意愿及能力在进一步下降。

印度、澳大利亚和新西兰均为东亚域外国家,参与东亚区域合作的主要目的是防止被排除在东亚经济圈之外,同时也被东盟视为平衡东亚大国的力量从而被邀请加入其中。印度的经济开放度很低,其最惠国关税税率超过 10%,在全球范围内都属于高关税经济体。特别是其农业和制造业较为落后,对外市场开放度较低,因而在 RCEP 谈判中是对高水平市场开放态度最消极的大型经济体。澳大利亚和新西兰与参加 RCEP 谈判的大部分经济体都签订了高水平市场开放的双边自由贸易协定,只有 RCEP 谈判达成的自由贸易协定比其已经签订的双边自由贸易协定开放程度更高,这两个国家才能从中获益。因此,澳大利亚与新西兰也并不急于 RCEP 达成一个对其没有实质性意义的区域自由贸易协定。

4. 域外因素干扰问题将长期存在

东亚区域合作一直深受域外因素的干扰。正如前文所述,东盟主导建立的许多东亚区域合作机制的参加者已经不限于东亚国家,在一定程度上应该视为跨区域合作机制。区域合作参加者越多,相互间的分歧也必然越多,达成合作共识的难度亦必将提高。当然,上述问题并不是干扰东亚区域合作的最重要域外因素,美国的干扰才是东亚区域合作绕不开的域外影响因素。

美国一直在东亚地区保持强大的军事存在和政治影响力,并且在东亚

---

① 沈铭辉:《RCEP 谈判中的区域合作博弈与东北亚国家的新角色》,《东亚学刊》2018 年第 5 期,第 23~29 页。

安全领域长期居于绝对优势性领导地位。日本、韩国、澳大利亚、新加坡、泰国、菲律宾等亚太国家都是美国同盟国，这些国家的对外政策严重受制于美国，因此美国对东亚区域合作的态度也必将会通过不同方式产生重要影响。美国一直反对和阻挠在东亚地区建立其自身不参加的区域合作组织，这也是东亚地区制度性区域合作机制难以建立的重要原因。

2008 年国际金融危机爆发后，中美相对实力对比发生重大变化，美国逐步将中国视为撼动其霸权地位的竞争对手，并出台了一系列战略围堵措施。2009 年末，美国总统奥巴马在出访亚洲之际发出"重返亚洲"信号，并逐步明确了其最终界定为"亚洲再平衡"的战略体系。其内容主要包括两个方面：一是在政治安全领域不断强化与传统盟友的合作关系，并逐步缓和与印度尼西亚、越南等非同盟国关系，扩大政治安全合作伙伴圈，与此同时，加入东亚峰会等合作机制，启动与东盟的首脑峰会；二是试图通过 TPP、TTIP 等巨型自由贸易协定谈判掌握国际经济新规则的主导权。在 APEC 磋商及 WTO 谈判均无法取得使其满意进展的情况下，美国宣布加入《泛太平洋经济战略伙伴关系协定》（TPP），并召集其他 11 个亚太国家就建立"全面的、高标准的"区域自由贸易协定展开谈判，并且达成了相关协议。

特朗普总统上台后，对奥巴马政府的内外政策进行了重大调整，不仅退出了 TPP，而且宣布放弃"亚太再平衡战略"。特朗普政府放弃"亚太再平衡战略"，并不是从根本上纠正对中国进行战略围堵的错误，而是企图以"印太战略"这一新战略名称构建更大的围堵中国的同盟圈。"印太战略"的核心内容就是构建以美国为主导的融合部分印度洋和太平洋沿岸国家的同盟圈，美国、日本、澳大利亚、印度以及部分东南亚国家则是该同盟圈的核心成员。与"亚太再平衡战略"相比，"印太战略"遏制中国的姿态更加明显，措施更加多元化，力度也更强。美国除了加强与有关国家的军事同盟关系以及加强在中国周边的军事存在外，还力图加强与"印太"国家的经济联系和经济合作，进而对冲"一带一路"倡议对东南亚国家的吸引力和影响力。

美国的"印太战略"宣称以维护"印太"地区国际秩序和区域和平繁

荣为目标，但实际上却恶化了该地区的国际局势，在一定程度上引发了区域内国家之间的矛盾和对立，并将在一定程度上为深化区域合作增添障碍。

另外需要注意的是，东亚国家对美国经济的依赖度非常高，来自美国的压力对其政策选择具有非常大的影响。经过多年的发展，东亚已经形成了紧密的生产网络，东亚经济体之间的经济联系日趋紧密。然而进一步分析贸易最终流向可以发现，东亚国家之间的进出口贸易属于中间品贸易占的比重非常高，最终产品则主要流向了域外的欧美市场，特别是美国市场。美国和绝大多数东亚国家存在贸易逆差，在双边贸易谈判等政策协调过程中，美国在一定程度上居于优势地位。因而，美国的态度必然会或明或暗地影响东亚区域合作进程。

四　深化东亚区域合作的推进路径选择

在逆全球化的大背景下，深化东亚区域合作对推动地区各国经济持续发展具有极为重要的意义。目前，东亚区域合作已经在政治安全、社会文化、经贸交流等领域都取得了重要进展，但也面临着诸多挑战和困难。深化东亚区域合作需要继续坚持多领域发展的综合性合作方向，并且根据不同领域的特征明确重点任务和推进路径。

（一）继续以东盟为主导推进政治安全互信合作

政治安全矛盾一直是影响区域合作发展的突出问题。政治安全矛盾较小的地区各领域区域合作更容易开展，政治安全互信较高的国家之间更容易达成相互妥协的合作方案。区域合作的深入开展，特别是制度性区域合作必然涉及一定程度的主权让渡问题，即将部分原本属于各个国家的主权性事务的决策权让渡给区域组织，或者由区域组织的成员国集体协商决策。而存在较为尖锐的政治安全矛盾，特别是存在领土争端的国家之间往往有较严重的民族情绪对立，对相互让渡主权存在较大的障碍。二战后，西欧区域合作的不断深化，在很大程度上得益于欧洲各国，特别是德、法两国基于对历史深刻反思后达成的和解，彻底解决了包括领土问题在内的区域内政治安全问题。北美自由贸易区的建立，也得益于美、加、墨三国之间不存在严重的政治安全矛盾。与此相反，东亚却是政治安全问题最突出的地区之一。许多东亚国家之间存在领土领海及海洋权益争端，历史问题仍然是影响一些国家关系的重大障碍，许多国家之间还存在社会制度和意识形态方面的分歧和矛盾。不仅如此，东亚地区的政治安全矛盾与域外因素还存在密切联系，很多政治安全问题就是域外势力对东亚进行战略渗透和强化控制所引发的。

因此，深化东亚各领域区域合作非常需要推进各国之间的政治安全互信。东盟已经充分认识到政治安全合作在区域合作中的重要意义，不仅积极推动其内部的政治安全合作，而且在其主导下构建起一系列的东亚区域政治安全合作机制。当然，也有一种比较流行的看法认为，东盟所主导的东亚政治安全合作成效甚微，甚至在其成员国发生不正常政治变动以及成员国之间发生冲突时都不能有效发挥作用，针对东亚整体性政治安全磋商更是纯粹的"清谈"，没能解决任何重大政治安全矛盾。

上述看法尽管有一定的客观性，但完全否定东盟主导下的东亚政治安全合作也是极为片面的。从现实角度看，东盟所主导的东亚政治安全合作机制，尽管不一定是最有效和最好的合作机制，但却是最可行的合作机制。正是由于东亚地区政治安全局势极为复杂，区域内部分国家之间的政治安全利益存在严重冲突，并且不存在一致的区域外安全威胁，所以不可能建立像欧盟一样的集体安全机制。东盟认识到其成员国政治安全利益的严重分歧，所以在推动其内部政治安全合作过程中一直坚持协商一致解决问题和纠纷的原则，而不采用正式的司法程序。东盟还将"东盟方式"的政治安全合作进一步向外推广，在其推动下建立了多层次的按"东盟方式"运作的"东盟＋"磋商机制。因为主要大国均不担心东盟主导东亚政治安全合作会威胁其战略利益，因此各国均愿意参加并支持东盟。可以讲，如果没有东盟的积极推动，东亚地区很难建立政治安全合作机制；如果东亚政治安全合作不采取"东盟方式"，其结果只能激化一些国家之间的对抗和纷争，甚至很难将各方聚在一起讨论重大政治安全问题和循序渐进地推进各领域的务实合作。因此，由东盟主导东亚政治安全合作进程是有关各国都能接受的唯一现实选择。

从实际效果来看，东亚峰会、东盟地区论坛、"10＋3"以及"10＋1"等机制下的政治安全合作，在非传统安全领域取得的成效还是较为显著的，达成了一系列共识并且开展了大量务实合作。其问题只是很少涉及传统安全领域，同时缺失预防和解决地区冲突的机制。造成这种现象的原因主要是有关各国还不能接受将一些双边矛盾提交各种论坛讨论，更不能接受建立区域性的政治安全约束机制和仲裁机制。尽管如此，存在领土纷争及其他战略矛盾的国家共同参与一些国际合作机制，各自表达自身的利益关切，即使存在基本主张的交锋，对维护区域和平稳定的积极意义也远大于消极影响。存在这样的合作机制和平台，有助于有关国家"用思想的论争代替双方之间武器的较量"[①]，这实际上就已经对区域和平稳定做出了重要贡献。因此，思考东亚区域安全机制构建，需要立足于区域国际政治安全局势，需要继续按照"主权平等、不诉诸武力与和平解决纷争、互不干涉内政、不介入成员国之间未解决的双边冲突、平静的外交、相互尊重与容忍"[②]的"东盟方式"，积极开展政治安全领域的对话与磋商，努力扩大各国之间的互信。

（二）以多层次文化交流逐步培育东亚区域认同意识

区域认同意识是加强区域凝聚力的社会文化保障，区域认同意识越强，区域合作也越容易展开。欧盟一体化进程的不断深化在很大程度上得益于文化的一致性和区域认同意识。总体来看，欧洲国家在政治制度、宗教信仰、风土人情等方面都有极大的相似性。有的学者将欧洲的这种相似性或同质性称为"社会历史共同体"，即历史形成的具有同一性的共同体。[③] 当然，欧洲的文化一致性和区域认同意识并不是没有差别的完全一致。正如

---

① 唐世平：《国际秩序的未来》，《国际观察》2019 年第 2 期，第 29～43 页。

② Jürgen Haacke，"AESAN Diplomatic and Security Culture：Origins，Development and Prospects"，*International Relations of Asia-Pacific*3（1），2003，p.1.

③ 〔西班牙〕圣地亚哥·加奥纳·弗拉加：《欧洲一体化进程——过去与现在》，朱伦等译，社会科学文献出版社，2009，第 1～2 页。

法国学者埃德加·莫兰所指出的那样，"思考欧洲的难点，首先要思考同一性中的多样性，多样性中的同一性，即所谓的多样的同一性。同时还有在无特定认同中思考特定认同的困难"。① 正是由于这些看似差别巨大却又在历史文化方面相互交融的欧洲国家具有较强的区域认同，各国及其民众能够接受相互让渡许多敏感的政治经济主权，欧盟的一体化进程才能够不断深入。

　　与欧洲特别是欧盟的情况完全不同的是，东亚的区域认同意识非常淡薄，即使是历史上存在密切文化交流并且具有很多文化相似性的许多国家之间也更强调文化独特性，而不是文化一致性。不仅东亚整体性的区域认同意识是缺失的，甚至地域范围更小的东南亚或东北亚也存在明显的区域认同意识缺失问题。有的学者在分析"东盟方式"产生的原因时，认为其是由"每个成员国一些价值观相一致的共同文化成分所构成"。② 实际情况可能恰恰相反，各成员国之间的相互认同很低，对国家主权事务让渡极为敏感，很难达成对各方行为进行强制性约束的共同规则，所以只能按照现实主义原则退而求其次，将坚持"非对抗的协商一致、不干涉内政及非正式方式"确定为处理各领域合作事务的基本原则。正是基于对区域认同意识较低问题的清醒认识，东盟在区域合作中才将"同一个愿景、同一个身份、同一个共同体"（One Vision, One Identity, One Community）确定为努力方向，并且一直致力于推动社会文化合作以培育区域认同意识。经过长期努力，东盟在培育区域认同意识方面已经取得重大进展，三个共同体建设也在循序渐进的推进之中，但东盟区域一体化进程仍处于初级阶段。

　　东北亚国家之间的区域认同意识缺失问题更为突出。中、日、韩三国甚至并未就历史问题达成真正的和解。历史上，中、韩两国均遭到日本的侵略和严重伤害，但对这段历史日本一直没有认真反思过，没有像二战后的德国一样对纳粹侵略行径进行彻底清算，日本经常出现歪曲甚至美化侵

---

① 〔法〕埃德加·莫兰：《反思欧洲》，生活·读书·新知三联书店，2005，第15~16页。
② 范斯聪：《东亚经济一体化的困境与出路——国际比较的视角》，人民出版社，2015，第188页。

略历史的言行。日本否认侵略历史的行径必然招致中、韩等国的强烈不满和反对。历史认识方面的矛盾与领土争端相互交织，最终造成中、日、韩三国均存在较为激烈的民族主义情绪，相互间的民族情感裂痕一直难以弥合。在这样的情况下，东北亚区域合作必然受到极大影响。

因此，推动东亚区域合作深入发展需要努力培育区域认同意识，特别是在东北亚地区实现真正的历史反思和民族和解。尽管有学者对日本彻底反省历史抱有非常乐观的预期，认为随着现代传媒的发展将在东亚地区形成一个包围日本的舆论氛围，将迫使日本做出重大的改变。[①] 但战后长期的经验表明，日本还很难发生这样的改变。即使面对周边国家强烈反对的压力，日本的态度也没有发生根本性改变。最可行的途径只能是各方在"搁置争议"上达成共识，日本政府必须加强自我约束，避免采取任何刺激受害国感情的行径，在此基础上推动相互间的文化交流与合作，特别是扩大各国间的民间交流，增进各国人民之间的相互了解和理解。

东亚区域认同意识地培育还需要将东北亚与东南亚作为一个整体来考虑，积极推动建设东亚社会文化共同体，特别是进一步加强"10 + 3"框架下的社会文化合作。近年来，在三个"10 + 1"框架下开展的文化合作已经取得重大进展，分别启动了一系列文化交流项目。东盟与中、日、韩应该将有关文化交流项目进行适度整合，更多开展"10 + 3"文化交流项目，逐步推动形成东亚地区整体性的区域意识。另外，东亚各国应该共同弘扬"亚洲价值观"，在东亚经济地位不断提升的大背景下，塑造亚洲的自豪感，使东亚各国普遍接受和确信其经济的成功发展与"亚洲价值观"存在不可分割的关系。如果"亚洲价值观"能够被东亚国家普遍接受和认可，并且都因自己作为东亚国家而自豪，那么区域认同意识就能得到很好确立，各领域的区域合作也必将不断深入。

（三）以深化第三方市场合作推进区域经济开发合作

推动东亚区域合作必须正视区域内各国经济发展差距巨大的现实问题。

---

① 景德祥:《德国为什么能忏悔》，《世界知识》2005 年第 10 期，第 38 ~ 39 页。

在各国经济发展差距较大的情况下，经济相对欠发达国家对市场开放将给自身造成的冲击疑虑较大，并且担心经济政策的自主性因制度性合作的推进而受到侵蚀。因此，经济发展水平差距较大的国家之间开展区域合作一般将功能性经济合作作为重要内容。APEC 经济合作一直强调"双轮驱动"，即一方面推进贸易投资自由化便利化，另一方面加强经济技术合作。东盟为鼓励经济最不发达的越南、柬埔寨、老挝和缅甸四个成员国积极参与区域经济一体化进程，一直将促进各国间经济均衡发展作为经济共同体建设的重要目标之一，先后出台了一系列支持欠发达国家和地区发展的经济合作项目和措施。2000 年以来，东盟还先后实施了三个以"东盟一体化倡议"命名的系列合作项目，以支持上述四个国家的经济发展，促进其更好地参与东盟区域一体化进程并从中获益。这些措施有效地提高了东盟的凝聚力，为东盟统一市场建设创造了重要条件。

中、日、韩三国在与东盟开展的"10 + 1"框架下的经济合作中，也非常重视支持东盟欠发达国家和地区的经济发展，分别设立了许多功能性经济合作项目，特别是都将开展互联互通合作和参与湄公河流域开发确定为合作重点。中、日、韩三国均努力开展与东盟国家间的经济开发合作，是一个非常积极的现象，有助于推动东盟欠发达国家能够以更积极的态度参与东亚整体性经济合作。当然，这种经济开发合作主要是在三个"10 + 1"框架下进行的，而不是在"10 + 3"框架下展开的，也会造成一些明显的问题。其中最突出的问题是，在一些重大基础设施投资方面的恶性竞争，可能会造成对各方都不利的局面。从承建方来看，恶性竞争可能会造成竞相压低投标报价、放松融资风险管理等问题；从项目东道国来看，则有可能出现项目重复建设严重、项目建设标准不统一等问题。为此，整合和优化中、日、韩分别与东盟国家开展的区域开发合作项目的必要性日益紧迫。

东亚的区域开发合作应该根据不同的项目类型分别确定合作方式，确保各项合作高效推进。一方面，对于带有开发援助性的经济合作项目应该在"10 + 3"框架下进行。首先应由东盟提出开发援助性项目的支持需求并组织"10 + 3"专门会议机制，对相关项目的投入产出进行评估分析，并确定有关各方在项目中的角色与责任。实际上也就是将以往"10+1"框架下的开发援助性项目中的重复项目进行整合,使之在"10+3"框架下进行,中、日、韩分别承担不同的角色和责任,提高各项目的支持能力和运行效率。另一方面,对于东盟跨国性的基础设施建设项目,也由东盟相关国家提出项目建设需求,中、日、韩可以组织相关企业进行联合投标、联合融资、联合开展项目建设。开展这类项目建设的重点是建立政府对政府、企业对企业等多层次协商与合作机制,充分发挥各方优势,实现优势互补、利益共享,即深入开展第三方市场合作。

第三方市场合作是中国首创的国际合作新模式,将中国的优势产能、发达国家的先进技术和广大发展中国家的发展需求有效对接,为第三国提供高水平、高性价比、更具竞争力的产品和服务,实现"三方共赢"和"1+1+1>3"的效果。近年来,中国与法国、韩国、德国、英国、加拿大、新加坡、比利时、葡萄牙等十多个经济发达国家达成第三方市场合作的共识,并在海外开展了大量"第三方市场合作"性的项目建设。中、日、韩三方也达成了一系列开展第四方市场合作共识。2015年11月,第六次中、日、韩领导人会议发表的《关于东北亚和平与合作的联合宣言》明确提出,要加强在第四方市场的产能合作。[①] 第四方市场合作实际就是第三方市场合作的扩大版,在东亚地区开展区域开发合作自然不能局限于第三方市场合作或第四方市场合作,而是应该拓展为第N方市场合作,即根据项目建设的合理性和现实需要来确定合作伙伴的多寡。

在东亚区域开发领域开展"第三方市场合作"的关键是实现有关项目的透明化运作。东盟国家应该公开透明地提出项目建设意向,并在"10+3"框架下进行充分的讨论和论证,各个有意愿参加承建任务的国家和企业分别根据自己的优势领域提出承担任务意向,最终由各方协商确定项目实施方案。为此,中、日、韩与东盟应该加快建立健全重点项目信息库和企业信息库,搭建机制化"双向"交流合作平台,建立定期项目对接机制。与此同时,探索建立第三方市场合作共同投资基金,通过股权、债权等多

---

① 郑东超:《第三方市场合作:1+1+1>3》,《人民日报》2018年1月4日,第23版。

种融资方式，为第三方市场项目提供融资支撑。

（四）以深化中、日、韩合作引领区域制度性经济合作

冷战格局结束后，中、日、韩各领域的合作关系迅速发展。特别是进入 21 世纪以后，随着东北亚地区政治安全局势不断缓和，曾出现了一个中、日、韩各领域合作深入发展的黄金期。1999 年 11 月，中、日、韩三国总理在出席 "10 + 3" 领导人会议期间举行了非正式的早餐会，开启了中、日、韩三边对话合作进程。2002 年，中、日、韩三国决定将领导人早餐会改为正式会晤，确定三国领导人原则上每年在出席 "10 + 3" 领导人会议期间均举行正式会晤。2008 年，三国一致同意在保留 "10 + 3" 领导人会议期间会晤的同时，还要在 "10 + 3" 框架外创设三国领导人会议机制，并商定每年在三国轮流举行。

2008 年 12 月，首次中、日、韩领导人会议在日本福冈举行。2009 年 10 月，第二次中、日、韩领导人会议在北京举行，会议主题是纪念三国合作十周年。2010 年 5 月，第三次领导人会议在韩国济州岛举行，会议展望和规划了未来十年三国合作发展方向和主要课题。2011 年 5 月，在日本遭受严重地震灾害的背景下，三国领导人在东京举行第四次会议，决定将应对地震、灾害及核安全问题等纳入三边合作框架。2012 年 5 月，第五次中、日、韩领导人会议在北京召开，三国正式签署中、日、韩投资协定并同意年内启动中、日、韩自贸区谈判。2015 年 11 月，第六次中、日、韩领导人会议在韩国首尔举行，会后发表的《关于东北亚和平与合作的联合宣言》系统阐述了三方合作的重点任务。2018 年 5 月，第七次中、日、韩领导人会议在日本东京举行，在会后发表的联合宣言中，三国承诺将致力于构建开放型世界经济，并且明确了今后各领域合作的重点任务。

总体来看，中、日、韩三方合作在很多领域取得了重要进展。中、日、韩三国已建立起较为完备的多层次合作机制，即形成了以领导人会议为核心、以部长级会议和工作层会议机制为支撑的合作格局。截至目前，中、日、韩已经建立了包括外交、经贸、科技、文化、环境等近 20 个部长级会

议机制，50多个工作层会议机制。① 在上述合作框架下，中、日、韩三国达成了众多合作共识，有效推动了三方在政治安全、经贸财金、可持续发展、社会人文等领域的合作。

当然，由于东北亚地区国际局势复杂多变以及中、日、韩三国之间存在许多悬而未决的复杂矛盾和分歧，三国合作也并非一帆风顺。2012年，日本进行的所谓钓鱼岛"国有化"措施使中日关系发生严重倒退，也使得双方领导人会晤的政治气氛不复存在，加之安倍政府上台后否定日本侵略历史的行径招致中韩两国的强烈不满，导致2013年和2014年连续两年的中、日、韩领导人会议没能召开。经过各方的积极努力，2015年恢复举行了第六次中、日、韩领导人会议。然而，此后由于韩国政局严重动荡和中韩关系因"萨德"问题而出现的严重危机，致使刚刚恢复的三国领导人会议被迫再次中断两年。尽管中、日、韩三方各领域部长级会议和工作层面会议并未随领导人会议机制中断而中断，但各领域合作还是受到很大影响，特别是中、日、韩自由贸易区谈判未能取得实质性进展。

中、日、韩是东亚地区经济规模和经济实力最强的三个国家，三国GDP分别位列世界第二、第三、第十一位，经济总量占全球的比重超过20%，相互间经贸关系极为密切，并且已经形成紧密的产业分工网络关系。据中国海关统计，2018年日本为仅次于欧盟、美国、东盟的中国第四大贸易伙伴，中日双边贸易额为3277亿美元，约占中国进口贸易总额的7.1%。其中，中国对日出口贸易额1471亿美元，约占中国出口贸易总额的5.9%；中国从日本进口贸易额为1806亿美元，约占中国进口贸易总额的8.6%。韩国则是中国第五大贸易伙伴，同年中韩双边贸易额为3134亿美元，约占中国进出口贸易总额的6.8%。其中，中国对韩国出口贸易额为1088亿美元，约占中国出口贸易总额的4.4%；中国从韩国进口贸易额为2046亿美元，约占中国进口贸易总额的9.6%。② 按照日本进出口统计数据，2018

---

① 《中日韩合作（1999 - 2012）》白皮书，中国外交部网站，https://www.fmprc.gov.cn/web/ziliao_674904/tytj_674911/zcwj_674915/t930269.shtml。

② 根据中国商务部官方网站公布的统计数据计算，http://data.mofcom.gov.cn/hwmy/imexCountry.shtml。

年中国同时为日本的第一大贸易伙伴国、出口对象国和进口来源国，中日双边贸易额约占日本进出口贸易总额的 21.4%，日本对中国出口贸易额约占日本出口贸易总额的 19.5%，日本从中国进口贸易额约占日本进口贸易总额的 23.2%。① 按照韩国的进出口统计数据，中国也是韩国的第一大贸易伙伴国、出口对象国和进口来源国，2018 年中韩双边贸易额约占韩国对外贸易额的 23.6%，其中韩对中国出口贸易额约占韩国出口贸易总额的 26.8%，从中国进口贸易额约占韩国进口贸易总额的 19.9%。② 日韩两国的经贸关系也非常密切，韩国是日本的第三大出口对象国和第五大进口来源国，日本则分别是韩国的第五大出口对象国和第三大进口来源国。

面对复杂多变的国际局势和东北亚地区局势，中、日、韩加快推进三方经济合作不仅有利于促进各国经济发展，而且对推动东北亚乃至东亚整体性经济合作都具有极为重要的意义。在 RCEP 谈判短时间内很难取得突破性进展的情况下，中、日、韩应该加快推进三方自由贸易协定谈判，早日签署中、日、韩自由贸易协定，并在此基础上三方共同推动东亚整体性区域经济合作，从根本上改变东亚区域经济合作推动力不足问题。近一段时期，中、日、韩关系总体上向好发展，各国都希望通过区域合作应对逆全球化的风险。第七次中、日、韩领导人会议明确提出，将加速推进中、日、韩自贸区谈判，力争达成全面、高水平、互惠且具有自身价值的区域自由贸易协定。2019 年 4 月，中、日、韩自贸区第十五轮谈判重申了领导人会议所达成的共识，围绕货物贸易、服务贸易、投资规则等重要议题展开深入磋商，三方一致同意在共同参与的 RCEP 谈判已取得共识的基础上，进一步提高贸易和投资自由化水平，纳入高标准规则，并最终达成一个"RCEP +"

---

① 商务部综合司、商务部国际贸易经济合作研究院：《国别贸易报告：2018 年日本货物贸易及中日双边贸易概况》，https://countryreport. mofcom. gov. cn/record/qikan110209. asp? id =10876。

② 商务部综合司、商务部国际贸易经济合作研究院：《国别贸易报告：2018 年韩国货物贸易及中韩双边贸易概况》，https://countryreport. mofcom. gov. cn/record/qikan110209. asp? id = 10927。

的自贸协定。① 当前逆全球化浪潮加剧和贸易保护主义政策泛滥对中国的影响最为严重，在中、日、韩自由贸易区谈判中，中国应该采取更加积极的态度和展现更多的灵活性，争取尽快结束谈判，并以此引领东亚区域经济制度性合作深入发展。

---

① 《中日韩自贸区第十五轮谈判在日本举行》，中国商务部官方网站，http：//fta. mofcom. gov. cn/article/zhengwugk/201904/40289＿1. html。

第四章 "一带一路"建设背景下的
东北亚区域合作

2013 年 9 月和 10 月，习近平主席先后提出共同建设"丝绸之路经济带"和共同建设"21 世纪海上丝绸之路"的重大倡议。"一带一路"倡议是新时期中国参与全球开放合作和优化国内对外开放布局的"总纲"，为中国开展与有关国家各领域的合作提供了新理念、创造了新机遇、搭建了新平台。几年来，"一带一路"倡议获得越来越多国家和地区的认同，中国与"一带一路"沿线国家的经贸合作与人文交流不断深入发展，一系列合作项目稳步推进，初步形成各国共商共建共享的合作局面。东北亚是中国重要的周边区域，地区各国均与中国存在密切的贸易关系，在该地区推进"一带一路"建设符合各方的共同利益。

一 "一带一路"倡议的总体思路

2018 年 8 月 27 日，习近平主席在推进"一带一路"建设工作 5 周年座谈会上发表的重要讲话指出，"过去几年共建'一带一路'完成了总体布局，绘就了一幅'大写意'"，"共建'一带一路'正在成为我国参与全球开放合作、改善全球经济治理体系、促进全球共同发展繁荣、推动构建人类命运共同体的中国方案"。① 上述论断简要而且深刻地总结了 2013 年以来

---

① 《习近平出席推进"一带一路"建设工作 5 周年座谈会并发表重要讲话》，中国政府网，http://www.gov.cn/xinwen/2018-08/27/content_5316913.htm。

推动共建"一带一路"所取得的重大成绩。

(一)"一带一路"倡议的提出与发展

"一带一路"倡议是习近平主席提出的开放合作新理念和新方案,是新时代马克思主义世界经济理论和政策实践的重大创新。任何重大理论和政策实践创新都有一个逐步完善和丰富的过程,一般需要经历从概念框架提出到理论体系和政策体系建立,以及在深入研究和政策实践中不断完善和丰富的发展历程。"一带一路"倡议从提出到确定总体布局也经历了一个逐步深化的过程。

1."一带一路"倡议的提出与推广

2013 年 9 月,习近平主席在访问哈萨克斯坦期间,在纳扎尔巴耶夫大学发表演讲,首次提出共同建设"丝绸之路经济带",指出"这是一项造福沿途各国人民的大事业",要"以点带面,从线到片,逐步形成区域大合作"。在演讲中,习近平主席还阐明了共建的重点合作领域,即加强政策沟通、加强道路联通、加强贸易畅通、加强货币流通、加强民心相通。① 同年10 月,习近平主席访问印度尼西亚期间,在印度尼西亚国会发表演讲,明确提出,自古以来东南亚地区就是"海上丝绸之路"的重要枢纽,中国愿同东盟国家加强海上合作,使用好中国政府设立的中国—东盟海上合作基金,发展好海洋合作伙伴关系,共同建设 21 世纪"海上丝绸之路"。② "丝绸之路经济带"和 21 世纪"海上丝绸之路"统称"一带一路"。

习近平主席此后多次在重要国际会议和出访期间宣介和阐释"一带一路"倡议,积极争取有关国家和区域组织参与到"一带一路"建设中来。2014 年 5 月 21 日,习近平主席在亚信峰会做主旨发言时指出,"中国将同各国一道,加快推进丝绸之路经济带和 21 世纪海上丝绸之路建设,尽早启

---

① 《习近平在哈萨克斯坦纳扎尔巴耶夫大学发表重要演讲》,《人民日报》2013 年 9 月 8 日,第 2 版。

② 《习近平:同东盟国家共建 21 世纪"海上丝绸之路"》,中国新闻网,http://www.chinanews.com/gn/2013/10 - 03/5344119.shtml。

动亚洲基础设施投资银行，更加深入参与区域合作进程，推动亚洲发展和安全相互促进、相得益彰"。① 同年9月12日，上海合作组织成员国元首理事会第十四次会议在塔吉克斯坦首都杜尚别举行。习近平主席在会上发表讲话提出，"目前，丝绸之路经济带建设正进入务实合作新阶段，中方制定的规划基本成形。欢迎上海合作组织成员国、观察员国、对话伙伴积极参与，共商大计、共建项目、共享收益，共同创新区域合作和南南合作模式，促进上海合作组织地区互联互通和新型工业化进程"。② 9月18日，习近平主席在印度世界事务委员会演讲指出，"中国提出'一带一路'倡议，就是要以加强传统陆海丝绸之路沿线国家互联互通，实现经济共荣、贸易互补、民心相通。中国希望以'一带一路'为双翼，同南亚国家一道实现腾飞"。③

同年11月8日，习近平主席在"加强互联互通伙伴关系"东道主伙伴对话会上发表讲话，以推进区域互联互通为核心，重点阐述了"一带一路"倡议和中国的主要政策措施，指出"'一带一路'和互联互通是相融相近、相辅相成的。如果将'一带一路'比喻为亚洲腾飞的两只翅膀，那么互联互通就是两只翅膀的血脉经络"。在讲话中，习近平主席还宣布中国将出资400亿美元成立丝路基金等推动共建"一带一路"重大措施。④

2. "一带一路"倡议框架的初步明确化

习近平主席提出的"一带一路"倡议，引起了国际社会和国内各界的广泛关注和积极响应。但也存在国外政要、媒体人士及学者对"一带一路"倡议理解有误的问题，甚至有人故意进行歪曲解读。国内社会各界也存在对"一带一路"倡议把握不准确的问题，甚至有的学者从自己的主观想象出发，进行有明显偏差的解读。为了向国内外各界准确系统地阐释"一带

---

① 《习近平在亚信峰会作主旨发言（全文）》，人民网，http://world. people. com. cn/n/2014/0521/c1002 - 25046183. html。

② 《习近平在上海合作组织成员国元首理事会第十四次会议上的讲话》，新华网，http://www. xinhuanet. com/politics/2014 - 09/12/c_1112464703. htm。

③ 《习近平在印度世界事务委员会的演讲（全文）》，新华网，http://www. xinhuanet. com/politics/2014 - 09/19/c_1112539621. htm。

④ 《习近平在"加强互联互通伙伴关系"东道主伙伴对话会上的讲话（全文）》，新华网，http://www. xinhuanet. com/world/2014 - 11/08/c_127192119. htm。

一路"倡议以及中国相关政策，同时也为推动共建"一带一路"提供切实可行的路线图，2015 年 3 月 28 日，经国务院授权，中国国家发展改革委、外交部、商务部联合发布了《推动共建丝绸之路经济带和 21 世纪海上丝绸之路的愿景与行动》（简称《愿景与行动》），初步确定了"一带一路"建设的总体布局框架。《愿景与行动》主要从共建原则、框架思路、合作重点、合作机制以及中国各地方开放态势等方面，阐述了中国推动共建"一带一路"的基本主张和构想。

第一，共建"一带一路"的共建原则。《愿景与行动》明确提出，"一带一路"建设将恪守联合国宪章的宗旨和原则，特别是坚持开放合作、和谐包容、市场运作、互利共赢的原则。明确上述共建原则，实际上就阐明了"一带一路"倡议的性质及其本质，是开放的经济合作，而不是经济援助，更不是封闭的政治经济集团。

第二，共建"一带一路"的框架思路。《愿景与行动》明确提出："丝绸之路经济带重点畅通中国经中亚、俄罗斯至欧洲（波罗的海）；中国经中亚、西亚至波斯湾、地中海；中国至东南亚、南亚、印度洋。21 世纪海上丝绸之路重点方向是从中国沿海港口过南海到印度洋，延伸至欧洲；从中国沿海港口过南海到南太平洋。""一带一路"建设要共同打造新亚欧大陆桥、中蒙俄、中国—中亚—西亚、中国—中南半岛、中巴、孟中印缅六大经济走廊。

第三，共建"一带一路"的合作重点。《愿景与行动》明确提出，"一带一路"建设要"以政策沟通、设施联通、贸易畅通、资金融通、民心相通为主要内容"。加强政策沟通是"一带一路"建设的重要保障，基础设施互联互通是"一带一路"建设的优先领域，投资贸易合作是"一带一路"建设的重点内容，资金融通是"一带一路"建设的重要支撑，民心相通是"一带一路"建设的社会根基。与此同时，《愿景与行动》还明确提出了各领域合作的重点方向和内容。

第四，共建"一带一路"的合作机制。《愿景与行动》明确提出，"一带一路"建设将"积极利用现有双多边合作机制"，通过"加强双边合作，开展多层次、多渠道沟通磋商，推动双边关系全面发展"；通过"强化多边合作机制作用，发挥上海合作组织（SCO）、中国—东盟'10+1'、亚太经合组织（APEC）、亚欧会议（ASEM）、亚洲合作对话（ACD）、亚信会议（CICA）、中阿合作论坛、中国—海合会战略对话、大湄公河次区域经济合作（GMS）、中亚区域经济合作（CAREC）等现有多边合作机制作用，相关国家加强沟通，让更多国家和地区参与'一带一路'建设"。

第五，共建"一带一路"背景下的中国各地方开放态势。《愿景与行动》也对中国各地方如何参与和融入"一带一路"建设提出了部署和安排，提出推进"一带一路"建设要"充分发挥国内各地区比较优势，实行更加积极主动的开放战略，加强东中西互动合作，全面提升开放型经济水平"，并且对西北、东北、西南、沿海和港澳台地区、内陆地区参与"一带一路"建设的重点任务，分别进行了简要阐述。

3. 推动共建"一带一路"的重大举措

《愿景与行动》的公开发布，使国际社会和国内各界对"一带一路"有了一个更加清晰和明确的认识，也为中国各部门和各地区参与"一带一路"建设提供了基本路线图。此后，习近平主席等国家领导人在各种重要国际场合继续大力推介"一带一路"倡议，并且国家也出台了一系列推动共建"一带一路"的重大举措。

2015年12月25日，在中国的积极推动下，亚洲基础设施投资银行（Asian Infrastructure Investment Bank，AIIB，简称亚投行）在北京正式成立。亚投行是一个政府间性质的亚洲区域多边开发机构，重点支持亚洲及其他地区的基础设施建设，其宗旨是为了促进亚洲地区的互联互通和经济一体化的进程，促进区域可持续发展。亚投行的法定资本金为1000亿美元，截至2018年10月30日，亚投行有87个正式成员国，共对亚非32个水利、能源、通信、交通等基础设施项目提供融资支持，总融资规模已达到64亿美元。

2016年1月19日至23日，习近平主席访问沙特阿拉伯、埃及、伊朗和阿拉伯国家联盟总部，在阿拉伯国家联盟总部发表演讲指出："我们在中东不找代理人，而是劝和促谈；不搞势力范围，而是推动大家一起加入'一带一路'朋友圈；不谋求填补'真空'，而是编织互利共赢的合作伙伴网络。"在演讲中，习近平主席还明确提出了中阿共建"一带一路"的四大行动计划，即高举和平对话旗帜，开展促进稳定行动；推进结构调整，开展创新合作行动；促进中东工业化，开展产能对接行动；倡导文明交流互鉴，开展增进友好行动。① 习近平主席的演讲体现了中国负责任大国的外交理念，使中东国家进一步加深了对"一带一路"倡议的理解和支持。

2017年5月14日至15日，首届"一带一路"国际合作高峰论坛在北京举行。习近平主席在高峰论坛开幕式上发表主旨演讲，从"和平合作、开放包容、互学互鉴、互利共赢"丝路精神阐释了共建"一带一路"的基本理念，回顾了四年来"一带一路"建设在政策沟通、设施联通、贸易畅通、资金融通、民心相通等方面取得的重大成绩，展望了"一带一路"建设的宏伟蓝图，并且明确提出了中国推动共建"一带一路"的基本原则和重大措施。② 高峰论坛共有来自140多个国家、80多个国际组织的1600多名代表与会，其中包括9个国家的元首和政府首脑。高峰论坛发布了圆桌峰会联合公报，达成了270多项成果，形成了各国共建"一带一路"的国际共识。

中共十九大报告从推动形成全面开放新格局和构建人类命运共同体的高度，对推动共建"一带一路"做出了重要部署。关于推动形成全面开放新格局，十九大报告明确提出，"要以'一带一路'建设为重点，坚持'引进来'和'走出去'并重，遵循共商共建共享原则，加强创新能力开放合作，形成陆海内外联动、东西双向互济的开放格局"。十九大报告将共建"一带一路"确定为推动构建人类命运共同体的重要途径，提出"中国坚持对外开放的基本国策，坚持打开国门搞建设，积极促进'一带一路'国际合作，努力实现政策沟通、设施联通、贸易畅通、资金融通、民心相通，打造国际合作新平台，增添共同发展新动力"③。

---

① 《习近平在阿拉伯国家联盟总部的演讲（全文）》，新华网，http://www.xinhuanet.com//world/2016 - 01/22/c_1117855467.htm。

② 《习近平在"一带一路"国际合作高峰论坛开幕式上的演讲》，新华网，http://www.xinhuanet.com/politics/2017 - 05/14/c_1120969677.htm。

③ 《决胜全面建成小康社会 夺取新时代中国特色社会主义伟大胜利——习近平在中国共产党第十九次全国代表大会上的报告》，新华网，http://www.xinhuanet.com//politics/2017 - 10/27/c_1121867529.htm。

2018 年 8 月 27 日，推进"一带一路"建设工作 5 周年座谈会在北京召开。会议系统总结了五年来"一带一路"建设取得的重大成就，并对未来的重点任务做出了新部署。习近平主席参加座谈会并发表讲话，指出"'一带一路'建设取得丰硕成果，正在成为我国改善全球经济治理体系、促进全球共同发展繁荣、推动构建人类命运共同体的中国方案"。讲话从项目建设、市场开拓、金融保障、人文交流、企业投资经营行为规范、境外风险防范等方面，对未来推动共建"一带一路"的重点工作提出了明确要求。[①]

（二） 准确理解"一带一路"倡议的关键点

"一带一路"倡议自提出以来，合作区域和合作领域不断拓展，合作总体布局不断丰富和完善，但所倡导的基本理念和合作原则却始终如一。准确理解"一带一路"总体布局，需要以习近平主席所发表的相关讲话和中国政府出台的重大相关政策措施为依据，必须避免任凭自己的想象进行随意解读。近年来，一些国家和地区对"一带一路"倡议的误读还时有发生，既有故意歪曲和"抹黑"问题，也有确实不清楚中国相关政策意图和具体政策措施问题。对国外出现的误读既需要以准确的阐释进行化解，也需要以卓有成效地共建"一带一路"实践加以回击。值得注意的是，国内一些关于"一带一路"倡议的研究甚至也存在严重误读问题，有的研究认为"一带一路"建设就是推动中国向西开放，有的则过于从国际政治和地缘战略角度对其进行解读。因此，准确把握"一带一路"总体布局仍然具有十分重要的意义。

1. "一带一路"是开放包容的合作平台

习近平主席反复强调共建"一带一路"是开放性、包容性的区域合作倡议，而非排他性、封闭性的中国"小圈子"。2015 年 3 月 28 日，习近平主席在博鳌亚洲论坛 2015 年年会上发表主旨演讲时强调，"'一带一路'建设秉持的是共商、共建、共享原则，不是封闭的，而是开放包容的；不是

---

① 《习近平出席推进"一带一路"建设工作 5 周年座谈会并发表重要讲话》，新华社，http://www.gov.cn/xinwen/2018－08/27/content_5316913.htm。

中国一家的独奏，而是沿线国家的合唱"。① 习近平主席的上述论述清楚阐明了"一带一路"的开放包容性特征。"一带一路"作为开放合作的平台，其含义主要包括以下三方面。

一是"一带一路"是中国推动形成全面开放新格局的重要平台。改革开放 40 年以来的发展经验表明，不断扩大对外开放是中国深化改革和加快发展的重要推动力量。在全球化高度发展的当今世界，只有不断扩大开放才能发现机遇、把握好机遇、主动创造机遇，才能实现国家的奋斗目标。推动共建"一带一路"就是要把世界发展的机遇转变为中国可以更好利用的机遇，把中国发展所创造的机遇转变为世界可以共享的机遇。因此，推动共建"一带一路"，为中国深化改革开放和开展与世界各国的合作搭建了重要平台。

二是"一带一路"涵盖的区域范围具有开放性。《愿景与行动》曾对"一带一路"的区域范围和基本走向做出描述，即初步确定亚欧大陆特别是东亚经济圈和欧洲经济圈之间的中间腹地，是"一带一路"建设的重点区域。近年来，随着"一带一路"倡议获得越来越多国家和地区的高度认可，非洲、拉美等也已成为共建"一带一路"的重点区域，"一带一路"建设已经不再局限于古丝绸之路的沿线范围，"冰上丝绸之路"（北冰洋航道和北极地区资源开发）建设也已经被纳入"一带一路"框架。因此，"一带一路"涵盖区域并不存在一个严格的界限。

三是参与共建"一带一路"的合作伙伴关系具有开放性。"一带一路"建设不是打造一个封闭的排他性集团。《愿景与行动》明确提出，"一带一路"相关国家基于但不限于古丝绸之路的范围，各国和国际、地区组织均可参与，让共建成果惠及更广泛的区域。中国一直在全球范围内推广"一带一路"倡议，希望所有的国家和国际组织、地区组织都能积极参与到共建"一带一路"中来，将"一带一路"发展成"和平合作、开放包容、互学互鉴、互利共赢"的重要国际平台。

---

① 《习近平主席在博鳌亚洲论坛 2015 年年会上的主旨演讲（全文）》，新华网，http://www.xinhuanet.com/politics/2015 - 03/29/c_127632707.htm。

2. "一带一路"是经济合作和人文交流平台

国际国内对"一带一路"倡议最大的误读，就是将其视为中国谋求地缘政治利益的工具。在"一带一路"倡议提出初期，国内一些学者甚至在没有完全弄清楚其内涵和总体布局的情况下进行猜测性解读，将推动共建"一带一路"视为中国应对美国"亚太再平衡战略"和构建 TPP 的战略手段，也有人曾将"一带一路"倡议比作中国版本的"马歇尔计划"。上述说法都是非常不恰当的。中国推动共建"一带一路"无意挑起任何国家或地区间的对抗，也没有将其作为应对某种地缘政治威胁的手段。美国在欧洲实施"马歇尔计划"的一个重要战略目的就是建立美欧联盟，以共同遏制苏联，并维护美国在全球的绝对主导地位。因此，将"一带一路"倡议形容为所谓的中国版本的"马歇尔计划"，很容易陷中国政府于被动地位，为"一带一路"建设制造不应有的障碍。

习近平主席非常重视这种错误认识对推动共建"一带一路"的消极影响，并在多个场合予以严肃回应。2017 年 5 月 14 日，习近平主席在"一带一路"国际合作高峰论坛开幕式上的演讲明确指出，"我们推进'一带一路'建设不会重复地缘博弈的老套路，而将开创合作共赢的新模式；不会形成破坏稳定的小集团，而将建设和谐共存的大家庭"。① 2018 年 4 月 11 日，习近平主席在集体会见博鳌亚洲论坛现任和候任理事时强调指出，"'一带一路'不像国际上有些人所称是中国的一个阴谋，它既不是二战之后的'马歇尔计划'，也不是什么中国的图谋"。②

"一带一路"建设的内容就是推进经济合作和人文交流，即通过政策沟通和协调行动，推进基础设施互联互通、资金相互融通、贸易投资自由化便利化，与此同时，积极开展人文交流，增进相关国家和地区人民的相互了解和信任，彼此形成互利共赢的区域利益共同体、命运共同体和责任共同体。

---

① 《习近平在"一带一路"国际合作高峰论坛开幕式上的演讲》，新华网，http://www.xinhuanet.com/politics/2017-05/14/c_1120969677.htm。

② 《习近平集体会见博鳌亚洲论坛现任和候任理事》，新华网，http://www.xinhuanet.com/politics/2018-04/11/c_1122666235.htm。

"一带一路"建设离不开和平安宁的国际环境和地区环境，促进和平是"一带一路"建设的内在要求，同时也是保障各项建设顺利推进所不可或缺的前提条件。这就决定了"一带一路"不应该也不可能沦为大国政治较量和争夺势力范围的工具，更不会重复地缘政治博弈的老路。

3. "一带一路"是共建共享的发展支持平台

近年来，社会各界越来越重视"一带一路"的国际公共产品性质。2015 年 3 月 23 日，外交部部长王毅出席中国发展高层论坛午餐会并发表演讲指出，"'一带一路'构想是中国向世界提供的公共产品，欢迎各国、国际组织、跨国公司、金融机构和非政府组织都能参与到具体的合作中来"。2017 年 4 月，外交部部长王毅在"一带一路"国际合作高峰论坛中外媒体吹风会上重申了上述观点，认为"'一带一路'是迄今为止中国为世界提供的最重要公共产品，它是中国首倡，但为各国所共享"。在这种背景下，从国际公共产品的视角定性"一带一路"的研究成果大量涌现。

需要注意的是，把握"一带一路"的国际公共产品性质需要严格界定其适用范围，否则就有可能造成对"一带一路"的误读。外交部部长王毅将"一带一路"界定为国际公共产品，其含义是非常明确的，即"一带一路"倡议作为一种新合作理念和合作模式是中国首倡，是中国向世界提供的公共产品，各个国家都可以参与到具体的合作中来。这也就是说，"一带一路"倡议的核心理念是合作共赢、普惠开放，坚持"共商、共建、共享"的基本原则，这一重大倡议为全球治理模式改革提供了一条新思路，为应对全球性挑战和建立全球伙伴关系网络提供了可供选择的中国方案，是中国为世界提供的国际公共产品。另外，"一带一路"建设所创造的发展机会也是面向全球的，各个国家都可以积极参与并共享发展机遇。

有的研究对"一带一路"的国际公共产品性质则把握不够准确，将"一带一路"建设所推动的基础设施互联互通、亚投行等金融支持措施视为国际公共产品，这就背离了"一带一路"倡议的本意，也不符合国际公共产品的性质。甚至在一个国家内部，相当多的基础设施、金融机构也不是公共产品，也不是任何人都可以免费使用的。2017 年 9 月，习近平主席出席金砖国家工商论坛开幕式并发表主旨演讲时明确指出，"一带一路"倡议

"不是对外援助计划,而是共商共建共享的联动发展倡议"。①

正是由于"一带一路"建设的国际公共产品和非对外援助性质,所以中国一直强调要坚持市场运作原则,即要充分认识市场作用和企业主体地位,政府的作用主要是为"一带一路"建设提供必要的政策支持,政府采购程序应开放、透明、非歧视。因此,"一带一路"建设的核心主体与支撑力量是企业,而不是政府。"一带一路"建设必须遵循市场规律,并通过市场化运作实现参与各方的利益诉求,政府的作用主要在于搭建合作平台、确立合作机制、提供政策引导等。

4. "一带一路"是现有国际合作机制补充和提升性平台

"一带一路"倡议是一个新的合作平台,从合作理念到合作领域和合作方式都体现了中国智慧和重大创新。但这种创新并不是推翻已有的国际和区域合作机制。习近平主席在博鳌亚洲论坛 2015 年年会上发表主旨演讲时强调指出,"'一带一路'建设不是要替代现有地区合作机制和倡议,而是要在已有基础上,推动沿线国家实现发展战略相互对接、优势互补"。② 2017年 5 月 14 日,习近平主席在"一带一路"国际合作高峰论坛开幕式上发表演讲时再次重申,"'一带一路'建设不是另起炉灶、推倒重来,而是实现战略对接、优势互补"。③

中国深刻认识到维护现有国际经济秩序的重要性,坚定维护世贸组织、国际货币基金组织、世界银行等多边合作机制,认为各种多边经贸规则和多边合作组织是全球化深入发展的重要保障。例如,世贸组织已经成为多边国际经贸合作的典范和经济全球化的象征。世贸组织及其前身"关税与贸易总协定"建立起了一整套多边国际经贸规则,并且为成员体之间的贸易争端解决提供了较为完备的程序性机制。世贸组织所代表的多边贸易体

① 《习近平出席金砖国家工商论坛开幕式并发表主旨演讲》,新华网,http://www. xinhuanet. com/world/2017 – 09/03/c_1121596326. htm。

② 《习近平主席在博鳌亚洲论坛 2015 年年会上的主旨演讲(全文)》,新华网,http://www. xinhuanet. com/politics/2015 – 03/29/c_127632707. htm。

③ 《习近平在"一带一路"国际合作高峰论坛开幕式上的演讲》,新华网,http://www. xinhuanet. com/politics/2017 – 05/14/c_1120969677. htm。

制已成为当代国际经贸秩序的核心内容之一。与此同时，中国也认为当前的国际经济秩序仍存在许多问题，特别是对发展中国家权益重视和保护不够，一些国际组织对发展中国家经济社会发展支持力度偏弱。因此，中国支持对现有国际经济秩序进行合理改革，但反对任何破坏多边国际经济体系的行为。

"一带一路"倡议充分体现了中国对国际经济秩序的认识和主张，即"一带一路"建设既要积极利用已有的国际、地区多边和双边合作机制，同时也要积极提升和弥补各种合作机制的不足。《愿景与行动》对此进行了非常清晰的阐述，即加强双边合作，开展多层次、多渠道沟通磋商，推动双边关系全面发展；强化多边合作机制作用，发挥上海合作组织（SCO）、中国—东盟"10+1"、亚太经合组织（APEC）等现有多边合作机制作用；继续发挥沿线各国区域、次区域相关国际论坛、展会以及博鳌亚洲论坛、中国—东盟博览会、中国—亚欧博览会等平台的建设性作用。

近年来，中国高度重视"一带一路"建设与欧亚经济联盟、哈萨克斯坦"光明之路"经济发展战略、蒙古国"草原之路"倡议、欧盟"欧洲投资计划"等的对接与合作，并建成了一批标志性项目。

5. "一带一路"是国内开放与国际合作的对接平台

"一带一路"倡议将国内开发开放与国际合作紧密融为一体，充分体现了"坚持'引进来'和'走出去'并重"的建设理念，特别是对国内各地区如何参与和融入"一带一路"建设进行了通盘考虑。党的十九大报告明确提出，要以"一带一路"建设为重点推动形成全面开放新格局，凸显了"一带一路"建设在新时代中国对外开放战略中的特殊地位。

《愿景与行动》发布初期，有的媒体根据其所直接列举的省份名单，认为全国共有18个省份属于确定的"一带一路"建设重点地区。实际上这种认识是不正确的，作为新时代中国构建全面开放新格局的主要抓手，"一带一路"涵盖全国各个地区，尽管不同地区由于所处区位不同，所承担的重点任务也有所差异，但绝不意味着哪些地区被排除在"一带一路"建设之外。加快形成"陆海内外联动、东西双向互济的开放格局"，是"一带一路"建设的基本目标之一。因此，国内所有的省份、所有的城市都需要积极按照"一带一路"建设的总体布局,认真寻求自己的定位并积极发挥自己的作用,将自身的开发开放和参与各领域国际合作紧密结合起来。

二 东北亚地区在"一带一路"建设中的地位

东北亚地区作为中国重要的周边区域,有关各国均与中国存在极为紧密的经贸关系,是中国开展各领域区域合作的关键地带。因此,推动"一带一路"建设需要高度重视东北亚地区的重要地位。

(一)东北亚地区在《愿景与行动》中的定位

截至目前,《推动共建丝绸之路经济带和21世纪海上丝绸之路的愿景与行动》,仍是中国政府发布的唯一系统阐述"一带一路"倡议的文件,有关"一带一路"建设总体布局的研究大多以此为依据。总体来看,《愿景与行动》对东北亚地区在"一带一路"建设中的地位重视不够,建设重点在该地区布局偏少。正是由于存在这样的问题,有的学者甚至认为"一带一路"建设涉及的周边地区暂不应包括东北亚国家①。

1. 从"一带一路"走向和重点经济走廊方面分析

《愿景与行动》非常明确地勾画出了"一带一路"的基本走向。其中的"一带"即丝绸之路经济带有三条:一是从中国经中亚、俄罗斯至欧洲(波罗的海);二是从中国经中亚、西亚至波斯湾、地中海;三是从中国至东南亚、南亚、印度洋。"一路"即21世纪海上丝绸之路有两个重点方向:一是从中国沿海港口过南海到印度洋,延伸至欧洲;二是从中国沿海港口过南海到南太平洋。从上述内容来看,《愿景与行动》所勾画的中国"一带一路"对外开放布局,总体上具有更加重视向西发展、兼顾向南拓展的基本特征,而东北亚地区没有被列入"一带一路"重点指向或者经由的地区。

《愿景与行动》在明确"一带一路"走向的同时,还提出了重点建设国

---

① 谷源洋:《大国汇聚亚洲与中国"经略周边"——对"一带一路"建设的思考》,《全球化》2014年第12期,第37~47页。

际经济合作走廊，即新亚欧大陆桥、中蒙俄、中国—中亚—西亚、中国—中南半岛、中巴、孟中印缅六大经济走廊。在六大经济走廊中，只有中蒙俄经济走廊属于东北亚地区。按照通常的理解，中蒙俄经济走廊主要有两条：其一为从中国京津冀经二连浩特、蒙古国乌兰巴托至俄罗斯乌兰乌德的铁路沿线城市和地区；其二为从北京或大连经沈阳、长春、哈尔滨、满洲里至俄罗斯赤塔的铁路沿线城市和地区。[①] 从这个角度看，东北亚的部分地区已经被纳入"一带一路"的重点国际经济合作区，因此东北亚并没有被排除在"一带一路"之外。然而由于朝鲜、韩国、日本没有被列入"一带一路"的沿线国家范围，东北亚地区实际上也没有被完整地纳入"一带一路"沿线地区。这与其他周边国家和地区均被视为"一带一路"沿线国家和区域形成了强烈反差。

2. 从推动共建"一带一路"的合作机制方面分析

正如前文所述，"一带一路"倡议高度重视利用和提升现有的双边和多边合作机制，而不是谋求另起炉灶建立新的合作机制。为此，《愿景与行动》列举了一系列可以利用的合作机制和合作平台。区域性多边合作机制包括上海合作组织（SCO）、中国—东盟"10+1"、亚太经合组织（APEC）、亚欧会议（ASEM）、亚洲合作对话（ACD）、亚信会议（CICA）、中阿合作论坛、中国—海合会战略对话、大湄公河次区域经济合作（GMS）、中亚区域经济合作（CAREC）等。中国主办或参与的国际合作平台则包括博鳌亚洲论坛、中国—东盟博览会、中国—亚欧博览会、欧亚经济论坛、中国国际投资贸易洽谈会、中国—南亚博览会、中国—阿拉伯博览会、中国西部国际博览会、中国—俄罗斯博览会、前海合作论坛等。此外，《愿景与行动》还提出支持沿线国家地方、民间联合举办专项投资、贸易、文化交流活动，并倡议成立"一带一路"国际高峰论坛。

从上述情况看，东北亚地区已经存在的许多重要区域合作机制并未被列入《愿景与行动》。实际上中国参与的东北亚次区域合作机制和合作平台

---

① 陈永昌：《构筑中蒙俄经济走廊龙江丝路带》，中国社会科学网，http://www.cssn.cn/zt/zt_xkzt/2/anjing/a4/201504/t20150421_1595379.shtml。

非常多，但《愿景与行动》只是提到了中国—俄罗斯博览会，而中、日、韩三国领导人会议、"大图们倡议"（GTI）、东北亚地方政府首脑会议、中国东北亚博览会等则均未提及。从这个角度看出，《愿景与行动》对在东北亚推进"一带一路"建设确实没有系统考虑和布局。

3. 从"一带一路"建设的国内开放布局方面分析

在国内各地区参与"一带一路"建设方面，《愿景与行动》概括性地提出了西北、东北、西南、沿海和港澳台、内陆等地区发展方向和重点任务。关于西北地区的开发开放，《愿景与行动》高度重视新疆的特殊地位和作用，将其定位为西北开放的重要窗口、"丝绸之路经济带"上重要的交通枢纽、商贸物流与文化科教中心、丝绸之路经济带核心区。与此同时，《愿景与行动》明确提出了陕西、甘肃、宁夏、青海四省份及其有关重点城市的开发开放任务，即建设成为面向中亚、南亚、西亚国家的通道，商贸物流枢纽，重要产业与物流基地。

关于西南地区的开发开放，《愿景与行动》突出强调广西的重要作用和地位，将其定位为面向东盟区域的国际通道，西南和中南地区开放发展的新战略支点，"丝绸之路经济带"和"21世纪海上丝绸之路"有机衔接的重要门户。与此同时，《愿景与行动》明确提出了将云南打造成为大湄公河次区域经济合作新高地，建设成为面向南亚、东南亚的辐射中心。

关于沿海和港澳台地区的开发开放，《愿景与行动》将沿海地区明确定位为"一带一路"特别是"21世纪海上丝绸之路"建设的排头兵和主力军，并特别强调将福建建设成为"21世纪海上丝绸之路"的核心区。《愿景与行动》还将东南沿海地区的大部分国家战略规划区建设，如中国（上海）自由贸易试验区、浙江海洋经济发展示范区、福建海峡蓝色经济试验区、海南国际旅游岛等，列入了"一带一路"重点任务。加强上海、天津等15个沿海城市港口建设，强化上海、广州等国际枢纽机场功能，也被列入其中。与此同时，《愿景与行动》提出推动港、澳地区"积极参与和助力'一带一路'建设"，"为台湾地区参与'一带一路'建设做出妥善安排"。

关于内陆地区的开发开放，《愿景与行动》高度重视长江中游、成渝、中原、呼包鄂榆、哈长五个城市群建设，并特别提出将重庆打造成为"西部开发开放重要支撑",推进"成都、郑州、武汉、长沙、南昌、合肥等内陆开放型经济高地"建设,支持"郑州、西安等内陆城市建设航空港、国际陆港",推动"建立中欧通道铁路运输、口岸通关协调机制,打造'中欧班列'品牌"。

比较而言,《愿景与行动》对东北地区参与"一带一路"建设的阐述则非常简单,在定位方面,仅将其确定为向北开放的重要窗口,并且在对外开放重点任务方面也仅考虑了与俄罗斯、蒙古国的通道建设和陆海联运问题。尽管在内陆地区开发开放布局中提到了哈长城市群,但东北地区的中心城市无一被提及并明确发展定位。从这个角度看,在《愿景与行动》所确定的"一带一路"地方开发开放布局中,东北地区的地位不仅明显低于西北地区、西南地区和沿海地区,甚至与一些内陆地区相比也存在明显差距。

(二) 提升东北亚地区在"一带一路"建设中地位的必要性

将东北亚地区整体纳入推动共建"一带一路"的重点区域,可以更好地实现我国"经略周边"的战略目标,有效地挖掘"一带一路"建设的经济潜力,同时也能为加快东北老工业基地振兴创造更好的外部环境。

1. 有利于更好地实现"经略周边"的战略目标

党的十八大以来,国家更加重视周边外交和全面发展与周边国家的友好关系。2013 年 10 月,中共中央召开了中华人民共和国成立以来首次周边外交座谈会,确定了新时期周边外交工作的战略目标、基本方针、总体布局,并且明确了解决周边外交重大问题的工作思路和实施方案。推动共建"一带一路"并以此深化互利共赢格局,是中国周边外交的重要内容和"经略周边"的重要载体①。

从政治与安全利益方面看,东北亚地区的任何重大国际问题都直接关系中国的战略利益和核心利益,没有东北亚地区的和平稳定,中国就谈不上有一个良好的周边环境。例如,近年来,日美同盟的进一步强化,日本

---

① 谷源洋:《大国汇聚亚洲与中国"经略周边"——对"一带一路"建设的思考》,《全球化》2014 年第 12 期,第 37~47 页。

在东南亚、南亚等地区不断开展针对中国的外交活动等，都深刻影响着中国周边形势和周边外交的成效。因此，发展与东北亚地区各国的关系和维护东北亚地区和平稳定，是中国周边外交的关键环节之一。从经济方面看，东北亚是全球范围内经济发展潜力最大、增长速度最快的地区之一，是与北美、西欧并列的世界三大核心经济区，日、韩、俄、朝、蒙五个东北亚国家的第一大贸易伙伴均为中国，深化区域合作符合包括中国在内的东北亚地区各国的经济利益。根据中国海关统计，中国与上述东北亚国家的贸易额约占对外贸易总额的 16.5%，其中日本、韩国分别为中国的第二、第三大贸易伙伴国。进一步发展与东北亚各国的经贸关系，对保持中国经济持续健康发展具有重要意义。因此，作为"经略周边"重要载体和支撑的"一带一路"倡议应该对东北亚地区有一个充分考虑。

2. 有利于提升"一带一路"建设的经济可行性

"一带一路"建设的核心目标是促进有关各国的共同繁荣与各领域区域合作深入发展。政策沟通、设施联通、贸易畅通、资金融通均为经济合作的重要领域和内容。对于任何经济合作来说，经济效益都是不可回避的重要问题。只有符合各方经济利益和能够产生合理回报的经济合作，才能引起各方的持续重视并持续投入，相关合作项目才能得到持续发展。《愿景与行动》也明确提出，"一带一路"建设要坚持市场运作和遵循市场规律，发挥市场在资源配置中的决定性作用和企业的主体作用。因此，在思考和推进"一带一路"建设过程中，既应该具有战略大局意识，同时也应该充分考虑投资和项目回报，特别是从经济运行角度分析相关项目合作的可持续性。无论是看好"一带一路"前景的观点，还是对其持怀疑态度的声音，最终落脚点都是经济可行性问题。

从经济可行性方面看，将东北亚整体纳入"一带一路"建设的重点区域具有非常重要的意义。"一带一路"贯穿欧亚非大陆，经过中间腹地各国将活跃的东亚经济圈和发达的欧洲经济圈相连接。在"一带一路"建设中，腹地国家、欧洲经济圈、东亚经济圈任何一方都不可或缺。没有欧洲经济圈和东亚经济圈的参与，"一带一路"从建设到发展都将面临极为困难的局面。据有关专家估计，"一带一路"沿线各国仅基础设施投资所需资金就高达 6 万亿美元。① 因此，如何有效筹措资金是落实"一带一路"倡议的关键环节之一。在资金筹措方面，如果仅靠中国和腹地国家的资金投入很难满足建设需求，因此，欧洲和东亚经济发达国家的积极参与和共同分担就显得尤为必要。另外，即使实现了"一带一路"的贯通特别是设施联通，如果没有欧洲经济圈和东亚经济圈的参与，也难以长久维持。以目前已经开通运行的中欧班列为例，一些班列由于缺乏充足的货源保障造成运营成本非常高，不得不靠政府补贴维持运行。② 在这种情况下，没有得到任何财政或专项资金补贴而完全按照市场化运营的"营满欧"班列，受到了广泛关注。该班列能够有效运营的原因很多，其中积极组织韩国货源是极为重要的一个方面。2014 年，"营满欧"班列完成集装箱发送量 21678 个标准箱，其中韩国过境货源完成 8170 个标准箱，约占 38%。③ 因此，中国应该积极争取日本和韩国全面参与"一带一路"建设，切实提高"一带一路"建设的经济合理性与可行性。

3. 有利于中国东北地区扩大开放和实现发展振兴

2000 年以后，东北地区的严重经济困难和相对衰落引起了国家和社会各界的广泛关注。2003 年 10 月，中共中央、国务院发布《关于实施东北地区等老工业基地振兴战略的若干意见》，正式启动实施东北老工业基地振兴战略。此后经过十多年改革和发展，东北地区的经济实力、发展水平等都得到了明显提升，但制约其持续、稳定发展的各种突出问题却没有得到根本解决。例如，该地区民营经济发展落后，市场经济发育迟缓；科技创新活力不足，新兴产业发展滞后；对外开放程度不高，没有有效参与国际分工。特别是 2011 年以后，在中国经济增速出现大幅度下降的背景下，东北地区经济增速降幅远超全国平均水平。近年来，辽宁、吉林、黑龙江三省的 GDP 增速一直明显低于全国平均水平，属于全国经济形势最严峻的一个

---

① 《"一带一路"基建投资总规模或高达 6 万亿美元》，《经济参考报》2015 年 6 月 16 日，第 2 版。
② 《中欧铁路：驶出容易返程难》，《华夏时报》2015 年 12 月 3 日，第 4 版。
③ 《中欧海铁联运走俏"营满欧"开行达一周 6 班》，每日经济网，http://www.nbd.com.cn/articles/2014 - 08 - 05/854011.html。

地区。2003 年国家实施东北振兴战略,原本希望打造一个继长三角、珠三角、京津冀三大经济增长极的"第四极",东北振兴战略实施十多年后,该地区不仅没有成为带动全国经济增长的新增长极,还成了拖累全国经济保持快速增长的问题地区。在这种情况下,国家开始酝酿实施新一轮振兴东北老工业基地战略。2016 年 4 月,中共中央、国务院正式发布实施《关于全面振兴东北地区等老工业基地的若干意见》,明确了新一轮东北振兴的基本思路和发展目标,特别是从完善体制机制、推进结构调整、鼓励创新创业、保障和改善民生四个方面明确了重点任务。

制约东北地区经济发展的因素非常多,对外开放水平低是其中一个重要原因。为此,国家出台的新一轮东北振兴战略对该地区参与"一带一路"建设做出了明确部署,其中主要内容包括:加强与周边国家基础设施互联互通,深化毗邻地区合作;推进沿边重点开发开放试验区建设,提升边境城市规模和综合实力;加大对重点口岸基础设施建设支持力度,提高边境经济合作区、跨境经济合作区发展水平;积极扩大与周边国家的边境贸易,培育开放型经济新优势。[①]

东北地区对外开放应该充分利用自身的区位优势,重点发展与东北亚各国的区域合作,并在此基础上不断拓展与其他地区相关国家的合作。为此,国家应该突出东北地区和东北亚在"一带一路"建设中的重要地位,增加"一带一路"重点建设项目在东北地区的布局,加强与东北亚地区各国就共建"一带一路"的沟通和协调。

(三) 提升东北亚地区在"一带一路"建设中地位的可行性

正如前文所述,"一带一路"涵盖的区域范围具有开放性,而不仅局限于古丝绸之路的沿线地区,任何接受"一带一路"倡议理念和愿意参与共建的国家、地区和国际组织都可以加入其中。从这个意义上讲,将东北亚地区整体纳入"一带一路"建设的重点范围不存在原则性障碍。因此,将

---

① 《中共中央 国务院关于全面振兴东北地区等老工业基地的若干意见》,新华社,http://www.gov.cn/zhengce/2016 - 04/26/content_5068242.htm。

东北亚地区全域纳入"一带一路"重点合作区域是否可行，关键在于东北亚地区各国是否愿意参与共建"一带一路"，以及推进东北亚区域合作是否比推进其他地区的区域合作难度更大。

1. 东北亚地区国际政治安全局势趋向缓和

《推动共建丝绸之路经济带和21世纪海上丝绸之路的愿景与行动》之所以未将东北亚地区整体纳入"一带一路"建设的重点合作区域，最可能的解释是东北亚地区局势复杂多变，地区矛盾和纷争较多，能否通过"一带一路"建设推动东北亚区域合作，各方面并无充分把握。

长期以来，东北亚区域合作的确一直受政治因素影响而难以取得重大突破。影响东北亚地区安全稳定的最突出问题是包括朝核问题、朝美关系、朝韩关系以及南北统一问题等在内的朝鲜半岛问题。其中，最严重也最难解决的是朝核问题，并且朝核问题又与朝美、朝韩以及周边大国关系密切相关。朝鲜半岛问题的直接当事国为美、韩、朝三个国家，中、俄、日作为周边大国也是重要的利益攸关方。因此，朝鲜半岛问题复杂严峻并且牵涉面广泛，一直反反复复难以解决。此外，中日、俄日、韩日等国家间的历史与现实矛盾也一直没有得到有效消除。正是在这种复杂的地区国际政治安全形势下，东北亚区域合作长期难以取得突破性进展。

大图们区域开发合作就是最明显的例子。无论是图们江地区开发项目的推进，还是"大图们倡议"合作机制的运作，政治安全因素的影响一直非常明显。在图们江地区开发项目的启动阶段，作为项目组织者的联合国开发计划署原本计划从中、朝、俄三国接壤的图们江地区租借土地，建设一个由三方共同管理的图们江经济特区。俄罗斯和朝鲜均以政治理由拒绝了该建议。[①] 2009年，朝鲜又以其核试验遭到国际制裁为由，退出了"大图们倡议"合作机制，造成一些重要跨境合作项目难以在"大图们倡议"合作机制框架下磋商和推进。日本政府则出于政治方面的考虑一直没有正式参加"大图们倡议"合作机制。

---

① Chan-Woo Lee, "Ten Years of Tumen River Area Development: Evaluation and Issues", *ERINA Bookletl* (2), February 2003.

中、日、韩自由贸易协定谈判也严重受制于各种政治障碍。早在2002年中、日、韩三国领导人峰会期间,时任中国总理朱镕基首次正式提出建立中、日、韩自由贸易区的建议。尽管日本非常清楚该自由贸易区的积极效应巨大,但由于美国强烈反对在东亚地区出现将其排除在外的区域合作组织,致使日本政府在建立中、日、韩自由贸易区方面一直持较为消极的态度。2012年11月,中、日、韩自由贸易协定谈判终于正式启动,但谈判进程一直没有摆脱政治因素的制约。受日本政府对钓鱼岛实行所谓"国有化"和否认历史侵略罪行的影响,中日关系急剧恶化。与此同时,日韩关系由于领土争端和历史认识问题也陷入严重困难。在这种情况下,中、日、韩三国领导人会议也因此一度中断,三方自由贸易协定谈判尽管持续进行但进展缓慢。①

最近一段时期,东北亚地区国际政治安全局势出现了明显缓和,其中最主要的表现是朝核问题和半岛局势出现了重大积极变化。2017年,朝核危机不断激化,甚至一度走到了冲突与战争的边缘,朝鲜核武器开发和弹道导弹试验不断取得新进展,与此相对应的是,美国对朝军事威胁和联合国安理会对朝制裁不断强化。然而进入2018年以后,朝核问题和朝鲜半岛局势突然发生逆转。韩朝双方抓住平昌冬奥会契机突然恢复接触,半岛南北关系迅速趋向缓和。6月12日,朝、美两国领导人在新加坡举行了历史性会晤并发表联合声明。此后,美朝关系尽管时有起伏,但总体来看趋向缓和。朝、韩最高领导人已先后举行三次会晤,双方签署了《板门店宣言》和《9月平壤共同宣言》,共同表达了加快朝鲜半岛南北双方合作的意愿与决心。朝鲜在缓和地区紧张局势和半岛无核化方面做出了一些重要努力,包括宣布不再举行任何核爆炸试验和导弹试射,废弃北部核试验场,拆除西海卫星发射场以及移交美军遗骸。朝、韩两国在缓解双边紧张局势方面也取得了一些实质性进展,包括在三八线军事禁区联合排雷,在非军事区互撤哨所,启动朝鲜半岛南北铁路对接联合考察项目等。虽然朝核问题及朝鲜半岛南北关系的未来走向还存在很大不确定性,但各种积极迹象还是

① 张晓兰:《如何应对美国干预成中日韩建设自贸区挑战》,《瞭望》,http://news.sina.com.cn/c/2014-04-20/131729972776.shtml。

令国际社会非常振奋。

中日两国领导人实现互访，两国关系趋向正常化。2018 年 5 月，国务院总理李克强访问日本。这是中国总理时隔 8 年后再度访问日本，也是李克强总理上任以来第一次访日，标志着中日高层交流和互访的恢复，也被视为中日关系"破冰"的重要信号。10 月底，日本首相安倍晋三访华，这是日本首相时隔 7 年后首次访华。访问期间两国领导人达成 12 点共识，双方还签订了 52 份合作协议，为中日关系重回正轨释放出大量积极信号。

与此同时，中韩关系也开始向积极方向发展。文在寅总统上任后，不断表态愿推动中韩关系恢复发展。2017 年 12 月，文在寅总统访华，表明因"萨德"问题历经一年多低潮期的中韩关系有所恢复。尽管严重伤害中韩关系的"萨德"问题仍没有得到解决，但两国从推动双边关系和地区合作深入发展、维护朝鲜半岛和平稳定的大局出发，正在努力清除两国关系发展中的障碍，积极恢复各领域的务实合作。

总之，东北亚地区局势正处于趋稳向好的新阶段，东北亚区域合作的国际政治安全环境正在逐步改善。但也必须看到，在东北亚地区推动共建"一带一路"仍将长期受各种政治因素的影响。例如，美国特朗普政府推动的"印太战略"必将持续影响东北亚地区的和平与稳定。日本则一直试图与美国等国联合在周边地区围堵中国。中美之间的战略博弈必将呈现长期化态势，日本的对华政策方向恐怕短期内也难以改变。朝核问题、朝鲜半岛局势以及朝鲜的政策走向，也必将在一定程度上直接影响"一带一路"向朝鲜半岛延伸的成效。尽管如此，在政策取向方面，仍不能将东北亚地区排除在"一带一路"重点合作区域之外。实际上不仅东北亚地区存在各种各样制约共建"一带一路"的政治因素，中亚、西亚、南亚以及东南亚都存在这样的问题，政治矛盾和地区形势甚至比东北亚地区还尖锐复杂。国家间纷争、民族与宗教冲突、恐怖主义威胁、大国政治博弈、政治动荡均是"一带一路"建设需要努力应对的政治风险①。"一带一路"建设是一

---

① 蒋姮：《"一带一路"地缘政治风险的评估与管理》，《国际贸易》2015 年第 8 期，第 21 ~ 24 页。

项长期的重大战略，有效实现政策沟通、设施联通、贸易畅通、资金融通、民心相通发展目标需要一个长期的过程。因此，不能因为某个地区当前政治矛盾突出就将其排除在重点合作区域之外。"一带一路"建设的一个重要使命就是，通过多领域深入的经济合作增进中国与有关各国的共同利益和相互信任，最终建立起共享繁荣发展的利益共同体、命运共同体和责任共同体，而这也应该成为中国推动东北亚区域合作的最终目标。

2. 东北亚区域开发合作潜力大且基础较好

众所周知，东北亚地区各国资源禀赋和产业基础互补性强，具有巨大的合作潜力。俄罗斯、蒙古国、朝鲜则拥有非常丰富的自然资源，但缺乏资源开发的资金保障，相关基础设施也较为落后。中、日、韩三国均为全球主要经济大国，经济实力较强，资金实力雄厚，并且经过多年的发展已经形成极为紧密的生产网络关系，在很多产业内部有深度分工和密切合作，经济相互依存度非常高。

正是由于该地区各国间经济互补性强，东北亚区域开发合作一直被广泛关注，并且各方提出了一系列区域合作方案。图们江区域合作开发项目就是其中之一。早在1992年，在联合国开发计划署（UNDP）的组织下，图们江区域开发项目（TRADP）正式启动。经过多年的努力，图们江区域合作开发的合作机制已由项目合作发展为综合性多边论坛，即"大图们倡议"（GTI），合作区域范围也从狭小的图们江下游三角地带扩展至大图们区域（GTR）。尽管"大图们倡议"框架下的区域合作所取得的实质进展并不大，但并不能因此怀疑其在推动东北亚次区域开发合作方面所做出的贡献。长期以来，在"大图们倡议"秘书处的组织和协调下，有关各方对该地区交通物流合作、跨境旅游合作、能源合作等展开了大量研究，为各种合作项目的启动和实施做了非常充分的理论与方案准备。

东北亚地区各个领域的功能性合作也取得了重要进展。例如，东北亚地区多层次环境保护合作机制已经基本确立。不仅中国已经与俄、韩、日、朝、蒙等东北亚各国签署了双边环境保护合作协议，而且日蒙、日韩、俄韩等国之间也分别签署了双边环境保护合作协定。该地区既有中日韩环境部长会议（TEMM）、东北亚环境合作会议（NEAC）、东北亚次区域环境合作计划（NEASPEC）等综合性环境合作机制，也有东亚酸沉降监测网（EANET）、东北亚远程大气污染联合研究（LTP）等专项合作项目和合作机制。其中，中日韩环境部长会议的层次最高，运作也最为成熟。① 自1999年创立以来，中日韩环境部长会议从未因任何因素影响而中断，至今已经连续举办二十届，为三国在10个生态环境合作优先领域开展对话、分享环保理念和加强政策协调提供了重要平台。在制度性合作方面，中韩自由贸易协定已经正式生效。中日韩自由贸易协定谈判已经进行到第九轮，各方取得的共识越来越多，有利于加快谈判进程的因素正在不断增多。

因此，将东北亚整体纳入"一带一路"建设的重点合作区域，并在现有基础上加快推进各领域合作深入发展，东北亚很有可能成为"一带一路"早期收获最显著、最丰硕的地区。

3. 东北亚各国区域合作战略契合点不断增多

深入开展有效的政策沟通和实现与有关国家间的战略对接，是保障"一带一路"建设顺利发展的首要条件。"一带一路"倡议与大部分东北亚国家的区域合作战略存在诸多一致性，因而具有实现相互对接的可能性。

中国东北振兴与俄罗斯东西伯利亚及远东开发的战略对接一直是中俄区域合作的重要课题。长期以来，俄罗斯一直为其东西伯利亚及远东地区的人口外流和经济衰退所困扰，并且先后制订和实施了一系列针对该地区的开发计划。2010年1月，俄罗斯总统普京签署《2025年前俄罗斯远东和贝加尔地区经济社会发展战略》。该发展战略从总体发展目标、阶段性发展目标、重点任务、发展方案、政策实施机制和手段等方面，较为细致地阐述了未来15年俄罗斯远东和贝加尔地区的发展方向和相关支持政策。为了实施2025年以前远东和贝加尔地区发展战略，俄罗斯采取了一系列重大政策和措施。2012年5月，俄罗斯政府增设了远东地区发展部，其主要职能是协调实施俄罗斯远东地区发展战略与规划，包括远东地区开发的重大项目。2014年，俄罗斯政府批准了《远东和贝加尔地区社会经济发展国家规划》，更加具体地规划了发展目标、任务和要达到的预期指标，并计划从联

---

① 李文等：《政治因素对东北亚区域合作的影响》，《东北亚论坛》2015年第1期，第52~59页。

邦预算拨款 3461 亿卢布来实施远东和贝加尔地区发展战略和规划。2015 年 10 月,俄罗斯政府批准了《俄罗斯远东联邦区和贝加尔地区等边境地区发展构想》,规定了开展边境国际合作的领域和优先方向。

俄罗斯深刻认识到,扩大对外开放是促进其远东和贝加尔地区经济社会发展的重要途径。为此,俄罗斯对其远东和贝加尔地区的对外开放越来越积极。2012 年 9 月,俄罗斯在远东城市符拉迪沃斯托克举办了 APEC 第二十次领导人非正式会议,希望以此为契机推动其远东地区与亚太地区的合作,使"俄罗斯远东地区成为俄罗斯通向广阔的亚太地区的大门,成为俄罗斯向亚太地区开放的大门,成为亚太地区通向欧洲最快和最划算的通道"。① 2015 年 9 月,俄罗斯在符拉迪沃斯托克举办第一届东方经济论坛。该论坛是俄罗斯推动其远东地区与亚太地区合作的多层次对话和交流平台,每年举行一届。2018 年 9 月召开了第四届东方经济论坛,中国国家主席习近平、俄罗斯总统普京、蒙古国总统巴特图勒嘎、日本首相安倍晋三、韩国总理李洛渊等东北亚国家领导人出席会议,与会各方就区域合作问题展开了深入探讨。

中俄两国一直高度重视并积极推动中国东北振兴与俄罗斯远东开发的战略对接工作。2009 年 9 月,中、俄两国批准了《中国东北地区与俄罗斯远东及东西伯利亚地区间合作规划纲要 (2009—2018)》,确定了中俄地区间合作的主要领域和重点合作项目,主要包括中俄口岸及跨境基础设施的建设与改造,开展国际铁路、公路、港口和航空等交通运输合作,建立中俄合作园区,扩大旅游合作和文化交流等。2017 年 1 月,中、俄两国决定在总理定期会晤机制框架下建立中国东北地区与俄罗斯远东及贝加尔地区政府间合作委员会,专门负责协调和推动中俄两国区域合作。2018 年 8 月,中国东北地区和俄罗斯远东及贝加尔地区政府间合作委员会第二次会议在大连举行,中国国务院副总理胡春华与俄罗斯副总理兼总统驻远东联邦区全权代表特鲁特涅夫共同主持会议,双方在优化营商环境、提升通关便利

---

① 刘清才等:《"一带一路"框架下中国东北地区与俄罗斯远东地区发展战略对接与合作》,《东北亚论坛》2018 年第 2 期,第 34 ~ 51 页。

化水平、推进互联互通建设、扩大港口物流合作、开展资源开发等方面达成广泛共识。

俄罗斯政府对中国"一带一路"倡议也持较为积极的态度。2015年5月，中、俄两国共同发表了《中俄关于丝绸之路经济带建设和欧亚经济联盟建设对接合作的联合声明》，双方一致同意将扩大投资贸易合作、促进相互投资便利化和产能合作、实施大型投资项目、共同打造产业园区和跨境经济合作区作为对接重点加以推进。①

韩国政府提出的"欧亚倡议"也与"一带一路"倡议存在很大的一致性。"欧亚倡议"构想的总体目标是建设"三个大陆"，即团结的大陆、创造性的大陆与和平的大陆。其重点内容主要包括三个方面：一是建立"丝绸之路快速通道"，即建设贯通朝鲜半岛、中国、蒙古国、俄罗斯、中亚，直至欧洲的物流、能源通道网络；二是推动欧亚大陆经济合作，以此带动朝鲜门户开放和推进"朝鲜半岛信任进程"；三是积极参与"大图们倡议"框架下的韩、中、俄、蒙多边合作②。尽管"欧亚倡议"构想的内容相对粗略，而且韩国政府也一直没有出台实施该倡议的具体政策措施，但中国仍给予高度重视。因为"欧亚倡议"构想不仅在思路上与"一带一路"倡议有很多相似之处，而且其关于维护东北亚地区和平及推动东北亚次区域合作的设想也与中国的主张较为一致。2015年10月，在中、日、韩三国领导人会议期间，中、韩双方签署了《关于在丝绸之路经济带和21世纪海上丝绸之路建设以及欧亚倡议方面开展合作的谅解备忘录》，双方承诺共同推进在政策沟通、设施联通、投资贸易畅通、资金融通、人员交流等领域开展合作，努力实现两大倡议的有效对接。③尽管韩国现政府没有重提"欧亚倡议"，甚至很有可能不再使用"欧亚倡议"这一政策术语，但其参与东北亚区

① 《中俄关于丝绸之路经济带建设和欧亚经济联盟建设对接合作的联合声明》，中国外交部网站，2015年3月9日，http://www.fmprc.gov.cn/mfa_chn/ziliao_611306/zt_611380/dnzt_611382/ydyl_667839/zyxw_667918/t1262143.shtml。
② 朴英爱等：《中国"一带一路"与韩国"欧亚倡议"构想的战略对接探析》，《东北亚论坛》2016年第1期，第104~114页。
③ 《"一带一路"与"欧亚倡议"对接为中韩合作提供更广阔空间》，经济日报网站，http://www.ce.cn/xwzx/gnsz/gdxw/201511/10/t20151110_6955461.shtml。

域合作以及欧亚合作的态度并不会因此而发生根本改变。因此,中国"一带一路"倡议与韩国相关政策对接的可行性并不会因为其政府更迭而降低。

此外,蒙古国提出的"草原之路"计划①与"一带一路"倡议中的"中蒙俄经济走廊"构想高度一致。日本政府尽管对参与和推动东北亚区域合作,特别是参与"一带一路"建设不甚积极,但日本海沿岸各地方自治体对参与环日本海经济圈经济合作的态度非常积极。

三 在东北亚地区推动共建"一带一路"的优先课题

在东北亚地区推动共建"一带一路",自然应该以"五通"为最终目标。当然,在东北亚地区全面实现"五通"建设目标不可能一蹴而就,更需要一个循序渐进的长期过程。为此,应根据本区域的实际情况明确区域合作的优先课题并加以重点推进。

(一) 加快推进中蒙俄经济走廊建设

中蒙俄经济走廊是"一带一路"倡议重点推动共建的六大经济走廊之一。2014 年 9 月 11 日,习近平主席在中、俄、蒙三国元首会晤时提出,将"丝绸之路经济带"同俄罗斯"跨欧亚大铁路"、蒙古国"草原之路"计划进行对接,打造中蒙俄经济走廊。2015 年 7 月 9 日,中、俄、蒙三国元首举行第二次会晤并共同批准了《中华人民共和国、俄罗斯联邦、蒙古国发展三方合作中期路线图》,三国有关部门还分别签署了《关于编制建设中蒙俄经济走廊规划纲要的谅解备忘录》《关于创建便利条件促进中俄蒙三国贸易发展的合作框架协定》《关于中俄蒙边境口岸发展领域合作的框架协定》。2016 年 6 月 23 日,中、俄、蒙元首举行第三次会晤,并共同见证了《建设中蒙俄经济走廊规划纲要》和《中华人民共和国海关总署、蒙古国海关与税务总局和俄罗斯联邦海关署关于特定商品海关监管结果互认的协定》等

---

① 华倩:《"一带一路"与蒙古国"草原之路"的战略对接研究》,《国际展望》2015 年第 6 期,第 52 ~ 62 页。

合作文件的签署。《建设中蒙俄经济走廊规划纲要》的签署，标志着"一带一路"框架下的第一个多边经济走廊建设合作正式启动。

近年来，关于中蒙俄经济走廊建设的研究成果大量涌现，但许多研究成果对中蒙俄经济走廊的理解还比较狭隘，仅将其理解为通道建设或交通走廊建设。[①] 交通设施互联互通和通道建设确实是中蒙俄经济走廊建设的重要组成部分，但不是其全部内容。《建设中蒙俄经济走廊规划纲要》所确定的中、蒙、俄三方合作领域非常广泛，主要包括促进交通基础设施发展及互联互通、加强口岸建设和海关及检验检疫监管、加强产能与投资合作、深化经贸合作、拓展人文交流合作、加强生态环保合作、推动地方及边境地区合作等十大重点领域，并且明确了中、蒙、俄三方合作的具体内容、资金来源和实施机制。[②] 促进交通基础设施建设及互联互通方面的重点任务是，共同规划发展三方交通基础设施，加强在国际运输通道、边境基础设施和跨境运输组织等方面的互联互通合作，推动发展跨境和过境运输。加强口岸建设和海关、检验检疫监管方面的重点任务是，加强三方口岸软硬件能力建设和基础设施翻新和改造，加强信息互换和执法互助，提升口岸公共卫生防控水平，推动海关、检验检疫及货物监管创新。加强产能与投资合作方面的重点任务是，加强三方在能源矿产资源、高技术、制造业和农林牧等产业领域的合作，合作建设产能与投资合作集聚区，推动形成区域生产网络，实现产业协同发展。深化经贸合作方面的重点任务是，积极发展边境贸易，优化商品贸易结构，促进服务贸易发展，拓展经贸合作新领域。拓展人文交流合作方面的重点任务是，深化教育、科技、文化、旅游、卫生、知识产权等方面的合作，促进人员往来便利化，扩大民间往来和交流。加强生态环保合作方面的重点任务是，促进生态环境领域的信息共享，更有效地开展生物多样性、自然保护区、湿地保护、防灾减灾及荒漠化等领域的合作，推动生态环境保护领域的学术与技术交流合作。推动地方

① 刘清才等：《"一带一路"框架下中国东北地区与俄罗斯远东地区发展战略对接与合作》，《东北亚论坛》2018 年第 2 期，第 34～51 页。

② 《建设中蒙俄经济走廊规划纲要》，国家发展和改革委员会网站，http://www.ndrc.gov.cn/zcfb/zcfbghwb/201609/t20160912_818326.html。

及边境地区合作方面的重点任务是，适时编制本国地方参与中蒙俄经济走廊建设实施方案，在充分发挥各地比较优势的基础上建设一批地方开放合作平台，共同推进中蒙俄地方合作机制建设。

《建设中蒙俄经济走廊规划纲要》的内容非常丰富，这也表明中蒙俄经济走廊建设并非共建一个交通走廊，而是全面开展各领域的跨境经济合作和人文交流。应该说这种规划思路是非常明确的，中、蒙、俄三国间各领域的合作潜力都非常大，具有广阔的发展前景。需要注意的是，蒙古国地广人稀并且经济发展水平较低，俄罗斯与中国毗邻的东西伯利亚及远东地区也属于地广人稀的经济相对落后地区，在这样的地区开展跨境合作必须首先开展细致的可行性研究，坚持量力而行，确保各种合作项目和建设项目可以长期运行。

需要指出的是，《建设中蒙俄经济走廊规划纲要》并非国际条约，中、蒙、俄三国之间不会因此产生国际法上的权利和义务。因此，在中蒙俄经济走廊建设方面，三国达成的是意向性的共识，这些共识能否得到有效落实还存在较大的不确定性。鉴于当前俄罗斯、蒙古国经济较为困难，非常有必要选择一些影响较大并且确实具有明显经济社会效益的项目加以推进，争取尽快取得早期收获。例如在中俄蒙国际通道建设、通关便利化、能源合作、农业合作等方面加快协商，尽早启动相关合作项目。否则，宏大而且全面的合作规划得不到落实，特别是一直不能启动和完成一些具有重要经济和社会效益的项目，很有可能严重影响各方对中蒙俄经济走廊建设的信心。

（二）积极探索"冰上丝绸之路"建设

近年来，中国政府对参与北极地区开发和北冰洋航道利用越来越重视，并与俄罗斯逐步达成了建设"冰上丝绸之路"的基本共识。2015年12月，中俄总理第二十次定期会晤联合公报提出，"加强北方海航道开发利用合作，开展北极航运研究"。[①] 2016年11月发表的《中俄总理第二十一次定期

---

① 《中俄总理第二十次定期会晤联合公报（全文）》，新华网，http://www.xinhuanet.com/politics/2015－12/18/c_1117499329.htm。

会晤联合公报》再次提出，"对联合开发北方海航道运输潜力的前景进行研究"。① 在 2017 年 5 月举行的"一带一路"国际合作高峰论坛开幕式上，俄罗斯总统普京在致辞中提出，希望中国能利用北极航道，把北极航道同"一带一路"连接起来。2017 年 7 月，习近平主席访俄会见梅德韦杰夫总理时提出，"要开展北极航道合作，共同打造'冰上丝绸之路'"。② 2018 年 1 月 26 日，中国国务院新闻办公室发表了《中国的北极政策》白皮书，在简要阐述北极的形势与变化、中国与北极关系的基础上，系统阐明了中国的北极政策目标和基本原则以及参与北极事务的主要政策主张。这是中国政府首次以白皮书的形式向全世界明确系统阐释北极政策方向以及积极推动各领域国际合作的基本主张。

近年来，中国与俄罗斯在打造"冰上丝绸之路"方面的合作取得了重要进展。中国科考船和商船多次试航北极航道，特别是中国远洋海运的商船已进行了多次经由北方航道的往返商业航运。2018 年 9 月 5 日，中远海运"天恩"号货轮沿北极东北航道，经过 33 天海上航行抵达法国西北部港口城市鲁昂。中俄在北极地区的油气资源开发也取得巨大成功。亚马尔项目是"一带一路"倡议提出后中俄合作实施的首个特大型能源项目，也是截至目前中国参与的第一个北极地区资源开发项目。2017 年 12 月，亚马尔项目的第一条生产线正式投产，2018 年 7 月，亚马尔液化天然气项目向中国供应的首船液化天然气（LNG）通过北极东北航道运抵江苏如东液化天然气接收站，开启了亚马尔项目向中国供应液化天然气的新开端。

目前，"冰上丝绸之路"建设尚处于起步阶段，面临的各种困难和挑战非常多。除了美俄博弈加剧等地缘政治及国际法争端外，北极航线的经济可行性也需要深入探讨。仅从距离方面看，北极航道无疑是中国北方港口通往欧洲和北美东部港口最短的航线。从中国沿海港口出发利用北极航道到北美东岸的航程，与走巴拿马运河传统航线相比，可以缩短2000～3500

---

① 《中俄总理第二十一次定期会晤联合公报（全文）》，新华网，http://www.xinhuanet.com/world/2016－11/08/c_1119870609.htm。

② 《习近平会见俄罗斯总理梅德韦杰夫》，新华网，http://www.xinhuanet.com//world/2017－07/04/c_1121263419.htm。

海里；到欧洲各港口的航程更是大大缩短，上海以北港口到欧洲西部、北海、波罗的海等港口比传统航线航程短 25%～55%，并且可以避开马六甲海峡、巴拿马运河、索马里海域、苏伊士运河等风险较高的瓶颈航道。

然而，距离远近并不是决定海运航道经济可行性的唯一因素。北极航线的常规化商业开发利用必须解决以下三方面不利因素。一是部分水域水深不足对巨型货轮通航构成制约。众所周知，货轮海运成本存在明显的规模效应，即吨位越大的船只远距离运输单位货物的运输成本越低。根据目前已有的北极科学考察资料，北极航线需要经过的萨尼科夫海峡水深只有13 米左右，属于浅滩航道，只能通行吃水深度 12.5 米以内的商船，即运载4000 个标准箱以下的商船。近年来，远洋货轮日益呈现巨型化发展趋势，2万个左右标准箱级的集装箱船正在成为远洋货轮的主力。因此，利用北极航线进行远洋货运面临的成本约束非常大。二是气象条件对安全稳定运输的制约。北极地区气象、海象非常不稳定，经常出现极端恶劣天气。除了冬季无法利用外，夏季通航时间不同年份差异也很大，解禁和结束的日期可预测性较低，能够通航的区域也存在很大不确定性。即使是通航季也可能会受到恶劣天气影响而使得航运日程变得不稳定。无法有效保证货运日程，必将大大削弱该航道吸引力。三是北极航线沿途不经过世界主要航运枢纽，中途几乎没有卸载和补货，集货能力必然受到极大影响。在集货能力受到影响的情况下，利用该航道的货船就需要减少航运班次并延长集货周期。航运班次减少和集货周期的延长则将导致利用该航道的实际时间大幅上升，从而降低其竞争力。

因此，打造"冰上丝绸之路"应该从更加基础性的工作入手，特别需要在以下两个方面与有关各方加强合作。一是积极推动和参与北极地区科学考察与资源勘探合作。尽管北极地区通航已经有很大的进展，但要真正将北极航道发展成"冰上丝路"和"黄金水道"，必须进行沿途水文、地质、气象等科考，找到破解高纬度航行可能遭遇到的各种特殊困难的办法。另外，尽管人们都确信北极地区是全球范围内尚未得到开发的最大的资源宝库，但对大部分自然资源的实际蕴藏量和开发前景都没有进行深入的勘查勘探，对开发利用的可行性也缺乏应有的综合评估。为此，推动北极地区资源开发合作，首先应该积极开展该地区自然资源勘查勘探合作。二是将打造"冰上丝绸之路"转变为"一带一路"理念下东北亚区域合作新平台，从中俄双边合作发展为东北亚多边合作。截至目前，中国北极科学考察队已在北极地区开展了九次独立科考，实现了北极三条航道的"全通过"性科考试航并对沿途进行了大量科学考察，为"冰上丝绸之路"的开辟和建设付出了实实在在的努力。与此同时，中、俄两国科学家还两次开展北极联合科考。特别是2018年9月第二次中俄联合科考，行程逾1.2万公里，共开展海洋地质取样作业37站，海洋水文剖面观测35站，海洋光学观测31站，海洋化学作业50站，海洋气象（海雾）气球观测35站，海洋微生物多样性调查38站，浮游生物拖网11站，并完成了走航路线温室气体和水文气象观测工作。① 需要指出的是，北极科考和自然资源勘查勘探非常庞杂，只有中俄两国合作是远远不够的。北极航线的商业化利用也不仅仅是中国与欧洲、北美之间货物运输，只有将其发展成为整个东亚地区与欧洲、北美之间的运输通道才会真正成为"黄金水道"和"冰上丝绸之路"。因此，打造"冰上丝绸之路"需要东亚和欧洲更多的国家及国际组织参与进来，特别需要中、俄、日、韩等东北亚国家加强合作。通过俄罗斯等北极国家与中、日、韩等北极地区利益攸关方的深入合作，构建"冰上丝绸之路"建设的成本分摊和利益共享机制。

（三） 加快提升和完善"大图们倡议"区域合作机制

次区域开发合作既是共建"一带一路"的核心内容，也是东北亚区域合作的关键领域。如前文所述，在推动东北亚次区域开发合作过程中，"大图们倡议"合作机制功不可没。特别是"大图们倡议"秘书处克服重重困难，积极推动有关各国在交通物流合作、能源合作、投资合作、旅游合作、环境保护合作等方面展开研讨和磋商，提出了许多很好的合作计划或方案设想。

---

① 《2018年中俄北极联合科考取得多项成果》，新华网，http://www.xinhuanet.com//2018 - 10/30/c_1123637355.htm。

当然,"大图们倡议"区域合作机制也存在许多严重的缺陷。例如,有关各国中央政府的参与水平明显偏低,"大图们倡议"决策机构,即参加"协商委员会"的各国政府代表仅为副部长级,很难就重大区域合作问题展开有效的磋商并达成有法律约束力的协议;大图们区域(GTR)的地理范围划定不仅与合作目标不匹配,而且没有考虑经济合理性问题;"大图们倡议"不具有融资机能,其在推动建立区域融资保障机制方面的努力一直没有取得实际成效。① 因而,如果不提升和加强"大图们倡议"合作机制,而是仅仅依靠现有合作机制,就很难实质性推动东北亚次区域合作开发。将东北亚整体纳入"一带一路"的重点区域,并与有关各国共同提升"大图们倡议"合作机制,可以为东北亚次区域开发合作提供更有力的组织保障。具体说来,主要包括以下四个方面的内容。

第一,推动区域合作机制的性质转型。从国际法地位来看,目前"大图们倡议"仅为政府间论坛,尚不具备独立的国际法地位。"大图们倡议"秘书处和各成员国早已认识到其在推动东北亚次区域合作开发方面的局限性,并提出了将其转型升级为具有独立法人地位国际组织的设想。2013 年召开的"大图们倡议"第十四届协商委员会发表的《乌兰巴托宣言》提出,到 2016 年逐步将"大图们倡议"转型升级为具有独立法人地位的国际经济合作组织。② 2014 年召开的"大图们倡议"第十五届协商委员会,四国代表共同签署了"大图们倡议"向政府间组织法律转型的概念文件。该概念文件包括新国际组织的名称、宗旨、合作范围、级别、组织架构、秘书处所在地、豁免条款和相关规定等。会议发表的《延边宣言》提出要在 2016 年 5 月完成相关法律转型程序。③ 然而,由于各国对"大图们倡议"法律转型的具体内容并未达成一致,至今也没有完成预定任务。在各方面存在严

① 吴昊等:《图们江区域开发合作 20 年:愿景何以难成现实?》,《吉林大学社会科学学报》2012 年第 6 期,第 137 ~ 144 页。

② "Ulaanbaatar Declaration", 14th Meeting of the GTI Consultative Commission, 30 October 2013, Ulaanbaatar, http://www.tumenprogramme.org/? info - 664 - 1. html.

③ "Yanbian Declaration", 15th Meeting of the GTI Consultative Commission (Yanji: 17 September 2014), http://www.tumenprogramme.org/UploadFiles/Yanbain% 20Declaration-final. pdf.

重分歧的情况下，2015 年甚至没有召开"大图们倡议"协商委员会会议。尽管 2016 年"大图们倡议"协商委员会会议恢复召开，但对组织转型问题讨论较少。《首尔宣言（2016）》《莫斯科宣言（2017）》《乌兰巴托宣言（2018）》都对组织转型问题一笔带过，既没有新倡议，也没有提出新的目标和实现要求。推动"大图们倡议"法律转型是更好地推动东北亚次区域开发合作的必然要求，中国应该积极开展与有关各国的协调和沟通，尽快就相关问题达成一致并完成法律程序。

第二，提升各国中央政府的参与水平。正如前文所述，"大图们倡议"的核心磋商机制为每年召开一次的协商委员会，各国政府代表为副部长级高官。对于决定跨境经济合作重大事务来说，高官会议显然不能满足需要。在国际合作磋商中，高官会议一般仅承担事先的信息沟通、事务性的协调以及为高层领导人磋商提供准备等职能。从这个角度来看，在"大图们倡议"的磋商和决策中，有关各国中央政府的参与水平明显偏低，必然导致其很难就重大区域合作问题展开有效的磋商并达成有法律约束力的协议。为深入推进大图们区域合作和重大跨境合作项目建设，非常有必要在推动"大图们倡议"合作机制法律转型的同时，提升各国中央政府在"大图们倡议"合作机制中的参与水平，即将"协商委员会"中各国政府代表由副部长级提高至副总理级甚至总理级，以便使之能够达成更有法律约束力的行动计划或协议。与此同时，在"大图们倡议"秘书处各专门委员会之上设立副部长级的分领域机制，其既要承担领导人会议之前的专业性事务的事先协调和准备工作，同时也要负责落实高层级领导人会议所达成的合作共识。总之，只有将"大图们倡议"的法律地位转型和组织架构重建结合起来，才能使其更好地承担推动区域合作发展的重任。

第三，扩大合作区的地域涵盖范围。目前的大图们区域主要包括中国东北三省和内蒙古自治区、俄罗斯滨海边疆区、蒙古国东部三省以及韩国的东部沿海港口城市和地区。总体来看，尽管在东北亚次区域开发合作中这些地区都非常重要，甚至可以讲不可或缺，但仅有这些地区的参与是完全不够的，许多重要的跨境交通物流、能源与资源开发、旅游与人文交流等都远远超出了上述地区的涵盖范围。因此，中、俄、蒙、韩四国应该加强协调和沟通，适度拓展合作区的地域涵盖范围。中国方面应该将京津冀和山东半岛也纳入其中，俄罗斯应该将合作区的范围拓展至全部远东及东西伯利亚地区，蒙古国则应该考虑将全境纳入合作区范围，韩国也应该将其全境纳入合作区。与此同时，随着朝核问题和朝鲜半岛南北关系的缓和，在联合国放松或取消对朝制裁的情况下，还应该积极邀请朝鲜重返该合作机制，从而将朝鲜半岛整体纳入合作区。另外，积极争取日本由观察员国转变为成员国也具有非常重要的意义，因为日本的加入可以将其日本海沿岸地区纳入合作区，从而可以实现环日本海经济圈与环黄渤海经济圈以及东北亚大陆区域相互对接。

第四，完善区域合作的融资支持机制。自 1992 年联合国开发计划署（UNDP）支持启动图们江地区开发项目以来，人们就已经充分认识到建立区域开发合作融资支持机制的重要性，一些学者和研究机构甚至就设立专门支持东北亚次区域开发金融机构提出了系统的构想方案。然而，受各种因素的制约，各种构想方案都没有得到落实。在这种情况下，图们江地区开发项目以及大图们区域开发合作一直没有建立起有效的融资支持机制。大图们区域或者更大范围的东北亚次区域基本上属于欠发达地区，推进基础设施建设合作和互联互通需要巨额资金投入，解决融资困难仍是一项重要课题。在"一带一路"建设的大背景下，建立专门支持东北亚次区域开发合作的金融机构已失去其必要性，因为东北亚次区域开发合作属于"一带一路"建设的重要组成部分，"一带一路"建设的融资支持机制能够为东北亚次区域开发合作提供必要的融资服务。为此，亚洲基础设施投资银行、丝路基金等金融机构应该积极开展对东北亚次区域跨境基础设施建设的融资活动。与此同时，还应该加强与亚洲开发银行等国际金融机构的合作，对重大基础设施建设项目开展联合融资，兼顾融资效率提高和融资风险防控。

（四）积极开展"一带一路"框架的第三方市场合作

东北亚地区各国共同参与"一带一路"建设，还应该有更广阔的视野。

即有关各国的合作不应仅仅局限于双边合作，而应该充分认识到东北亚次区域范围内的广阔合作空间，甚至在东北亚地区以外的东南亚、中亚、西亚、非洲等地区，东北亚各国之间也可以就"一带一路"建设开展广泛的合作。

近年来，中日之间围绕承建亚洲一些国家铁路建设项目而展开的竞争曾引起了各方广泛关注。特别是中日在竞标印度尼西亚高铁、泰国高铁、印度高铁方面的激烈竞争，最为引人注目。中、日两国领导人直接参与项目推介，并通过各种途径与项目所在国领导人协商，部分项目的竞标价格和融资条件不断降低，竞标过程一波三折。无论对中日之间的高铁项目竞争进行何种解读，都必须承认这是正常的经济现象。中国和日本都拥有非常成熟的高铁建设技术，两国相关企业已经在全球范围内互为强劲的竞争对手。不仅如此，高铁项目建设和后续运行的市场规模庞大，成为项目主承包方就可以占领巨大的设备出口市场和维护市场。因此，中日企业在这一领域的竞争必将持续下去，两国领导人也不会停止为本国相关企业开拓市场的努力。早在中国开始建设高铁项目初期，日本、德国、法国等也曾经围绕获得项目承建人资格而发生过激烈竞争。因而，对此进行过度的政治化解读并不具有合理性。

当然，在承认这种现象合理性的同时，也需要看到这种过度竞争可能存在的风险和问题。大幅度降低投标价格不可避免造成项目承包方经济收益的大幅度降低，甚至有可能发生亏损现象。过度放松融资条件，则必然提高融资风险。因此，为了更好地规避相关风险，中日之间应该探讨联合参与竞标的可能性和可行性。[①] 中、日两国已经认识到这种过度竞争存在的问题以及双方加强合作的巨大潜力。2018 年 5 月李克强总理访问日本期间，中、日两国领导人就开展第三方合作和共同开拓第三方市场达成重要共识，并共同见证中国国家发展和改革委员会、商务部与日本外务省、日本经济产业省共同签署《关于中日第三方市场合作的备忘录》。该备忘录提出，双方同意加强两国在第三方市场的合作，在中日经济高层对话机制下设立跨

---

① 吴昊等：《东北亚地区在"一带一路"战略中的地位——应否从边缘区提升为重点合作区?》，《东北亚论坛》2016 年第 2 期，第 46~57 页。

部门的"推进中日第三方市场合作工作机制",并与经济团体共同举办"中日第三方市场合作论坛"。同年 10 月,安倍首相访华期间,中日双方共同主办的首届中日第三方市场合作论坛在北京人民大会堂举行,两国总理共同出席。论坛召开期间,两国企业签署了 50 余份、总金额超过 180 亿美元的合作协议。

深入开展第三方市场合作,需要有关各方正确看待相互间的竞争合作关系。东北亚各国,特别是中、日、韩三国间都存在发展第三方市场合作的广阔空间。例如,在能源安全领域,中、日、韩三国的合作潜力非常大。如果三国企业能联合进行项目竞标、共同开发和开展运输合作,就能够共同克服类似"亚洲原油溢价"给三国造成的重大损失。[①] 另外,在推进亚欧陆路跨境运输方面,中、日、韩也可以加强合作,共同提升跨境物流效率。近年来,韩国企业通过中国的"营满欧"等中欧班列进行货物运输,既为自身开辟了一条通向欧洲的便捷通道,同时也提高了该货运班列运行的经济可行性。

总之,包括中、日、韩三国在内的东北亚各国应该积极探索"一带一路"框架下的第三方市场合作新模式,日本和韩国可以参与到中蒙俄经济走廊建设中来,共同开展交通基础设施、能源开放、跨境物流、跨境旅游、环境保护等领域的合作。在"冰上丝绸之路"建设方面,中、日、韩三国同为"北极利益攸关方",具有广泛的共同利益,也应该加强沟通和合作。当然,第三方市场合作中的第三方并不局限于东北亚地区,将各领域的合作向其他地区延伸和拓展,建立面向全球的优势互补、互利共赢的合作新模式,将为深化东北亚区域合作和地区和平打造新的重要平台。

(五) 加快推进中日韩自由贸易协定谈判进程

中国自由贸易区战略的基本内容是构筑立足周边、辐射"一带一路"、面向全球的高标准自由贸易区网络。截至目前,中国已经达成 17 个自由贸

---

① 吴昊等:《中、日、韩能源安全关系:竞争敌手还是合作伙伴》,《吉林大学社会科学学报》2009 年第 5 期,第 117~124 页。

易协定，涉及亚洲、拉丁美洲、大洋洲、欧洲、非洲的 25 个国家和地区，并正在与 28 个国家进行 13 个自由贸易区的谈判或升级谈判，与 9 个国家进行自由贸易区联合可行性研究或升级研究。中国一直积极推动中日韩自由贸易区谈判，希望以此推进东北亚乃至东亚区域合作深入发展。中、日、韩三国同为东亚重要经济体，三国 GDP 占东亚 GDP 的 90%，占亚洲的 70%，约占全球的 20%，仅次于欧盟和北美。中日韩自由贸易区一经建立，必将成为一个对全球经济格局产生重要影响的统一大市场。

2013 年 3 月，中日韩自由贸易区谈判正式启动。2018 年 12 月，有关谈判进入第十四轮，三方首席谈判代表会议一致同意推进落实三国领导人共识，加快中日韩自由贸易区谈判进程，并商定从下一轮谈判起恢复工作组会议，就货物贸易、服务贸易、投资等议题展开实质性磋商。总体来看，中日韩自由贸易区谈判进展比较缓慢，已经进行的十四轮谈判所取得的实质性成果还比较少。当前，推进中日韩自由贸易区谈判既面临着一些有利条件，同时也存在一些不可忽视的挑战。

中日韩自由贸易区谈判面临的有利条件主要包括三个方面。一是中、日、韩三国政治关系在经历连续多年的波折甚至低迷状态之后开始趋向改善，三国领导人通过互访和参加多边会议积极开展对话，领导人之间的政治对话和政策协调机制重新恢复，基本上形成了有利于加快推进自由贸易区谈判的政治互信环境。二是中、日、韩三国在缔结自由贸易协定方面均积累了大量经验，在推进本国市场开放方面态度更加积极。韩国在全球范围内都是实施自由贸易区战略处于领先地位的国家，已经与美国、欧盟、中国等全球主要经济体达成自由贸易协定。近年来，日本在签订自由贸易协定方面也收获巨大，在与 10 个亚太国家签订 CPTPP 的同时，还与欧盟达成了自由贸易协定。三国在区域贸易协定谈判方面的经验积累，有利于提升各自在中日韩自由贸易区谈判中的灵活性和适应能力，从而可能会在一定程度上降低谈判难度。三是中、日、韩三国均面临着严重的贸易保护主义和单边主义风险，建立中日韩自由贸易区有利于三国更好地应对逆全球化风险。在贸易保护主义和单边主义抬头的国际经济秩序新变局中，中、日、韩三国作为对国际贸易依赖度非常高的国家正面临着极大的国际经济风险，都希望通过深化自身与主要经贸伙伴之间的合作来维护正常的国际贸易环境和秩序。2018 年 7 月，中、日、韩三国领导人会议在日本东京成功举行，会上达成了加快推进三方自由贸易协定谈判的原则共识，目前的谈判进程已经有所提速。

当然，中日韩自由贸易区谈判也面临一些十分严峻的挑战。一是随着一些大型跨区域自由贸易协定的签署和生效，中、日、韩之间的经贸联系有可能相对弱化。美欧、日欧、CPTPP 甚至美日等跨区域贸易集团在全球经济中均占有较大份额，也都是中国重要的经贸伙伴，这些自由贸易协定所产生的贸易转移效应可能会对中国造成一定冲击。韩国已经与中国、美国、欧盟等主要经济体签署自由贸易协定，所以可能受到的影响相对较小，但日本与中、韩等本地区经贸伙伴之间的贸易投资活动也可能会受到一定冲击。二是三国各自存在一些高度敏感领域和产业部门，在市场开放方面均面临较大困难。中国市场开放的压力主要在服务业、政府采购以及国有企业补贴等领域，很多领域短期内进行大幅度市场开放和体制改革的困难巨大；日本、韩国则面临农产品等敏感商品贸易自由化的现实困难，国内反对声音和政治压力非常大。三是外部因素加大了中日韩自由贸易区谈判复杂性和难度。日本和韩国均为美国的军事同盟国，两国对外政策受美国牵制较大，美国采取的一些政策很容易触及中、日、韩三国相互关系中的敏感问题，对三国相关谈判产生严重冲击。

在当前错综复杂的国际形势下，中国应该充分利用有利于推进中日韩自由贸易区谈判的有利条件，采取更加积极的行动和发挥更加重要的作用，争取尽早完成相关谈判。具体来说，应该主要注意以下五个方面的问题。

第一，针对不同领域谈判的难度，考虑采取分领域、分阶段逐步完成的谈判方式。由于一般工业品贸易自由化面临的阻力较小，所以可以采取率先实施市场开放措施。农产品、服务业、投资领域等市场开放面临的困难较多，可以适度延后达成协议并实施市场开放措施。

第二，积极将中、日、韩已分别签署的自由贸易协定的内容纳入中日韩自由贸易协定，尽可能减少谈判内容和谈判环节。日本参与的日欧自由贸易协定和 CPTPP 的市场开放程度都非常高，也都较好地处理了各方敏感部门的市场开放问题。韩国与美国、欧盟等签订的自由贸易协定也与此相仿。因此，积极吸收各自经签署的自由贸易协定的合理因素，可以大大加快中日韩自由贸易区谈判的进程。

第三，适度提高中日韩自由贸易区相关规定的灵活性，为各国企业应对市场开放冲击提供必要的缓冲期。三国应该采取相互允许保持对敏感产业部门和劣势产品的灵活处理方式，合理设定市场开放过渡期安排等措施，最大限度降低市场开放和结构调整的成本。另外，在原产地规则等基本规则谈判中，应该坚持合理、务实原则，要兼顾迂回贸易风险控制和企业运用便捷化的现实需要。

第四，加强三国在 RCEP 谈判中的政策沟通协调，共同推动东亚区域合作深入发展，在协调互动中增进互信和扩大共识。

第五，从维护东北亚地区和平稳定的战略利益出发，考虑中日韩自由贸易区谈判问题。区域经济合作是区域和平稳定的"压舱石"。建立中日韩自由贸易区可以为推进东北亚全域贸易投资自由化便利化奠定重要基础。中、日、韩三国应该根据国际局势的新变化和地区内其他国家的意愿，积极推动贸易投资自由化合作逐步拓展到包括域内所有国家在内的东北亚全域，使之成为东北亚区域经济合作的重要支柱。

第五章　全球能源格局演变趋势
与东北亚能源合作

随着经济全球化的深入发展，能源市场也越来越全球化，即石油、天然气、煤炭等重要一次能源交易越来越具有世界性，各个国家和地区的能源市场相互影响、相互依赖。因此，探讨东北亚区域能源合作不仅需要研究东北亚地区能源生产和消费的发展趋势，而且更需要根据全球能源格局的演变探讨合作课题和具体措施。众所周知，近年来全球能源格局发生了许多重大变化。全球能源格局的变化必将深刻影响全球能源市场的走势以及各国和地区的能源安全形势。本章将在系统梳理全球能源格局演变趋势的基础上，分析未来东北亚区域能源合作的重点任务和措施。

一　全球能源格局的演变趋势

尽管全球能源格局这一概念已经被学术界广泛使用，但其具体含义并不十分明确。下文将首先对全球能源格局进行简单界定，进而对全球能源格局的演变趋势展开分析。

（一）全球能源格局的基本内涵

各国政府及学术界对能源安全的重视程度往往是随着能源价格变化而变化。即在能源价格高涨时期，各能源消费和进口大国均将维护能源安全视为最紧迫的课题,学术界关于能源安全问题的研究也大量涌现。与此相反,在能源价格低迷时期,各能源消费和进口大国对能源安全问题的重视程度明显降低,学术界关于能源安全问题的探讨也相对沉寂。进入21世纪以来,以石油价格为代表的国际能源价格经历了一个跌宕起伏的调整过程,国内外学术界关于能源安全问题的研究也随之起起落落。

2000年,布伦特原油平均价格为28.80美元每桶,与1984年的平均水平基本持平。2004年以后,国际油价在震荡中快速上升,2011年布伦特原油平均价格达到111.26美元。在这种情况下,油价高涨对世界经济造成了严重影响,并引发了人们对能源安全问题的广泛关注,在此期间各国政府和学术界对能源安全问题也给予了前所未有的高度重视。2012年以后,世界石油价格又呈现了快速下滑和低位徘徊的变动轨迹,2015~2017年布伦特原油价格基本上在50美元上下波动。① 国际能源市场趋向平稳,在一定程度上降低了人们对能源安全问题的忧虑。

然而,历史经验表明,合理的能源安全政策不应以国际能源价格剧烈波动的应急性对策为核心,而应该以应对国际能源格局调整出现的新问题为核心。简单地讲,全球能源格局就是指全球能源供求的主要结构性特征,即全球能源的中长期总体供求形势、供给与消费结构、供需地区结构、市场主体结构等。从短期看,国际能源价格的波动是能源供需总体情况、全球经济形势、能源地缘政治局势、产油国特别是OPEC的相关政策、美元汇率等复杂因素综合作用的结果,其中任何一项重要因素发生急剧变化,都将对国际能源价格产生重大影响。但从长期来看,全球能源格局则是决定国际能源价格的根本因素,各种突发性问题可能会导致国际能源价格在一定时期内的剧烈波动,但随着有关问题的消除,国际能源价格必将向全球能源格局基本面所确定的均衡点回归。国际能源价格短期波动存在很大的偶然性,全球和区域能源合作既需要重视因市场投机和偶发性因素造成的短期市场混乱,更要针对全球能源格局的变化合作解决中长期能源安全问

---

① 《BP世界能源统计年鉴(2018年)》,https://www.bp.com/content/dam/bp-country/zh_cn/Publications/2018SRbook.pdf。

题。笔者认为，这应该成为东北亚能源合作的基本立足点。

（二）全球能源总体供求形势及发展趋势

全球能源总体供求形势，既受能源供给能力变化的影响，也受能源需求增长的影响。

1. 全球能源供给保障能力不断增强

在可预见的较长一段时期内，即使仅依靠石油、天然气、煤炭等常规能源，全球能源储量相对于能源消费而言也是有充分保障能力的。根据英国石油公司的统计，2015 年，占一次能源消费总量78%的石油、天然气、煤炭三大常规能源的储产比，分别为 51 年、53 年和 114 年。值得注意的是，储产比不是某种资源全部储藏量的剩余可开采年限，而是已探明可开采储量在现有技术条件下的可开采年限。随着勘探和开采技术的进步，全球能源的探明储量一直在增长。例如，1995 年石油和天然气的探明储量分别为 11262 亿桶和 119.9 万亿立方米，2005 年分别上升为 13733 亿桶和157.3 万亿立方米，2015 年则分别进一步上升至 16976 亿桶和 186.9 万亿立方米[1]。另外，随着太阳能、风能、生物质能、核能、潮汐能、地热能、氢能等非常规能源开发利用规模的逐步增长，全球能源供给保障得到进一步加强。

2. 全球能源消费增速正在逐步放缓

2015 年，全球一次能源消费增长率为 1.0%，比 2014 年下降 0.1 个百分点，比近 10 年的平均增速低 0.9 个百分点。近年来的全球能源消费放缓既与全球经济增长乏力等短期性因素有关，也与发达国家经济结构调整和节能技术广泛利用密不可分。美国、欧盟、日本等成熟经济体的工业化进程已经完成，各种高耗能产业已演变为夕阳产业而不断萎缩，产业结构软化（the Softening of Industrial Structure）日趋加深。在服务业占主导的经济体系中，能源消费与经济增长的关联关系被不断弱化。节能技术利用和能

---

① 《BP 世界能源统计年鉴（2016 年）》，http://www.bp.com/content/dam/bp-country/zh_cn/Publications/StatsReview2016/BP%20Stats%20Review_pdf。

效提高则进一步抑制了能源消费增长①。

从长期来看，全球能源需求增速下降将成为常态。英国石油公司、国际能源署、美国能源信息署、日本能源研究所、埃克森美孚石油公司等国际著名能源研究机构发布的研究报告，对未来全球能源消费增长率的预测值有所不同，但均认为 2015～2035 年的年均增长率将处于 1%～1.5% 之间②。

表 5-1 2015～2035 年全球经济社会发展和能源消费预测与比较

	2015（实际）	2035（预测）	1995～2015			2015～2035		
			增量	增幅（%）	增速（%）	增量	增幅（%）	增速（%）
人口（亿）	73	88	16	28.0	1.2	15	20.0	0.9
GDP（万亿美元）	105	204	53	104.0	3.6	100	95.0	3.4
人均 GDP（万美元）	1.4	2.3	0.54	60.0	2.5	0.90	62.0	2.5
能源强度	126	84	-42.0	-25.0	-1.4	-42	-33.0	-2.0
一次能源消费	13147	17159	4559	53.0	2.2	4010	31.0	1.3

注：①GDP 和人均 GDP 是基于 2010 年度购买力平价换算为美元的数据；
②能源强度单位为吨油当量/百万美元，一次能源消费单位为百万吨油当量。
资料来源：根据《BP 世界能源展望（2017 年）》相关数据制作。

表 5-1 即为英国石油公司的预测数据。该预测假设，在 2015～2035 年期间，全球人口按照年均 0.9% 的增速到 2035 年将达到 88 亿人；全球 GDP 按照年均 3.4% 的增速到 2035 年将达到 204 万亿美元，与 2015 年相比，接近翻一番；在发达经济体产业结构调整和节能技术进步的共同作用下，单位 GDP 的能源强度按照年均 2.0% 的速度下降，最终全球一次能源消费的年均增速将由 1995～2015 年的 2.2% 下降至 1.3%。当然，全球一次能源消费规模仍存在巨大增长，将从 2015 年的 13147 百万吨油当量提高到 2035 年的 17159 百万吨油当量，增幅为 31.0%，明显低于 1995～2015 年这一时段的增幅与增速。因此，只要保持正常的能源开发投资并继续发展节能技术，

---

① IEA, *World Energy Investment 2016*（*Executive Summary*），http://www.iea.org/Textbase/npsum/WEI2016SUM.pdf.

② 《BP 世界能源展望（2017 年）》，http://www.bp.com/content/dam/bp-country/zh_cn/Download_PDF/EO2017/pdf.

全球能源供求总体形势就能够保持基本稳定状态。各种突发重大事件可能会在一定时间内对全球市场供求关系造成重大影响，但最终仍将向供求相对平衡的基本格局演变。

（三）能源结构的演变及发展趋势

能源结构既是全球能源格局的重要内容，也是影响全球能源市场运行的重要因素。1965 年，石油首次取代煤炭在全球一次能源消费结构中的地位，正式进入"石油时代"。1973 年，全球一次能源消费中石油所占比重已接近 50%，天然气和煤炭均约为 14%[①]。根据《BP 世界能源展望（2017年）》的统计数据，近 20 多年来，世界一次能源消费结构已发生了重要变化。1995 年，石油、天然气、煤炭三大常规能源在一次能源消费中所占比重合计接近 90%，2015 年下降至 85%。其中，天然气所占比重下降 7 个百分点，石油下降 2 个百分点，煤炭提高 5 个百分点。可再生能源消费增速最快，所占比重从不足 1% 提高到 3%，已经成为重要的补充性能源。该报告预测，2015～2035 年世界一次能源消费结构将进一步调整。其中主要的变化包括三个方面：一是三大常规能源所占比重将下降至 78%，略高于前一个 20 年的下降幅度；二是三大常规能源中，只有天然气所占比重会略有上升，石油、煤炭所占比重均将下降，煤炭下降幅度最大；三是可再生能源消费快速增长，在能源结构中的地位将超过核能和水电，所占比重将达到10%（见表 5 - 2）。

表 5 - 2　全球一次能源消费结构演变及发展趋势

单位：百万吨油当量，%

能源	1995 年		2015 年		2035 年		1995～2015 年	2015～2035 年
	消费量	比重	消费量	比重	消费量	比重	年均增速	年均增速
石油	3286	34	4257	32	4892	29	1.3	0.7

① IEA，*Key World Energy Statistics 2016*，http://www.iea.org/publications/freepublications/publication/KeyWorld2016.pdf.

续表

能源	1995 年		2015 年		2035 年		1995 ~ 2015 年	2015 ~ 2035 年
	消费量	比重	消费量	比重	消费量	比重	年均增速	年均增速
天然气	2924	31	3135	24	4319	25	2.5	1.6
煤炭	2245	24	3840	29	4032	24	2.7	0.2
核能	526	5	583	5	927	5	0.5	2.3
水电	563	6	893	7	1272	7	2.3	1.8
可再生能源	45	–	439	3	1717	10	12.0	7.1
合计	9589	100	13147	100	17159	100	2.2	1.3

注：①可再生能源包括风能、太阳能、地热能、生物质能和生物燃料；
②1995 年数据为作者根据年鉴的相关数据推算所得。
资料来源：根据《BP 世界能源展望（2017 年）》相关数据制作。

其他重要国际能源研究机构的预测与英国石油公司的上述预测在具体数值上有所差异，但对能源结构变化趋势的分析则是较为一致的。各方面的预测主要是基于以下基本情况。一是"美国页岩油气革命"为全球使用相对廉价的天然气创造了条件。国际能源署对天然气消费量增长趋势的预测比英国石油公司更乐观，认为 2035 年全球天然气消费将达到 5.1 万亿立方米，将比 2010 年高 1.8 万亿立方米，其中 40% 以上为以页岩气为主的非常规天然气①。二是中国等煤炭消费大国经济增长减速和能源结构调整，使煤炭消费增速发生逆转，其在能源结构中的地位也将大幅度下降。中国既是 2015 年前 20 年推动煤炭在全球一次能源消费比重上升的关键力量，也是在此后 20 年使该比重显著降低的关键力量。三是各国应对气候变化和提高能源自给率的努力，使可再生能源开发利用进一步加速。2015 年，包括水电在内的可再生能源发电已占全球发电总量的 24%，其中除水电以外的其他可再生能源发电占 11%。欧洲 OECD 成员除水电以外的可再生能源发电占其发电总量的 14%②。由于水电开发受制于自然条件，可再生能源投资主

---

① IEA, *Are We Entering A Golden Age of Gas*, http://www.worldennergyoutlook.org/media/weowebsite/2011/weo2011_GoldenAgeofGasreport.pdf.

② IEA, *Key World Energy Trends* (Excerpt From：World Energy Balances, 2016 edition), http://www.ourenergypolicy.org/wp-content/uploads/2016/08/KeyWorldEnergyTrends.pdf.

要集中在风电、太阳能光伏发电等领域，2015 年全球可再生能源领域的投资额接近 2950 亿美元[①]。

（四） 能源生产消费区域格局的演变及发展趋势

关于当前全球能源生产和消费的区域格局演变趋势，有一个广为流传的描述，即"油气生产中心西移和消费中心东倾"[②]。这种描述虽然非常简洁，但还是不够全面和细致，实际上不同的一次能源，其生产和消费区域格局存在较大差异。

1. 油气生产增量西移和消费增量东倾

从石油方面看，当前乃至未来的区域格局调整还很难谈得上是"生产中心"或"消费中心"的移动，恰当的表述应该是"生产增量"或"消费增量"移动。近年来，全球石油生产区域格局变化最大的是北美洲作为世界主要石油生产地的地位上升。2005 年，北美洲石油产量占全球总产量的比重为 16.7%，2015 年上升至 20.9%。同期其余地区变化都不够明显，中南美洲所占比重从 8.9% 上升至 9.1%，中东地区从 33.2% 下降至 32.4%，欧洲及欧亚大陆从 21.5% 下降至 19.4%，非洲从 12% 下降至 9.1%，亚太地区从 9.7% 下降至 9.1%。北美洲地位的上升，主要是因为 2009 年以后美国石油产量快速增长。2008 年，美国石油产量为每天 678.5 万桶，2015 年上升至每天 1270.4 万桶，并超过沙特阿拉伯成为世界第一大产油国。据主要国际能源研究机构预测，在未来 20 年甚至更长一段时期，中东 OPEC 国家、美国、俄罗斯、巴西由于探明储量大且开采成本低，将是全球石油增产的核心区。与 2015 年相比，2035 年中东 OPEC 国家日均石油产量将增长 900 万桶以上，美国将日均增产 400 万桶以上，巴西将日均增产 200 万桶以

① "Bloomberg New Energy Finance：Clean Energy Investment Jumps 16% On China's Support For Solar"，http://www. about. newenergyfinance. com/about/bnef-newsclean-energy-investment-jumps-16% -on China's-support-for-solar.

② 孔祥永等：《世界能源新格局与中国之对策选择》，《东北亚论坛》2015 年第 5 期，第 47 ~ 57 页。

上，俄罗斯将日均增产 100 万桶以上[①]。而一些探明储量相对较少且生产成本过高的国家将被迫减产，在全球石油生产中的地位也将随之下降。

2. 发展中经济体石油消费快速增长

全球石油消费区域格局最显著的变化是发达经济体与发展中经济体消费增速发生逆转，即 OECD 成员石油消费开始逐步下降，而非 OECD 成员特别是新兴经济体的石油消费则迅速增长。2005 年，OECD 成员日均消费石油5006.2 万桶，约占全球总量的 58.5%；2015 年则下降至日均消费 4564.3 万桶，所占比重下降至 47.5%。在此期间，非 OECD 成员的日均石油消费和所占比重分别从 3466.4 万桶和 41.5%，上升至 4936.5 万桶和 52.5%。北美洲和欧洲及欧亚大陆成为石油消费量和所占比重均明显下降的地区，而亚太地区的消费量和所占比重均有大幅上升。在未来较长一段时期内，全球石油消费区域将按上述方向继续深化调整，全球石油生产增量主要满足非 OECD 成员快速增长的石油需求。根据美国能源信息署的预测，2012 ~ 2040 年，OECD 成员的液体能源消费增长率为 0，而非 OECD 成员经济体的液体能源消费增长率将达到 1.9%，其中中国、印度、巴西和非洲国家的增速将分别达到 1.7%、3.0%、1.7% 和 2.4%[②]。

3. 全球天然气生产和消费的区域格局出现新调整

全球天然气生产和消费的区域格局虽未发生结构性调整，但已经出现一些重要变化。近年来，全球天然气生产区域格局的最大变化就是欧洲及欧亚大陆地位的降低，而所有其他地区的天然气产量和在全球中的地位均有所提高。根据英国石油公司的统计数据，2005 年，欧洲及欧亚大陆的天然气产量为 10248 亿立方米，占全球生产总量的比重为 36.7%，2015 年其产量和所占比重分别下降至 9898 亿立方米和 27.8%。在此期间，北美洲天然气产量占全球的比重则从 26.9% 上升至 28.1%，中东地区从 11.5% 上升至 17.4%，亚太地区从 12.1% 上升至 15.7%。尤为引人瞩目的是，美国产

---

① 《BP 世界能源展望（2017 年）》，http://www.bp.com/content/dam/bp-country/zh_cn/Download_PDF/EO2017/pdf。

② EIA, *International Energy Outlook 2016*, http://www.eia.gov/forecasts/ieo。

天然气中页岩气的比重已接近 50%。随着美国页岩气的大规模商业开采，美国在 2009 年已经超过俄罗斯成为全球第一大天然气生产国。2015～2035年，全球天然气产量将年均增长 1.6%，中东、俄罗斯、澳大利亚的常规天然气产量年均将仅增长 0.7%，而页岩气产量将年均增长 5.2%，这也就意味着 60% 的增产由页岩气贡献，到 2035 年，页岩气将占天然气总产量的1/4[①]。全球页岩气储量最高的国家依次为中国、阿根廷、阿尔及利亚、美国、加拿大、墨西哥、澳大利亚、南非、俄罗斯、巴西、阿拉伯联合酋长国和委内瑞拉，这些国家的探明储量占全球总探明储量的 80% 以上，因而也将成为主要的非常规天然气生产国[②]。这表明，天然气生产的全球布局将向更加分散化方向发展，而不是单纯的生产中心西移。

总体来看，各国家和地区的天然气消费情况与生产情况密切相关，即天然气的主要产地同时也是天然气的主要消费地。近年来，全球天然气消费区域格局的突出变化是发达国家消费增速趋缓，发展中国家增速明显高于发达国家。2005 年，OECD 成员消费的天然气约占全球消费总量的51.7%，2015 年该比重下降为 46.5%。而非 OECD 成员，特别是以中国、印度、巴西为代表的新兴经济体的天然气消费快速增长，所占比重也不断上升。美国能源信息署预测的全球未来天然气消费增速略高于英国石油公司预测，认为 2012～2040 年年均增速将达到 1.9%。其中 OECD 成员的年均消费量增速为 1.1%，非 OECD 成员的年均消费量增速则高达 2.5%。按照这种增速发展，到 2040 年，非 OECD 成员的天然气消费量将占全球总消费量的 60%，特别是中国在 2030 年前后将成为仅次于美国的世界第二大天然气消费国[③]。

---

①　《BP 世界能源展望（2017 年）》，http://www.bp.com/content/dam/bp-country/zh_cn/Download_PDF/EO2017/pdf。

②　World Energy Council, *Unconventional Gas, A Global Phenomenon*, https://www.worldenergy.org/wp-content/uploads/2016/02/Unconventional-gas-a-global-phenomenon-World-Energy-Resources_-Full-report-.pdf。

③　EIA, *International Energy Outlook 2016*, http://www.eia.gov/forecasts/ieo。

二 全球能源格局调整的主要影响

全球能源格局的调整必将对全球政治经济格局重塑产生深远影响。随着能源格局调整出现的国际油气价格大幅下跌，许多中东、拉美、非洲及曾属于苏联的油气生产大国普遍陷入严重经济困难，一些国家甚至因经济衰退而发生不同程度的政治动荡。与此相反，能源消费和进口大国则可以享受能源价格降低的好处。美国就是享受全球能源格局调整好处最突出的国家之一，能源价格下跌为其化工、钢铁、玻璃制造等产业发展提供了廉价资源和能源保障，从而促进了美国制造业复苏和经济实力恢复[1]。高盛全球投资研究部门分析师发布的报告称，汽油价格的大幅下跌将给美国消费者带来近 1250 亿美元的"意外之喜"，相当于给中产阶级家庭减税，且有助于提振美国经济增长[2]。下文关于全球能源格局调整的影响分析，将集中在能源市场运行、能源安全方面。

（一）全球能源市场竞争日趋激烈

近年来的全球能源格局调整，对能源市场竞争起到了极为显著的推动作用。在能源供应紧张时期，能源市场属于卖方市场，不同能源出口国和地区之间的竞争不够充分，能源进口国和地区之间则围绕着资源获取特别是与卖方签订长期供货合同展开激烈竞争[3]。而在近年来逐步形成的全球能源市场新格局下，能源市场结构正在由卖方市场向买方市场转变，能源市场的竞争性不断加强。

1. 全球天然气市场一体化初现端倪

上述情况首先反映在国际天然气市场上。以往国际天然气市场是三个

---

[1] David Ignatitus, "An Economic Boom Ahead?", *The Washington Post*, 2012 – 05 – 04.

[2] 高盛：《油价下跌给美国消费者带来 1250 亿美元"意外之喜"》，凤凰网，http://finance. ifeng. com/a/20141212/13349499_0. shtml。

[3] 富景筠：《俄罗斯能源政策的范式转变与东北亚能源关系》，《俄罗斯研究》2016 年第 6 期，第 185 ～ 203 页。

相互分割的区域性市场，即北美市场、欧洲市场和亚洲市场。其中北美市场和欧洲市场以管道天然气贸易为主，亚洲市场则以液化天然气贸易为主。2007 年，美国天然气进口量达到 1506 亿立方米的历史峰值[①]，此后随着美国页岩气产量的不断增加，其天然气净进口规模越来越小，日渐增多的剩余天然气开始流向其他市场。2016 年美国首次出口液化页岩气，2017 年其天然气产量与消费量基本持平。北美地区液化天然气出口加强了三个相互分割的国际天然气市场的联系，并且引发了天然气气源之间的竞争。无论是欧洲还是亚洲的天然气进口国，都有了新的进口来源地选择。在欧洲天然气市场上，来自俄罗斯和中亚的管道天然气、中东的传统液化天然气、北美的液化页岩气之间相互竞争，使得欧盟成员正在摆脱过度依赖俄罗斯管道天然气而处于价格接受者的被动局面。在这种情况下，中国、日本、韩国、印度等亚洲国家面临的气源选择机会也在不断增大，纷纷表示要推动进口天然气合同内容及定价方式调整[②]。可以预见，未来全球天然气市场的竞争将进一步白热化。尽管有的学者怀疑页岩气开发的前景，有人甚至认为"美国页岩气革命"就是一场骗局[③]，但经过近 10 年的快速发展，事实证明，国际天然气市场正在被不断增加的非常规天然气供应所重塑。

2. 国际石油市场的产地间竞争有所加剧

随着美国页岩油开发规模的不断扩大，曾作为世界头号石油净进口国的美国进口规模逐渐缩小。2005 年，美国石油生产缺口高达 1390.2 万桶/日，2015 年下降至 669.2 万桶/日。国际石油市场供给过剩导致油价持续低迷。以沙特阿拉伯为代表的 OPEC 国家试图用低油价逼迫美国页岩油退出市场，坚持不实行减产政策。然而由于美国页岩油开采技术创新所带来的成本大幅降低，其页岩油生产并未受到严重影响。特别是美国页岩油开采实

① EIA, *U. S. Natural Gas Imports and Exports：2007*，https：//www.eia.gov/naturalgas/importsex-ports/annual/archives/2009/ngimpexp7.pdf.

② World Energy Council, *Unconventional Gas, A Global Phenomenon*，https：//www.worldenergy.org/wp-content/uploads/2016/02/Unconventional-gas-a-global-phenomenon-World-Energy-Resources _ - Full-report -.pdf.

③ 董春岭：《关于"世界油气中心西移"论的再思考——基于对"页岩气革命"局限性的分析》，《现代国际关系》2014 年第 2 期，第 52～59 页。

行隐性"库存于井"① 的生产流程，从而使得其页岩油开发公司承受油价变动的能力进一步提高。在这种情况下，OPEC 及其他产油国在是否减产问题上进退两难。不限产将导致油价过于低迷，势必加重经济和财政困难；而减产不仅可能无助于提升国际油价，且会将自己的市场份额拱手让给其他不减产国家。2016 年底，OPEC 国家和部分非 OPEC 产油国终于达成了石油减产协议，OPEC 承诺每天减产 120 万桶，俄罗斯等 11 个非 OPEC 产油国承诺每天减产 55.8 万桶。但该限产协议仅带来短暂的幅度较小的油价回升，OPEC 对国际石油市场的控制力逐渐下降。

3. 不同能源之间的替代性和相互竞争也在不断提高

美国市场天然气价格的大幅度降低，引发其原来以煤炭为燃料的火力发电厂加速向使用天然气转变。以往美国需要从哥伦比亚进口煤炭以补充国内煤炭生产的不足。在"页岩油气革命"的背景下，作为电力燃料的煤炭在美国市场日渐萎缩，并开始出现剩余继而引发价格大幅下跌。在这种背景下，美国和哥伦比亚出产的低价煤炭开始向欧洲出口。煤炭价格降低使得德国等欧洲国家利用天然气发电的优势丧失殆尽，一些发电厂开始实施与美国发电厂相反的操作，即由使用天然气发电改为使用煤炭发电。可见，在欧洲市场上，俄罗斯和中东产天然气不仅面临着美国页岩气的竞争，而且也面临着来自美洲低价煤炭的竞争②。此外，近年来各种可再生能源开发利用规模的快速扩大，进一步加剧了能源之间的竞争。

（二）全球能源地缘政治风险有所降低

有观点认为，随着全球能源格局调整和美国对海外油气资源依赖度降低，美国很有可能会从中东、北非等地战略收缩，或者降低对这些地区的

---

① 所谓"库存于井"，就是指页岩油气开发分成两个相对独立的工程流程阶段，第一阶段为探矿和油气井挖掘，第二阶段为水力压裂和油气开采。第一个阶段所需费用最高，第二阶段相对来讲成本很低。完成了第一个工程阶段，就相当于在油气井中已经备好库存，必要时将其采出油气井就相当于出库一样成本很低。美国有大约 3000 口这样的页岩油气井，在价格适宜的条件下，有关企业基本不花费成本就可以日增产石油 100 万桶。

② 木村誠：米国シェール革命の波紋に，エリアリポート（AREA Reports），2014（7）.

关注和管理力度①，甚至美国已不再因石油供应问题而惧怕中东出现乱局②。如果没有美国力量的维持，这些地区保持稳定的可能性将大大降低，稳定供油的能力也将大打折扣。全面分析全球能源格局新调整的影响，可以发现能源地缘政治风险正在不断降低，上述判断是极为片面的。

1. 美国强力干预中东事务的局面不会发生重大变化

断言美国降低对中东地区以及国际能源市场稳定的关注是缺乏合理依据的。长期以来，实际上美国对中东的强势介入和管控不仅仅是为了其自身能够获得廉价石油或确保其石油公司获得石油勘探开发合同，它的根本性战略目标是确保石油自由贸易，并为国际贸易和国际经济提供能源保障，从而确保美国作为体系领导者的地位③。从这个意义上讲，即使美国不从中东进口石油，也需要考虑欧洲和日本盟友的能源安全，考虑中东石油市场波动对全球经济的影响④。特别是能源市场全球化的背景下，世界上任何一个主要油气产区发生严重动荡及其所引起的能源价格波动都会对美国能源市场造成重大冲击，进而影响美国经济增长。因此，以美国不再依赖中东石油为理由，认为美国将不会强力干预中东事务，进而得出中东将因此面临不稳定局面的判断是站不住脚的。

2. 长期性能源地缘政治风险一直存在高估现象

海上油气资源运输确实需要经过一些重要的瓶颈地带，在这些地区也确实发生过一些海盗劫持油轮的事件，却从未发生某个国家或者国际组织封锁主要能源运输通道的问题。这些海上通道既是能源运输通道，同时也

① 管清友等：《美国页岩气革命与全球政治经济格局》，《国际经济评论》2013 年第 2 期，第 21～33 页。

② 林利民：《世界油气中心"西移"及其地缘政治影响》，《现代国际关系》2012 年第 9 期，第 50～55 页。

③ Amy M. Jeff, "Energy Security: Oil-Geopolitical and Strategic Implications for China and the United States", "Energy Security: Implications for U. S.: China-Middle East Relations, for and the United States", (The James A. Baker Ⅲ Institute for Public Policy of Rice University, 2005), p. 1.

④ Gal Luft, *American's Oil Dependence and Its Implications for U. S. Middle East Policy*, Testimony Before the Senate Foreign Relations Subcommittee on Near Eastern and South Asian Affairs, 2005 – 10 – 20.

是其他货物运输通道，封锁这些通道必将引起国际经济秩序的严重混乱而招致各国的一致反对。如果仅仅是封锁通往某个或某些国家的能源运输，即意味着双方已经发生严重的政治及军事冲突。即使在冷战时期，东西方两大阵营之间也从未进行类似的相互封锁。苏联以及当前俄罗斯的能源贸易基本上没有受到地缘政治影响。在冷战时期，苏联和西欧修通了连接双方的天然气管道，并开始了从未间断的天然气贸易。俄罗斯与乌克兰冲突爆发后，美国和欧盟出台了一系列制裁俄罗斯的措施，但无论是俄罗斯还是欧盟都没有将油气贸易作为制裁手段。油气资源进口国经济社会发展离不开能源进口，同样油气资源出口国也高度依赖能源出口。保持能源贸易的顺利开展是双方的共同利益，停止能源贸易则是一种"相互确定性毁灭"（mutual assured destruction）。双方都不敢轻易加以运用，从而产生"相互确定性控制"（mutual assured control）的制衡效果。从目前的国际局势来看，没有任何理由认为能源地缘政治风险更高了。

3. 全球油气资源产地趋于分散化与地缘政治风险

全球能源格局的调整和能源供给更趋分散化，将有助于降低能源地缘政治风险。全球能源消费对某种能源或某个能源产地依赖度越高，能源地缘政治风险就越大。总体来看，一次能源消费过度依赖石油已经有所缓解，全球对中东等单一油气资源产地的依赖程度也在降低。在这种情况下，某个世界主要能源产地发生政治动荡及军事冲突，会危及当地的能源生产及出口，但对全球能源市场和能源价格的影响会有所降低。目前，中东地区依然是全球油气资源最主要的供应地，中东局势也极为复杂，区域内部各国间的复杂矛盾与世界大国战略博弈相互交织，使得中东地区成为全球范围内政治安全问题最突出的地区。不仅如此，中东地区的政治安全还深受形形色色恐怖主义和极端主义的影响，该地区的国家间纷争和政治动荡一直没有停止过。尽管如此，中东地区对全球的能源供给并未中断。虽然中东地区的油气生产经常受个别国家政治局势和其他突发性冲突影响而出现一定程度的波动，国际油价也因此起起落落，但自20世纪90年代以来，从未出现类似于两次石油危机期间发生的全球能源供给秩序严重混乱现象。究其原因，主要是由于许多中东地区产油国之间存在尖锐复杂的矛盾，使其很难一致行动左右全球能源市场运行。特别是在中东地区以外的油气资源开发规模不断扩大的情况下，中东地区局部性的政治动荡和武装冲突，只会对全球油气资源价格产生一定程度的影响，而不会从根本上动摇全球油气资源的供给秩序。

（三）近期全球能源领域投资趋于低迷

能源价格与能源领域投资之间存在着极为密切的正相关关系，现期能源价格在很大程度上是前期能源领域投资的滞后反映。美国页岩油气的大规模开发，在很大程度上可以视为高油价的产物。而页岩油气的大规模开发又造成国际油气价格的剧烈下降，进而抑制了能源领域的投资增长。

1. 全球能源领域投资呈现下降态势

据 IEA 统计，2015 年以来全球能源领域的投资在锐减，2016 年，新发现的石油储量跌至 24 亿桶的极低水平，而近 15 年的平均水平为 90 亿桶；获准开发的常规石油开发项目比上一年减少 30%，降至 47 亿桶；获得最终融资决定的项目数降至 20 世纪 40 年代以来的最低水平。一直贡献全球约 1/3 产量的海上石油开采项目大幅减少，2016 年，全球批准的石油开采项目仅有 13% 为海上项目，而 2000～2015 年该比例高达 40%。IEA 预测，2017 年的全球石油勘探支出甚至可能不及 2014 年的 1/2，新探明储量和批准的开采项目也将很少[①]。

2. 部分油气生产大国陷入严重经济困境

受油气价格下跌冲击最严重的是俄罗斯、巴西、委内瑞拉、阿根廷等油气生产成本较高的新兴经济体。根据国际货币基金组织发布的数据及相关预测，2014～2016 年，俄罗斯经济增长率分别为 0.7%、-2.8% 和 -0.2%，未来五年的经济增速都很难超过 2.5%；同期巴西经济增长率分别为 0.5%、-3.8% 和 -3.6%，未来五年的增长率都很难超过 2%；委内瑞拉更是陷入了严重的经济衰退，同期的经济增长率分别为 -3.9%、-6.2%

---

① IEA, *Market Report Series*, *Oil 2017*: *Analysis and Forecasts to 2022*（*Executive Summary*），http://www.iea.org/Textbase/npsum/oil2017MRSsum.pdf.

和 -18.0%，未来五年都难以摆脱负增长的局面①。严重的经济衰退使这些国家面临极为困难的财政状况，造成各领域的投资全面萎缩，其曾将推出的一些雄心勃勃的能源开发计划和项目也不得不搁置。例如，俄罗斯的开发北极能源计划一直进展缓慢，东西伯利亚和远东地区能源开发项目也进展缓慢。这些国家的油气公司财务状况普遍恶化，开展大型项目的投资能力严重不足②。

3. 全球能源市场供求关系长期平衡面临巨大压力

如果常规油气资源勘探、开采投资长期处于低迷状态，而油气资源消费又保持目前的增长态势，新增油气资源需求就必须由页岩油气、油砂油等非常规油气加以满足。一旦非常规油气资源开发遇到重大障碍，近年来常规油气资源勘探开发投资不足的问题就将凸显，并造成油气供应紧张和价格大幅度上涨。国际能源署已经对 2020 年以后可能出现全球油气供给紧张发出了警告③。

另外，油气资源价格低迷还可能对可再生能源投资产生严重的负面影响。众所周知，各国积极支持可再生能源开发主要出于两个方面的考虑：一是为努力实现能源供给构成的多元化，降低对油气能源的依赖度；二是落实所承诺的承担节能减排的国际义务，共同应对全球气候变暖问题。全球范围内可再生能源开发的快速发展始于 2000 年以后，特别是 2004 年全球油气价格进入快速增长通道以后。2004 年，全球除大型水电以外的可再生能源投资为 451 亿美元，2008 年上升至 1816 亿美元，2011 年创造了 2788 亿美元的新纪录，此后两年大幅下滑，2014 年再次上升至 2702 亿美元。目前全球油气价格低迷，使得使用天然气和重油发电成本大幅下降，并有可能使可再生能源投资收益恶化进而影响未来的投资增长④。此外，新一届美

① IMF，*World Economic Outlook：Gaining Momentum？* 2017，pp. 202 - 203.

② 孔祥永等：《世界能源新格局与中国之对策选择》，《东北亚论坛》2015 年第 5 期，第 47 ~ 57 页。

③ IEA，*Market Report Series，Oil 2017：Analysis and Forecasts to 2022（Executive Summary）*，http://www.iea.org/Textbase/npsum/oil2017MRSsum.pdf.

④ Frankfurt School-UNEP Centre/BNEF，*Global Trends in Renewable Energy Investment 2015*，http://fs-unep-centre.org/sites/default/files/attachments/key_messages.pdf.

国总统特朗普一直宣称要退出《巴黎协定》，不再履行所规定的减排义务。如果美国最终做出政策选择，势必进一步降低全球范围内可再生能源领域投资的积极性。

三 东北亚各国的能源安全形势与能源安全战略

东北亚地区各国的能源安全形势差异较大。中、日、韩三国都是能源消费大国，对能源进口依赖度非常高。特别是日本和韩国的石化能源几乎全部依赖进口，国际能源市场运行直接影响其能源安全形势。中国既是能源蕴藏和生产大国，同时也是全球第一大能源消费国，随着经济发展和人民生活水平提高，对进口能源特别是进口油气资源的依赖度日益提高。俄罗斯是各种能源蕴藏极为丰富的国家，经济运行对能源开发和出口的依赖度非常高。蒙古国人少地广，煤炭等化石能源蕴藏丰富，经济发展对煤炭等自然资源出口依赖度极高。朝鲜煤炭资源蕴藏较为丰富，水力资源开发水平较高，石油完全依赖进口。受资料和数据获取限制，下文将不对朝鲜的相关问题展开具体分析，仅重点梳理中、日、韩、俄、蒙五个国家的能源安全形势与能源安全战略。

（一）中国的能源安全形势与能源安全战略

改革开放以来，中国逐步从能源净输出国转变为能源净进口国，一次能源自给率不断下降，能源安全问题越来越突出，国家对能源安全问题也越来越重视。

1. 中国的能源安全形势

从绝对规模方面看，中国是能源类资源蕴藏非常丰富的国家。按照英国石油公司（BP）公布的世界能源数据，截至 2017 年底，中国煤炭探明储量为 1388.2 万亿吨，约占全球总量的 13.4%；探明石油储量为 257.0 万亿桶，约占全球总量的 1.5%；天然气探明储量为 193.5 万亿立方米，约占全球总量的 2.8%。特别是国内能源开发规模十分庞大，各种能源资源的开发都处于世界领先水平。2017 年，中国是全球最大的煤炭生产国，生产了全球 44.7% 的煤炭；中国作为全球第七大石油生产国和第六大天然气生产国，分别生产了全球 4.4% 的石油和 3.8% 的天然气。此外，中国还分别是全球第三大核能生产国，第一大水电、太阳发电和风能发电生产国。

从人均水平来看，中国则是能源探明储量相对匮乏的国家，能源生产特别是石油、天然气、煤炭等化石能源生产远远不能满足经济发展和人民生活改善的需要。2015 年，中国的一次能源生产量合计为 2513.7 百万吨油当量，一次能源供给量为 2991.4 百万吨油当量，一次能源进口依赖度为 16.0%（见表 5-3）。其中煤炭的进口依赖度为 5.0%；石油的进口依赖度为 64.6%，天然气的进口依赖度为 28.0%。近年来，随着经济增速下降和经济结构调整，中国能源消费增速略有下降，但保障能源稳定供给的任务依然非常艰巨。

表 5-3　2015 年东北亚各国一次能源生产量与供给量总体状况

单位：百万吨油当量，%

国家	一次能源生产量	进口	出口	一次能源供给量	一次能源自给率
中国	2513.7	547.0	580.1	2991.4	84.0
日本	31.8	427.1	19.0	430.5	7.4
韩国	51.4	299.8	62.8	272.7	18.8
俄罗斯	1334.4	27.6	631.7	710.0	187.9
朝鲜	18.8	1.7	12.7	7.8	241.0
蒙古国	14.5	1.3	11.0	4.6	315.2

注：①一次能源自给率为一次能源生产量与一次能源供给量的比值；
②由于库存变化等方面的原因，一次能源供给量不等于一次能源生产量与净进口之和。
资料来源：根据国际能源署的相关统计数据制作。

另外，随着能源消费的快速增长，特别是污染较重的煤炭消费持续快速增长，空气污染等环境安全问题日益突出。2015 年，中国一次能源供给中煤炭所占比重高达 67%，而全球平均水平仅为 28%。石油所占比重为 18%，天然气为 5%，可再生能源为 5%，水电为 3%，核电为 1%。因此，中国能源安全面临着两个最突出的问题，一方面要保障经济增长和人民生活改善的巨大需求能够得到有效供给，另一方面需要加快解决因能源消费造成的环境破坏。

2. 中国的能源安全战略

进入 21 世纪以来，中国政府越来越重视能源安全问题。《中华人民共和国国民经济和社会发展第十一个五年规划纲要》对规划期的能源政策做出了明确部署，提出要大力实施节能战略，要在"十一五"期间将单位 GDP 能耗降低 20% 左右。与此同时，要优化能源供给结构，即在稳定煤炭基础地位的基础上，推进能源多元化。《中华人民共和国国民经济和社会发展第十二个五年规划纲要》的第十一章以"推动能源生产和利用方式变革"为题，明确了规划期的重点能源政策方向和目标。其总体思路是"坚持节约优先、立足国内、多元发展、保护环境，加强国际互利合作，调整优化能源结构，构建安全、稳定、经济、清洁的现代能源产业体系"。重点任务包括"推进能源多元清洁发展""优化能源开发布局""加强能源输送通道建设"三个方面内容。[①]

2014 年 6 月，国务院办公厅印发了《能源发展战略行动计划（2014—2020 年）》。该行动计划具体阐述了 2014 ~ 2020 年能源工作的四个重点战略。一是节约优先战略，合理控制能源消费总量，以较少的能源消费支撑经济社会较快发展。到 2020 年，一次能源消费总量控制在 48 亿吨标准煤左右，煤炭消费总量控制在 42 亿吨左右。二是立足国内战略，将国内供应作为保障能源安全的主渠道，牢牢掌握能源安全主动权。到 2020 年，基本形成比较完善的能源安全保障体系，国内一次能源生产总量达到 42 亿吨标准煤，能源自给能力保持在 85% 左右，石油储采比提高到 14% ~ 15%，能源储备应急体系基本建成。三是绿色低碳战略，把发展清洁低碳能源作为调整能源结构的主攻方向，坚持发展非化石能源与化石能源高效清洁利用并举，形成与我国国情相适应、科学合理的能源消费结构。到 2020 年，非化石能源占一次能源消费比重达到 15%，天然气比重达到 10% 以上，煤炭消

---

① 《中华人民共和国国民经济和社会发展第十二个五年规划纲要》，http://www.gov.cn/2011lh/ content_1825838. htm。

费比重控制在 62% 以内。四是创新驱动战略，加快重点领域和关键环节改革步伐，充分发挥市场在能源资源配置中的决定性作用，加强能源科技创新体系建设，到 2020 年，基本形成统一开放竞争有序的现代能源市场体系。[①]

《中华人民共和国国民经济和社会发展第十三个五年规划纲要》对新时代中国能源战略和工作重点做出了新部署，具体内容包括四个方面。一是推进能源消费革命，全面实现能源节约，到 2020 年将能源消费总量控制在 50 亿吨标准煤以内，在规划期将单位 GDP 能耗降低 15% 。二是推动能源结构优化升级，统筹传统能源与新能源开发和利用，优化能源开发空间布局，到 2020 年将非化石能源占一次能源的比重提高到 15% 。三是统筹推进煤电油气多种能源输送方式发展，加强能源储备和调峰设施建设，加快构建多能互补、外通内畅、安全可靠的现代能源储运网络。四是推进能源与信息等领域新技术深度融合，统筹能源与通信、交通等基础设施网络建设，建设"源—网—荷—储"协调发展、集成互补的能源互联网和智慧能源系统。[②]

此外，国家还通过各种途径积极参与国际能源合作，支持能源企业参与国际油气资源开发，保障油气资源进口的稳定供应和促进来源地的多元化。

（二）日本的能源安全形势与能源安全战略

作为能源蕴藏极为贫乏和高度依赖进口能源的国家，日本一直高度重视能源安全问题。

1. 日本的能源安全形势

日本列岛几乎没有油气资源，仅有少量的煤炭蕴藏。根据英国石油公司的统计数据，2017 年，日本的煤炭探明储量为 3.5 亿吨，仅为全球探明

---

① 《能源发展战略行动计划 (2014 - 2020 年)》，http://www.nea.gov.cn/2014 - 12/03/c_133830458.htm。

② 《中华人民共和国国民经济和社会发展第十三个五年规划纲要》，http://www.xinhuanet.com/politics/2016lh/2016 - 03/17/c_1118366322.htm。

储量的 0.03%。因此，其石化能源供应几乎全部依赖进口。2016 年，日本石油进口量为 1.62 亿吨，占全球石油进口总量的 7.7%，为全球第四大石油进口国；天然气进口量为 1150 亿立方米，占全球天然气进口总量的 12.6%，为全球第一大天然气进口国；煤炭进口量为 1.9 百万吨，占全球煤炭进口总量的 9.2%，是全球第三大煤炭进口国。

2016 年，日本一次能源供给量合计 4.23 亿吨油当量，人均一次能源供给量为 3.34 吨油当量（为中国人均水平的 1.54 倍），一次能源自给率为 7%。在一次能源供给中，石油所占比重为 42%，天然气为 24%，煤炭为 28%，可再生能源为 4%，水电为 2%。受 2011 年日本东海大地震所造成的福岛核电站核泄漏影响，日本社会公众的反核情绪一直非常严重，部分核电站长期不能运行。日本核电站的装机容量为 4000 千瓦，约占全球核电装机容量的 10.2%，但发电量却很少，在一次能源供给中所占比重仅为 1%，在总的电力供给中约占 2%。

日本发电主要以天然气和煤炭为燃料，其中天然气所占比重为 41%，煤炭为 34%，水电占 8%，石油占 7%，太阳能等可再生能源约占 9%。总体来看，日本能源安全面临着高度依赖进口海外能源、油气资源进口高度依赖中东地区、面临的全球气候变化风险突出等问题。但由于日本人口呈现下降趋势，经济低增长也将长期化，所以其能源需求总量将进入由增转降阶段。

2. 日本的能源安全战略

对海外资源进口的高度依赖，使日本社会各界都高度重视能源安全问题。2006 年 5 月，日本经济产业省发表了题为《新国家能源战略》的研究报告。该报告系统归纳了日本能源安全面临的主要挑战，并且提出了维护能源安全的目标和措施，特别是提出了以下五方面的能源安全战略具体政策目标。一是推进能源多元化，即通过发展核能、天然气和可再生能源，到 2030 年，把一次能源消费中石油的比重，从 2005 年的 47% 降至 40%；将交通运输业能源消费中石油的比重由 100% 降至 80%；把核电在全部电力供应中的比重由 30% 提高至 40%。二是推进能源供应地的多元化，争取降低从中东地区的油气资源进口，扩大从俄罗斯、中亚、非洲、澳大利亚、拉丁美洲及加拿大等国家和地区的进口，并通过发展与油气资源生产国和地区的双边关系稳定能源进口来源。三是提高能源利用效率和节约能源，在 2005～2030 年，将单位能源的 GDP 产出提高 30%。四是扩大对海外资源的直接控制，到 2030 年，将石油进口中属于从日本石油公司海外开发石油的比重，由 2005 年的 15% 提高至 40%。五是增加油气资源战略储备和商业储备。2006 年 11 月，日本已经建立了相当于其 177 天进口量的石油储备，其中国家战略储备为 92 天，商业储备为 85 天。日本政府希望进一步增加石油储备，并且扩大能源储备的类型，即增加天然气等能源的储备以应对意外冲击引起的能源供应混乱或中断。[①]

此后，日本政府又陆续公布了一系列综合能源政策，其内容基本上是根据形势变化对上述《新国家能源战略》的修改和补充。例如，2018 年 7 月，日本政府发布的第五个《能源基本计划》就与以往的政策有很大的内在一致性。该基本计划进一步充实了日本能源政策的 "3E + S" 原则，即以能源安全性 (Safety) 为前提，实现能源稳定供给 (Energy Security)、经济效率 (Economic Efficiency)、环境适应性 (Environment Suitability) 平衡统一。其政策重点主要包括建设全面节能型社会、实现电力来源主体的可再生能源化、重建核能政策、推进石化能源的高效稳定利用、强化面向氢能源社会的组织基础、推动能源体制改革、开展能源领域国际合作等。[②]

(三) 韩国的能源安全形势与能源安全战略

韩国的能源资源蕴藏以及面临的能源问题与日本非常相似。从能源蕴藏方面看，韩国是一个能源资源极度贫乏的国家，化石能源储量很低，水能可开发量亦十分有限。

1. 韩国的能源安全形势

尽管能源蕴藏非常贫乏，但韩国是全球范围内屈指可数的能源消费和

---

① METI, *New National Energy Strategy*, Ministry of Economy, Trade and Industry of Japan, May, 2006.

② エネルギー基本計画，http://www.meti.go.jp/press/2018/07/20180703001/20180703001 - 1.pdf.

进口大国之一。据世界能源署公布的统计数据，2016年，韩国一次能源消费总量约为2.9亿吨油当量，是全球第七大一次能源消费国，而其一次能源国内生产总量为5.2千万吨油当量，一次能源自给率仅为18%。在韩国的国内一次能源生产中，核电占据绝对主导地位，其他种类的一次能源生产量非常有限。韩国是仅次于美国、法国、俄罗斯和中国的全球第五大核电生产国，占全球核电发电总量的6.3%。

韩国是全球范围内的能源消费大国之一。2016年，韩国以全球不足0.7%的人口，消耗了全球2.6%的石油，石油消费量位列全球第八；消费了全球2.2%的煤炭，位列全球第七；消费了全球1.3%的天然气，位列全球第十九。在国内化石能源生产非常有限的情况下，韩国只能通过大规模的进口来保证能源供给。同年，韩国作为全球第五大石油进口国，进口石油接近1.5亿吨，约占全球石油进口总额的7%；作为第四大煤炭进口国，进口煤炭接近1.5亿吨，约占全球煤炭进口总额的12%；作为第七大天然气进口国，进口天然气接近500亿立方米，约占全球天然气进口总量的5%。

近年来，韩国经济一直处于低速增长状态，能源需求增速开始下降。从长期来看，随着人口老龄化的不断加剧，韩国经济增长乏力及能源需求增速下降的状况将持续下去。

2. 韩国的能源安全战略

2006年3月，韩国颁布了《能源基本法》，规定国家每五年要制订一个长期能源计划。2008年8月，韩国政府公布实施了根据《能源基本法》制订的《国家能源基本计划》。该能源基本计划的实施期限为2008～2030年，其内容主要包括以下四个方面。一是通过增加核能和可再生能源的生产与消费来推进能源多元化。为了实现推进能源多元化与降低二氧化碳等温室气体排放的双重目标，韩国把发展核能与可再生能源确定为能源结构调整方向，通过加大对"清洁技术"等能源技术开发的财政支持和技术引进，计划到2030年，将一次能源供给中石化能源的比重从2006年的83%降至60%左右，其中核电的比重从15%提高至近30%，可再生能源的比重从不足3%提高至10%以上。二是通过能源使用的节约化、精细化和高效化，降低经济的能源密集度，控制温室气体排放增长速度和加强环境保护。该基本计划提出要通过开展全民能源节约活动、扩大对节能设施投资、促进节能技术开发等途径，在实现能源节约利用的同时，促进经济结构向低能耗型转变，并明确了具体的发展目标。即在计划期内，要将单位 GDP 能耗降低 46%，实现每 1000 美元 GDP 的能耗从 0.341 吨油当量降至 0.185 吨油当量。三是积极开展能源外交和参与海外能源开发，实现能源进口来源多元化。韩国政府认为，能源进口过度依赖中东地区具有较大的风险。为此，该基本计划提出应该努力扩大从俄罗斯和中亚地区的油气资源进口，实现能源进口来源地的多元化，降低对中东地区的依赖程度。此外，还提出要支持国内企业参与海外油气资源开发，提高能源进口中由本国企业海外开发能源的比重。四是进一步扩大石油战略储备，提高应对突发性油气资源供给中断风险的保障能力。2001 年 4 月韩国加入世界能源组织时，其石油战略储备记录为 60 天的净进口规模，2006 年已经达到世界能源组织对其成员国的建议规模，即 90 天的净进口规模。该基本计划提出，要根据形势需要进一步扩大国家能源战略储备，同时采取措施鼓励能源类企业扩大商业储备。①

2014 年 1 月，韩国政府公布了第二个《国家能源基本计划》，将能源基本计划实施期限延长至 2035 年。该基本计划预测至 2035 年韩国一次能源供给将达到 3.78 亿吨油当量，比 2011 年实际供给量提高 37%，预计年增长率为 1.32%。调整能源供给和消费结构仍是其能源政策的重点内容，即继续实施减少煤炭、石油消费和扩大天然气、核电使用的政策，争取将天然气在一次能源中的比重由 2011 年的 16.8% 提高到 19.4%，同时实现核能发电量翻一番。

2017 年 7 月，新当选的韩国总统文在寅宣布对国家能源政策进行重大调整，以适应面向更加绿色的未来。其主要内容是到 2030 年，将一次能源消费中天然气的比重由当前的 18% 提高到 27%，将可再生能源的比重由

---

① 吴昊等：《中、日、韩能源安全关系：竞争敌手还是合作伙伴》，《吉林大学社会科学学报》
2009 年第 5 期，第 117～124 页。

5%提高到20%。进一步讲，就是天然气和可再生能源替代煤炭和核电供给。在韩国的电力供应中，煤炭发电和核电合计占70%的比重，实现能源结构的重大调整需要大幅减少煤炭的使用和核能发电。文在寅总统宣布的新能源政策提出，要将给予煤炭发电和核电的财政补贴转移给可再生能源工业，并且对煤炭消费和核电厂增税，重新审查新建煤炭和核能发电设施，冻结老旧煤炭发电厂的生产。[①]

总体来看，韩国第一个《国家能源基本计划》的实施不够理想，其所规划的发展目标大多没有实现。由于能源结构转换与国际能源价格密切相关，社会各界在短时期内能否接受各项重大政策调整，能源行业以及主要能源消耗部门能承受重大政策调整，都存在很大变数。特别是韩国政坛变化多端，政策连续性一直不是很强。所以，文在寅政府所倡导的新能源政策能否得到全面落实还有待时间检验。

（四）俄罗斯的能源形势与能源战略

俄罗斯是全球最主要的能源大国之一，其能源探明储量、生产规模、消费规模以及化石能源出口规模均处于世界前列。

1. 俄罗斯的能源形势

根据英国石油公司发布的统计数据，截至2017年底，俄罗斯探明石油储量为145亿吨，占同期全球探明储量的6.3%，位居全球第六，仅次于委内瑞拉、加拿大、沙特阿拉伯、伊朗、伊拉克的探明储量。天然气探明储量居全球第一位，为35万亿立方米，约占全球探明总储量的18.1%。煤炭储量仅次于美国，为1604亿吨，约占全球探明总储量的15.5%。丰富的能源蕴藏使俄罗斯稳居全球主要能源生产大国之列。2017年，俄罗斯石油产量为5.5亿吨，占全球石油总产量的12.6%，仅略低于美国和沙特阿拉伯，居全球第三位。天然气产量为6356亿立方米，是仅次于美国的第二大天然气生产国，产量占全球的17.3%。煤炭产量为4.1亿吨，约占全球总产量

① Abby Norman, *South Korea Just Announced a Major Energy Policy Move*, 2017, https://futurism.com/south-korea-just-announced-a-major-energy-policy-move/.

的 5.3%，居全球第六位。与此同时，俄罗斯还是全球第四大核能生产国，2017 年核能发电量为 203.1 万亿瓦时，约占全球核能发电总量的 7.7%。

俄罗斯是全球范围内的能源消费大国之一。2017 年，一次能源消费接近 7 亿吨油当量，约占全球一次能源消费的 5.2%，是仅次于中国、美国的全球第三大能源消费国。其一次能源消费中化石能源所占比重特别高，约占 87.4%，其中石油、天然气、煤炭所占比重分别为 21.9%、52.3%、13.2%，核能和水电所占比重分别为 6.6% 和 5.9%，其他类型的可再生能源生产和消费都非常少。

俄罗斯还是全球主要的能源输出大国。2017 年石油出口量为 4.2 亿吨，居世界第一位，约占全球石油出口总量的 12.7%。作为全球第一大天然气出口国，同年俄罗斯天然气出口量为 2309 亿立方米，约占全球出口总额的 20.3%。俄罗斯面临的能源问题与中、日、韩三个东北亚国家完全不同。其面临的主要问题不是如何保障国内能源稳定供应，而是经济增长对能源出口和能源价格高度依赖。国际能源市场的运行状况已经成为影响俄罗斯经济的最突出问题。2010 年以来，俄罗斯财政收入中来自石油、天然气部门的比重一直在 50% 左右。2014 年，在其出口总额中，石油和天然气所占比重超过 70%，石油和天然气出口关税收入约占总关税收入的 64%，约占其年度财政收入的 31%。[①] 另外，欧盟作为俄罗斯传统的最主要能源市场，随着经济低增长化和能源消费增速下降，以及 2013 年乌克兰危机之后美国和欧盟对俄罗斯的严厉制裁，加快东西伯利亚及远东地区能源开发和开拓面向亚太地区的能源出口市场，特别是扩大对东北亚各国的能源出口，已经成为俄罗斯面临的一项重要能源课题。

2. 俄罗斯的能源战略

苏联解体后，俄罗斯分别于 1992 年、1995 年及 2000 年三次出台国家能源政策。然而，由于当时俄罗斯政府更迭频繁和经济严重困难，相关政策并未得到有效实施。2003 年 8 月，俄罗斯政府批准的《俄罗斯联邦能源

---

① 〔日〕山本杉：《东北亚能源安全——面向东方的亚洲与日本的未来》，日本评论社，2016，第57~58 页。

战略 2020》，从经济发展、地区开发和能源出口等角度，系统规划了 2003～2020 年俄罗斯的能源战略。该能源战略提出，要尽最大可能促进能源高效开发，发掘能源产业的发展潜力，以及改善社会公众的生活。在地区开发方面，一方面要促进地区间能源市场和能源需求相协调，另一方面要通过基础设施建设实现能源市场一体化。与此同时，还明确提出，要在东西伯利亚和远东地区建设新的天然气开发基地，建设和完善东西伯利亚和远东地区面向国内市场的天然气基础设施。在对外能源输出方面，要提高在全球能源市场上的竞争力，充分挖掘能源产业的出口潜力，积极开拓亚太地区的潜在能源市场。到 2030 年，将亚太市场在俄罗斯石油出口中的比重由 2003 年的 3% 提升至 30%，天然气则从几乎没有出口提升至 15%。

2009 年 8 月，俄罗斯政府发布《俄罗斯联邦能源战略 2030》，对 2003 年发布的能源战略进行大量调整和补充。该能源战略提出，要将能源产业建设成支撑 21 世纪 20 年代俄罗斯经济持续增长和强大国际经济实力的高效经济部门。为此，对 2020 年以后的俄罗斯联邦能源项目和促进社会经济发展地区项目进行调整，在东西伯利亚和远东地区新建面向出口的大型能源项目。提高能源产业国际竞争力和能源产地及出口市场多元化，积极应对国际能源市场急剧变化，积极建设欧亚共同能源市场，到 2030 年，将俄罗斯对亚太地区能源出口占其能源出口总额中的比重提升至 30%。

2014 年初，俄罗斯政府发布了《俄罗斯联邦能源战略 2035（草案）》。该能源战略草案是在乌克兰危机发生后俄罗斯遭受欧美制裁，并且由于国际油价持续低迷而导致俄罗斯经济严重困难的背景下出台的。其基本目标是降低对能源产业的依赖程度，调整能源供给结构。至 2035 年，将一次能源供给中的石油和凝析油比重降至 32%～33%，将天然气比重提高到 47%，将煤炭的比重保持在 11%～12%，将核电比重提高到 22%～23%。在基础设施建设方面，要克服能源基础设施发展的"瓶颈"，实现能源与交通基础设施平衡发展，重点建设与完善东西伯利亚和远东地区能源基础设施。在能源输出方面，加大开拓亚太市场，实现能源出口多元化。至 2035 年，在各类能源出口中对亚太地区的出口比重，石油与石油产品要提高到 23%，其中原油提高到 32%；天然气提高到 31%，其中液化天然气对亚太地区出口量 2020 年达到 3000 万吨，2035 年达到 1 亿吨。与此同时，不断优化出口能源商品结构，将重油出口量从 2010 年的 5700 万吨降至 2035 年的 2000 万吨，发动机燃油出口量从 2010 年的 4400 万吨增至 2035 年的 5800 万吨。能源战略草案明确提出，要发展与亚洲各国特别是中国的能源合作，实现对中国天然气出口，同时发展同亚洲各国的能源对话和能源关系。

（五）蒙古国的能源形势与能源战略

蒙古国是一个地广人稀、各种自然资源蕴藏非常丰富的国家，其所面临的能源形势与其他东北亚国家存在明显区别，其能源战略和政策也相对简单。

1. 蒙古国的能源形势

蒙古国的化石能源蕴藏主要是煤炭，石油和天然气蕴藏量较少，已探明的石油蕴藏主要分布于东戈壁省、东方省和中央省等地区。曾有专家从地质学的角度预测在蒙古东部的朱温巴彦和查干埃尔斯等地区可能有 4 亿吨的石油远景储量。[①] 但这种预测尚未得到地质勘探的证实。根据英国石油公司公布的统计数据，截至 2017 年，蒙古国煤炭资源探明储量为 25.5 亿吨，约占全球煤炭探明储量的 0.2%。受经济发展水平和地质调查工作相对滞后的影响，蒙古国已探明的资源储量与资源开发潜力还存在非常明显的差距。根据蒙古国能源局公布的数据，其地质预测煤炭储量高达 1733 亿吨，煤炭资源开采前景广阔。蒙古国煤炭资源地区分布较广，但 80% 的焦煤位于南戈壁地区，塔本陶勒盖矿区又集中了南戈壁一半的煤炭探明储量。塔本陶勒盖矿区煤炭储藏面积达 400 平方公里，煤层厚度 190 米，共 16 层，煤质优良，开发成本较低。[②]

蒙古国的资源蕴藏决定了其能源生产状况。其一次能源生产和消费都高度依赖煤炭。据英国石油公司公布的统计数据，2015 年蒙古国一次能源

---

① 国明：《蒙古矿产资源魅力显现》，《中国国土资源报》2004 年 7 月 27 日。

② 王赵宾：《2015－2020 年蒙古国能源投资研究报告（摘要版）》，《能源》2014 年第 12 期，第 86～89 页。

产量为1449.8万吨油当量，其中煤炭为1312.7万吨油当量，约占90.5%；石油产量为120.9万吨，水电、太阳能、风能、生物质能等可再生能源为16.9万吨油当量。其国内一次能源供给为464.6万吨油当量，能源净出口量为966.8万吨油当量，即其能源生产的2/3用于出口。同年蒙古国煤炭出口984.0万吨油当量，原油出口112.2万吨油当量。成品油和电力进口依赖度极高，成品油进口量为117.4万吨油当量，电力净进口量为12.3万吨油当量。

上述情况表明，蒙古国面临的能源形势也不是一般意义上的能源供给保障问题，而是如何通过能源的高效开发促进经济稳定发展，特别是更好地防范煤炭国际市场价格剧烈变化对经济增长造成的严重冲击。另外，由于蒙古国经济发展水平较低和资源开发技术水平相对落后，对国外企业资金和技术依赖度较高，如何创造有利于吸引国外资源类企业投资的政策环境也是其面临的主要课题之一。

2. 蒙古国的能源战略

从严格意义上讲，蒙古国不存在系统的国家能源战略，但在不同时期制定过一些有关能源产业发展的政策，特别是在2015年蒙古国国会批准了包含2030年远景目标的国家能源产业政策。该能源产业政策的主要内容是促进能源高效开发，特别是将可再生能源确定为发展重点，计划到2020年将可再生能源占一次能源供给的比重提高到20%，2030年提高到30%。从现实情况来看，制约蒙古国能源产业政策得到有效落实的问题还比较多。随着全球煤炭等大宗矿产资源供应过剩、中国等主要国外市场煤炭需求大幅放缓等原因，其面临的国际市场环境不容乐观。从蒙古国自身看，其基础设施非常薄弱，利用外资政策法律不稳定而且不够完善，劳动用工制度难以适应矿产资源开发需要，环保政策越来越严格，中国许多企业在蒙投资遇到严重困难，甚至发生巨额损失。因此，蒙古国长期能源政策实施需要协调推进，重点应该进一步改善国外资本进入的法律政策环境，加快建设和完善与能源开发有关的基础设施，特别是深化与中国在能源领域的双边合作。

四　东北亚区域能源合作的主要进展与新课题

冷战结束以来，随着东北亚地区局势的缓和，东北亚区域能源合作已经取得了一些重要进展。然而无论是与该地区的能源合作潜力相比，还是与其他地区能源合作成果相比，东北亚区域能源合作都存在较大的差距。东北亚地区各国应该立足全球能源格局调整的新形势，积极探索符合本地区特点和各国共同利益的能源合作新途径与新形式。

（一）　东北亚区域能源合作的主要进展

下面将从东北亚区域能源贸易关系、跨境能源基础设施建设、多边能源合作机制建设等方面，对东北亚区域能源合作主要进展进行初步总结。

1. 东北亚区域能源贸易关系的发展

东北亚地区各国在自然资源禀赋方面存在很大的互补性，具有发展资源经贸合作的有利条件。由于蒙古国出口的能源类产品主要是运费高昂的煤炭，所以基本没有可能离开中国市场而远距离开拓其他国家市场。蒙古国出口总额中的 85% 以上为对中国出口，煤炭出口几乎全部销往中国，进口的成品油则来自中国和俄罗斯，电力主要由俄罗斯输入。因此，蒙古国的能源进出口与东北亚地区国家关系最为密切。

中、俄、日、韩四国的能源经贸关系，主要体现为中、日、韩三个能源进口大国和俄罗斯作为全球主要能源供给者的关系。随着俄罗斯远东输油管道开通输油，俄罗斯对中国和日本的石油出口不断增加。特别是俄罗斯对中国石油类产品的出口增长最为明显。2010 年出口量为 1520 万吨，在 2011 年 1 月中俄原油管道正式开通投入使用后，俄罗斯对中国石油出口持续增长，2014 年达到 3310 万吨，相当于 2010 年的 2 倍多，2016 年进一步增至 5450 万吨（见表 5-4）。自 2015 年起，俄罗斯已经成为中国的第一大石油进口来源地，在石油贸易方面，中俄两国间的相互依赖度不断加深。

表 5 - 4　2010～2016 年俄罗斯对中、日、韩石油类产品出口

单位：百万吨，%

项目		2010 年	2011 年	2012 年	2013 年	2014 年	2015 年	2016 年
对中出口	规模	15.2	19.7	24.3	24.3	33.1	46.2	54.5
	比重①	6.4	7.8	9.0	8.6	8.0	12.9	13.4
	比重②	6.6	9.0	10.1	10.3	14.8	11.3	12.9
对日出口	规模	9.9	6.9	8.3	12.1	13.5	16.1	11.6
	比重③	5.5	4.0	4.7	6.8	8.0	8.0	6.0
	比重④	4.3	3.2	3.4	5.1	6.0	3.9	2.7
对韩出口	规模	6.7	4.3	4.5	5.1	5.4	NA.	NA.
	比重⑤	5.7	3.4	3.9	4.1	4.3	NA.	NA.
	比重⑥	2.9	2.0	1.9	2.1	2.4	NA.	NA.

注：表中比重①为中国石油类产品进口总量中从俄罗斯进口量所占比重，比重②为俄罗斯石油类产品出口总量中对中国出口量所占比重；比重③为日本石油类产品进口总量中从俄罗斯进口量所占比重；比重④为俄罗斯石油类产品出口总量中对日本出口量所占比重；比重⑤为韩国石油类产品进口总量中从俄罗斯进口量所占比重，比重⑥为俄罗斯石油类产品出口总量中对韩国出口量所占比重。

资料来源：根据英国石油公司（BP）发布的相关统计数据计算、制作。

日本、韩国从俄罗斯进口石油规模呈现出非常明确和一致的变化趋势。2010～2016 年，日本从俄罗斯进口石油类产品的规模大致在 1000 万吨左右，不同年份起伏较大；韩国从俄罗斯进口石油类产品的规模大致在 500 万吨左右，不同年份变化不大。

由于中俄天然气管道尚未正式开通输气，因此俄罗斯与中、日、韩三国之间仅存在液化天然气（LNG）贸易。2016 年，中国从俄罗斯进口天然气 3 亿立方米，约占同期中国天然气进口总量的 0.4%，不到俄罗斯同期天然气出口总量的 0.2%；日本从俄罗斯进口天然气 95 亿立方米，约占同期日本天然气进口总量的 8.8%，相当于俄罗斯同期天然气出口总量的 5.5%；同年韩国从俄罗斯进口天然气 24 亿立方米，约占韩国同期天然气进口总量的 5.5%，相当于俄罗斯同期天然气出口总量的 1.3%。

总体来看，俄罗斯石油出口对东北亚市场的依赖度有所上升，特别是对中国市场的依赖度上升最为明显，但对日、韩市场依赖度变化不大。在天然气贸易方面，俄罗斯与中、日、韩三国贸易规模都比较小，相互间的

依赖度都很低。这也说明，东北亚地区油气能源合作具有非常巨大的市场潜力。

2. 东北亚区域跨境能源基础设施建设进展

跨境能源基础设施是区域能源合作的重要支撑，其类型比较多，包括铁路、油气管道、输电设施、能源运输港口等。铁路无疑是一种非常重要的能源运输设施，并且在东北亚区域能源合作中发挥着重要作用。在中俄石油管道开通之前，中国从俄罗斯的石油进口基本上是通过铁路运输实现的。2006~2010年，每年通过中俄跨境铁路运输并经过满洲里口岸的石油进口量均为900万吨左右。2011年以后，随着中俄石油管道一期正式开通输油，铁路在中俄石油贸易中的作用基本完成了其历史使命。但铁路作为重要能源基础设施的地位并未改变，中俄、中蒙之间的煤炭贸易都是经由铁路运输实现的。东北亚地区铁路网还存在很多瓶颈路段，甚至一些跨境铁路仍然没有开通，例如中蒙"两山（中国阿尔山—蒙古国乔巴山）铁路"、朝韩跨境铁路等，推进跨境铁路互联互通和区域铁路网建设仍是一项重要的区域合作课题。

东北亚跨境油气管道主要包括俄罗斯"东西伯利亚—太平洋"输油管道及其支线和中俄天然气管道。俄罗斯"东西伯利亚—太平洋"石油管道，西起东西伯利亚的泰舍特，东至俄罗斯太平洋沿岸的科济米诺湾，全长4000多公里。被称为当代俄罗斯最大的项目之一，由俄罗斯石油管道运输公司于2004年开始建设。该石油管道的建设被分成一期和二期两个工程。一期工程于2009年竣工并投入使用。2011年1月，从俄罗斯斯科沃罗基诺至中国大庆的中国支线（中俄石油管道）工程竣工并投入使用。2012年12月，俄罗斯"东西伯利亚—太平洋"石油管道二期工程开始输油，至此该石油管道全部建成并投入使用。二期工程的年输油能力将达3000万吨，还可以根据需要增至5000万吨。2018年1月，中俄原油管道二线正式投入使用，该输油管道与"东西伯利亚—太平洋"石油管道相对接，起点为黑龙江省漠河县漠河输油站，途经黑龙江、内蒙古两省区，终点位于黑龙江省大庆市林源输油站。该输油管道的开通输油，将俄罗斯经过中俄石油管道对中国的石油出口能力提高到3000万吨。

早在 2006 年，中俄两国曾就建设双边跨境天然气管道达成初步共识。中国石油天然气集团公司与俄罗斯天然气工业股份公司签订合作备忘录，商定建设东、西两条向中国输送天然气的跨境管道。东线起始于俄罗斯的伊尔库茨克，经过赤塔、布里亚特、布拉戈维申斯克，从黑河进入中国境内。目前，东线正在建设之中。在中国境内该天然气管道被分为北段（黑河—长岭）、中段（长岭—永清）和南段（永清—上海），预计 2019 年 10 月北段将投入使用，2020 年底将全线贯通。中俄双方还没有就西线天然气管道达成一致。

东北亚地区的跨境输电线路主要是双边性的，主要包括俄罗斯对中国、俄罗斯对蒙古国、中国对蒙古国、中国对朝鲜、韩国对朝鲜的五个方面的跨境电力输送线路。目前，除朝韩之间的电力输送基本上处于暂停状态以外，其他四个方面的电力输送一直在进行，但要在东北亚地区建立融为一体的多边互联互通的国际电网，还有很长的路要走。

3. 东北亚区域多边能源合作机制建设进展

长期以来，东北亚各国一直在探索建立区域能源合作组织框架和协调机制。1997 年，中、日、韩、俄、蒙相关机构联合发起召开东北亚天然气和管道论坛（NAGPF）。该论坛为非营利、非政府的民间学术组织，每两年召开一次国际大会，以加强各成员间信息交流和沟通，促进东北亚地区天然气开发利用。2004 年，东盟与中日韩 "10 + 3" 框架下的能源部长年度会议机制正式确立，有关各国能源部长定期就共同关心的能源问题和能源合作展开对话磋商。2006 年召开的中、日、韩、美、印五国能源部长会议，各方就建立市场化能源定价机制和能源合作优先领域达成了广泛共识。2007 年的东亚第二次峰会期间，包括中、日、韩在内的 15 个国家领导人就能源安全问题达成了广泛共识，并共同签署了《东亚能源安全宿务宣言》。此外，东北亚地区的一些次区域合作组织，例如 "大图们倡议"、东北亚地区地方政府联合会（NEAR）等，均一直致力于推进区域能源合作。"大图们倡议" 区域合作机制是由图们江区域开发项目转变而来，是由联合国开发计划署（UNDP）支持的东北亚地区唯一的政府间合作机制。1992 年，在联合国开发计划署的倡议和支持下，由中国、俄罗斯、朝鲜、韩国、蒙古国共同参与的图们江区域开发项目正式启动，当初其主要目标是推动图们江三角洲地区的跨境合作开发。在图们江区域开发项目转变为"大图们倡议"合作机制后，合作区域和重点领域都进行了重大调整。目前有中国、蒙古国、韩国、俄罗斯四个成员国，日本作为观察员国参与相关活动。中国参与"大图们倡议"的地区包括黑龙江省、内蒙古自治区、吉林省、辽宁省，蒙古国参与的地区有东方省、肯特省、苏赫巴托尔省，韩国参与的市（道）有釜山广域市、江原道、蔚山广域市、庆尚北道、济州特别自治道，俄罗斯参与的地区为滨海边疆区。为推动图们江区域合作，"大图们倡议"下设了交通委员会、贸易便利化委员会、旅游委员会、环境委员会、能源委员会、农业委员会。在"大图们倡议"合作框架下，有关各方经常研究东北亚能源合作的重大问题，并发布了一系列重要专题研究报告。

（二）东北亚区域能源合作存在的问题

总体来看，东北亚区域能源合作发展水平还比较低，各领域的合作还没有充分展开，区域多边合作机制还没有有效建立，特别是没有很好地适应能源格局调整的新形势。

1. 尚未构建起有效的多边能源合作机制

正如前文所述，东北亚地区各国和相关机构曾为推动区域能源合作机制建设做出了大量努力，并且也取得了一些重要进展。但不可否认的是，现存的东北亚区域能源合作机制为官方或非官方论坛，仅具有有限的信息交流功能，不能对推进区域能源合作做出共同决策，论坛上所达成的共识也仅为原则性的，大多并不是具体的行动方案。总体来看，多边合作机制缺失是东北亚区域能源合作面临的一个突出问题。

表 5-5　东北亚各国参与有关能源多边区域国际组织状况一览

组织名称及性质	中国	俄罗斯	日本	韩国	朝鲜	蒙古国
APEC（G，F）	○	○	○	○		
能源宪章（G，O）	△	※	○	△		
IEA（G，O）	※※	※※	○	○		

续表

组织名称及性质	中国	俄罗斯	日本	韩国	朝鲜	蒙古国
UNESCAP（G，F）	○	○	○	○	○	○
SCO（G，O）	○	○				△
GTI（G，F）	○	○	△	○		
EAS（G，F）	○	△	○	○		
NEAR（N，F）	○	○	○	○	○	○
NAGPF（N，F）	○	○	○	○	○	○

注：①APEC 为亚太经合组织，IEA 为国际能源组织或国际能源署，UNESCAP 为联合国亚太经济与社会委员会，SCO 为上海合作组织，GTI 为"大图们倡议"，EAS 为东亚峰会，NEAR 为东北亚地区地方政府联合会，NAGPF 为东北亚天然气和管道论坛。

②G 表示中央政府参与的国家组织，N 表示地方政府间组织或非政府组织，O 为具有国际法地位的国际组织机构，F 为论坛性国际组织。

③○为正式成员，△为组织观察员，※表示俄罗斯是《能源宪章条约》的签署国，但国内并未批准该国际条约，因而不是能源宪章的成员，※※表示中国、俄罗斯均为国际能源署的合作伙伴国。

资料来源：根据有关国际组织官网和相关介绍资料制作。

东北亚地区各国甚至在参与一些重要的有关能源合作的国际组织方面也千差万别。例如，能源宪章组织是一个非常重要的国际能源合作组织，《能源宪章条约》对各成员国均具有法律约束力，然而只有日本一个东北亚国家是其正式成员。国际能源署的东北亚成员只有日本、韩国两个国家（见表5－5）。东北亚地区有效的能源合作机制主要是双边合作，涵盖地区各国的有效的多边能源合作机制实际上处于缺失状态。许多国际多边论坛经常处于议而不决的状态，经常发布各种目标空泛且没有实施措施保障的倡议、宣言，很少能够推动具有实质性意义的区域合作。因此，推动建立有效的东北亚区域能源合作机制仍是一项极为重要的课题。

2. 地区能源进口大国之间缺乏有效合作

在东北亚地区，无论是学术界还是政策制定者，都认为能源进口大国之间在"如何获取石油和天然气能源"方面就是一种竞争关系，合作仅存在于"如何利用能源"方面①。正是各国均坚持这样的观念，致使中、日、

---

①　冯昭奎：《要么双赢，要么双输——谈谈中日能源合作》，《世界知识》2004 年第 13 期，第 42～43 页。

韩三国对俄罗斯的能源合作不能形成统一立场，而是单独寻求与俄罗斯开展双边能源合作①。实际上无论是在能源利用还是在获取能源方面，同为能源进口大国的中、日、韩三国之间都具有非常大的合作潜力。在分析这个问题时，首先需要明确的是，能源就是一种普通商品，其市场交易也必然遵循基本的市场规律。在市场交易中，大的买方在市场竞争和议价中具有其自身独特优势，往往可以以更低的价格达成交易。然而，中、日、韩之间的竞争却使这种优势没能得到发挥，造成石油"亚洲溢价"（Asia Premium）。"亚洲溢价"问题不仅存在于石油交易中，而且也存在于液化天然气交易中。反映东亚液化天然气到岸价格的日本液化天然气到岸市场价格，长期高于美欧到岸价格，并且在 2008 年以后更加明显（见图 5 - 1）。欧洲国家液化天然气进口价格较低主要是因为欧盟能源合作较为深入，从而提高了议价能力。中、日、韩三国在以更合理的价格"获取能源"、新能源开发、节能技术等领域都有巨大合作潜力，但这种潜力并未得到有效发挥。

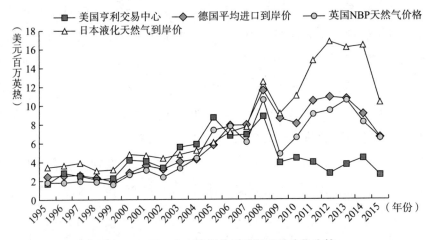

图 5 - 1　日、美、欧液化天然气到岸价格比较

资料来源：根据《BP 世界能源统计年鉴》2016 年 6 月数据制作。

3. 地区各国能源政策深受零和博弈观念影响

东北亚地区不仅能源进口国之间围绕"获取能源"而展开零和博弈性

---

① Keun-Wook Paik, *Sino-Russian Oil and Gas Cooperation—The Reality and Implications* (Oxford: the Oxford University Press), 2012, p. 506.

竞争，而且能源出口国与进口国之间也充斥着零和博弈，甚至两种零和博弈相互促进，最终影响了区域能源合作的有效推进。在能源进口国竞争加剧的情况下，能源出口国必然会想尽办法提高合作价码，最终可能造成合作项目无法推进和落实。这一问题非常明显地反映在俄罗斯远东油气管道建设项目上。2000 年以后，随着全球能源价格高企和东北亚国家能源需求快速增长，俄罗斯在东北亚地区能源合作领域的优势日趋明显。中日两国曾围绕俄罗斯远东石油管道的走向展开激烈竞争，俄罗斯也正是利用这种竞争不断提高合作条件。但在俄罗斯确定输油管道走向后，日本对俄罗斯提出了提供贷款的附加条件，迫使俄罗斯决定启动中国支线建设和扩大对中国石油出口。中俄天然气管道建设也存在这方面的问题。俄罗斯一直期望利用自身的优势迫使中国接受其过高的要价，致使项目磋商谈谈停停十余年毫无进展。在欧洲天然气市场增长乏力和竞争日益激烈的情况下，俄罗斯不得不降低要价，中俄才最终达成了相关协议。从这个角度看，能源出口国的零和博弈思维未能使自身获得更大利益，因为项目拖延很可能使其错过最佳发展期，需要接受更低的价格条件或提供更高的融资担保。

（三）东北亚区域能源合作的主要课题

随着全球能源格局调整和能源价格低迷，各国对能源安全的忧虑大大降低，以往弥漫在东北亚地区的"获取能源"的激烈竞争气氛也已基本消散。然而这并不意味区域能源合作的意义已经降低。地区各国应该根据全球能源格局调整的新形势，解决好当前能源合作及能源安全存在的突出问题。

1. 建立涵盖东北亚各国的区域能源合作机制

建立东北亚区域能源合作机制，首先有关各国应该签署具有国际法约束力的"东北亚区域能源合作框架协议"，对区域能源合作的重大问题做出明确规定。其中，最关键的内容是成立东北亚区域能源合作组织，并明确其基本宗旨、运作原则、组织结构、职权范围、成员国权利与义务、决策程序。此外，还应该就能源贸易、市场开放与投资保护、知识产权保护与技术转让、组织决议履行与监督机制、争端解决机制、区域能源信息库建设和信息共享等重要问题做出明确规定①。建立东北亚区域能源合作机制，有利于推动该地区长期以来举步维艰的区域经济合作。受各种复杂历史与现实矛盾的影响，无论是中、日、韩自由贸易区谈判，还是东北亚次区域开发合作，都迟迟难以取得重大突破。在符合各方共同利益的能源领域率先建立合作机制，积极推动务实合作，可以为其他领域深化合作积累经验。

2. 推进东北亚区域共同能源市场建设

建设东北亚共同能源市场，是提高该地区在国际能源市场议价能力的重要途径。目前中、日、韩分别为全球第二、第四、第五大石油净进口国，2014 年，三国石油净进口量合计占全球的比重为 30.59%。在液化天然气进口方面，中、日、韩三国的地位更加突出，日本进口量位居全球第一，韩国和中国则分别位居第二、第三，三国液化天然气进口量合计占全球的比重为 55.54%②。在全球能源供应相对紧张时期，进口规模大的国家在市场议价方面可能存在一定的劣势，有时甚至不得不接受一定的溢价。但在全球能源供给相对过剩时期，进口规模大的国家则会具有明显的议价优势，能源出口国将为获得稳定的出口市场而竞争。因此，中、日、韩三国应该充分利用全球能源格局调整的有利时机，共同将区域市场规模优势转变为现实的议价能力优势，为自身争取更公平合理的能源购买价格。要实现这一目标，首先需要中、日、韩三国能源进口企业加强协调与合作，在市场议价中展现共同立场，尽早推出反映自身实力的亚洲油气牌价。与此同时，东北亚各国应该在此基础上推进区域共同能源市场建设，逐步实现能源贸易自由化和投资便利化，提高区域能源市场运行效率。

3. 探索建立东北亚区域能源开发利益共享机制

共同开展常规能源及非常规能源开发，实现共担风险和收益共享。目前，俄罗斯经济较为困难，其东西伯利亚及远东地区能源开发投资面临较

---

① 刘清才等：《中国东北亚区域战略与政策研究》，经济科学出版社，2016，第 246 页。

② 《BP 世界能源统计年鉴（2016 年）》，http://www.bp.com/content/dam/bp-country/zh_cn/Publications/StatsReview2016/BP%20Stats%20Review_2016 中文版报告.pdf。

大资金困难，北极能源开发计划也被搁置。中、日、韩三国可以共同参与俄罗斯能源开发，与俄罗斯达成互惠互利的长期能源开发合作协议。2017年3月29日，在俄罗斯西北部城市阿尔汉格尔斯克召开的第四届"北极—对话区域"国际北极论坛上，俄罗斯总统普京呼吁外国伙伴进行多领域共同开发①。中、日、韩三国虽都不是北极国家，但都是北极事务的重要利益攸关方，身份的一致性决定着广泛的共同利益。为此，在参与北极事务及能源开发方面应该加强合作。中、日、韩三国在参与俄罗斯能源开发方面加强合作，也符合俄罗斯的长远利益。因为这种合作能够在很大程度上避免各种零和博弈竞争对俄罗斯能源开发造成的拖延，使其能够尽早落实相关能源开发计划，实现扩大对亚太地区能源出口和能源出口市场多元化的发展目标。当然，共同参与海外常规能源开发的合作方并不仅限于俄罗斯，在中东、非洲、南美等区域三国企业也可以开展多方合作。此外，在可燃冰、页岩油气、潮汐能等领域，东北亚各国也可以开展多种形式的技术交流合作，共同推动非常规能源开发技术革命。

4. 探索推进东北亚区域综合能源网建设

推进东北亚区域电力设施互联互通，合作建设涵盖全域的综合电力网络。有学者指出，东北亚地区应该启动建设能源互联网②。需要注意的是，能源互联网目前仅为一种设想，目前的技术水平还没有达到建设能源互联网的要求，特别是电力系统可靠性的预警技术还存在严重短板。为此，最为现实的选择是建设区域综合能源网络③。俄罗斯东西伯利亚和远东地区以及蒙古国蕴藏丰富的化石能源，并且拥有开发太阳能和风能的良好条件。中国则拥有资金优势和超高压输电技术优势，中、俄、蒙三国可以率先实现电网互联互通，实现大规模跨境电力输送。这既可以带动俄罗斯和蒙古

---

① 《北极矿藏超30万亿美元　俄愿与外国伙伴共同开发》，人民网，http://world. people. com. cn/n1/2017/0331/c1002－29181561. html。

② 李天籽等：《东北亚区域能源互联网建设研究》，《东北亚论坛》2016年第6期，第58～68页。

③ Julia Xuantong Zhu, *China's Engagement in Global Energy Governance*, IEA Partner Country Series 200, 31 March 2016, https://webstore. iea. org/partner-country-series-chinas-engagement-in-global-energy-governance-chinese.

国经济增长，同时也有利于中国推进节能减排和环境污染治理。近期可以率先启动中、俄、蒙综合能源网建设，通过超高压输电线路建设，实现电力网络互联互通，将化石能源发电与可再生能源发电融于一体。远期目标是通过陆路或海底超高压输电线路，将中、俄、蒙电网与日本、韩国等东亚国家电网相对接，建设涵盖范围更大的东亚综合能源网。

5. 在全球能源治理体系改革方面加强沟通和协调

共同推动全球能源治理体系改革，建立更具包容性的国际能源组织，推动全球继续落实应对气候变化的《巴黎协定》。随着全球能源格局的调整，能源市场全球化日趋加深，区域能源合作也应该体现在共同参与解决全球新能源问题方面，特别是推动全球能源治理改革方面。全球能源治理始于 20 世纪 70 年代发达国家应对石油危机，并逐步向推动全球能源市场健康运行、制定能源贸易和投资规则、发展清洁能源和应对气候变化等领域发展。从目前看，以国际能源署为核心组织机构的全球能源治理仍是发达国家俱乐部，不能充分反映发展中大国的声音，对能源贫困问题缺少足够的关注与必要的应对，对应对气候变化缺乏足够的政策实施监督机制[1]。为此，必须深化全球能源治理改革。东北亚地区国家类型多样，既有发达经济体，也有全球最大的发展中国家及贫困国家；既有能源生产和出口大国，也有能源消费和进口大国。关于全球能源治理改革，各种利益诉求和声音都能够在东北亚地区有较为充分的体现。东北亚区域各国应该加强沟通和交流，在重大问题上达成能够充分反映各方利益和关切的共识，并以此为基础，合力推进全球能源治理改革，共同维护能源市场健康发展和促进全球可持续发展。

---

[1] Yusheng Xue, "Energy Internet or Comprehensive Energy Network?" *Journal of Modern Power Systems and Clean Energy* 3 (3), 2015, pp. 297 – 301.

参考文献

[1]〔法〕埃德加·莫兰:《反思欧洲》,康征等译,生活·读书·新知三联书店,2007。

[2]〔英〕埃里·凯杜里:《民族主义》,张明明译,中央编译出版社,2002。

[3]〔英〕安东尼·D.史密斯:《全球化时代的民族与民族主义》,龚维斌等译,中央编译出版社,2002。

[4]巴殿君等:《论国际体系的转型与东亚地缘政治困境》,《吉林大学社会科学学报》2014年第3期。

[5]〔英〕巴里·布赞:《地区安全复合体与国际安全结构》,潘忠岐等译,上海人民出版社,2010。

[6]〔英〕巴里·布赞等:《世界历史中的国际体系》,刘德斌译,高等教育出版社,2004。

[7]〔日〕坂野润治:《近代日本的国家构想》,崔世广译,社会科学文献出版社,2014。

[8]〔美〕本尼迪克特·安德森:《想象的共同体:民族主义的起源与散布》,吴叡人译,上海人民出版社,2005。

[9]〔俄〕C.日兹宁肯等:《俄罗斯在东北亚地区的对外能源合作》,《俄罗斯研究》2010年第3期。

[10]蔡华堂:《大国东北亚战略博弈研究》,时事出版社,2017。

[11]蔡建:《朝核危机再起中国如何应对》,《世界知识》2009年第9期。

[12]蔡拓:《中国如何参与全球治理》,《国际观察》2014年第1期。

［13］ 陈峰群等：《亚太大国与朝鲜半岛》，北京大学出版社，2002。

［14］ 陈寒溪等：《东亚安全合作的现实与前景——观点的分歧及其分析》，《世界经济与政策》2008 年第 3 期。

［15］ 陈建安：《中韩日自由贸易区协定（FTA）的可行性及其经济效应》，《世界经济研究》2007 年第 1 期。

［16］ 陈伟光等：《大国经济外交与全球经济治理制度——基于中美经济外交战略及其互动分析》，《当代亚太》2019 年第 2 期。

［17］ 陈岳：《中国当前外交环境及应对》，《现代国际关系》2010 年第 11 期。

［18］ 储昭根：《对美国全球战略重心东移的分析与评估》，《人民论坛·学术前沿》2016 年第 12 期。

［19］ 戴翔等：《逆全球化与中国开放发展道路再思考》，《经济学家》2018 年第 1 期。

［20］ 《邓小平文选》（第三卷），人民出版社，1993。

［21］ 刁秀华：《东北振兴发展中的能源安全问题研究——兼论东北地区与俄罗斯的能源合作》，《西伯利亚研究》2009 年第 1 期。

［22］ 刁秀华等：《俄罗斯与东北亚地区的能源合作》，《东北亚论坛》2006 年第 6 期。

［23］ 董春岭：《关于"世界油气中心西移"论的再思考——基于对"页岩气革命"局限性的分析》，《现代国际关系》2014 年第 2 期。

［24］ 樊莹：《后金融危机时期的东亚贸易投资便利化合作》，《国际经济合作》2011 年第 3 期。

［25］ 范斯聪：《东亚经济一体化的困境与出路——国际比较的视角》，人民出版社，2015。

［26］ 方长平：《国际冲突的理论与实践——当代世界与中国国际战略》，社会科学文献出版社，2015。

［27］ 方婷婷：《俄罗斯与亚太地区的能源合作以及中国的应对》，《世界经济与政治论坛》2010 年第 4 期。

［28］ 房广顺等：《东北亚能源安全形势的新发展与战略新选择》，《东北亚纵横》2008 年第 7 期。

［29］〔美〕费正清编《中国的世界秩序》，杜继东译，中国社会科学出版社，2010。

［30］〔美〕弗雷德·伯格斯坦：《开放的地区主义》，《经济资料译丛》1999年第2期。

［31］傅莹：《朝核问题的历史演进与前景展望》，《理论参考》2017年第6期。

［32］富景筠：《俄罗斯能源政策的范式转变与东北亚能源关系》，《俄罗斯研究》2016年第6期。

［33］高柏：《全球化与中国经济发展模式的结构性风险》，《社会学研究》2005年第4期。

［34］高柏：《为什么全球化会发生逆转——逆全球化现象的因果机制分析》，《文化纵横》2016年第6期。

［35］官力等主编《新时期中国外交战略》，中共中央党校出版社，2014。

［36］宫占奎等：《APEC贸易投资自由化20年：成就与展望》，《当代亚太》2009年第4期。

［37］谷源洋：《大国汇聚亚洲与中国"经略周边"——对"一带一路"建设的思考》，《全球化》2014年第12期。

［38］管清友等：《美国页岩气革命与全球政治经济格局》，《国际经济评论》2013年第2期。

［39］归泳涛：《东亚民族主义勃兴与中国周边关系的转型》，《国际安全研究》2013年第3期。

［40］郭锐：《国际体系转型与东北亚多边制度安排构想》，《同济大学学报》（社会科学版）2008年第6期。

［41］郭霞等：《"一带一路"倡议与东北亚能源安全合作——基于区域构建视角的分析》，《东北亚学刊》2017年第6期。

［42］郭永虎等：《战后日苏"北方四岛"争端中的美国因素探微》，《俄罗斯中亚东欧研究》2011年第4期。

［43］韩爱勇：《东北亚大国协调与复合型安全合作架构的建立》，《当代亚太》2013年第6期。

［44］韩立华：《东北亚地区能源竞争与合作问题研究》，《对外经济贸易大学学报》2006 年第 1 期。

［45］韩志立：《东盟共同体建设困局与观念交锋》，《中国—东盟研究》2017 年第 3 期。

［46］〔美〕汉斯·摩根索：《国家间政治：权力斗争与和平》（第七版），徐昕等译，北京大学出版社，2006。

［47］何晓松：《试析安倍的国家战略——修改和平宪法为中心》，《世界经济与政治论坛》2014 年第 2 期。

［48］贺凯：《美国印太战略实质与中国的制度制衡——一种基于国际关系理论的政策分析》，《现代国际关系》2019 年第 1 期。

［49］贺凯：《亚太地区的制度制衡与竞争性多边主义》，《世界经济与政治》2018 年第 12 期。

［50］〔美〕亨利·基辛格：《世界秩序》，胡利平等译，中信出版社，2015。

［51］侯典芹：《美国的战略东移与东北亚》，《世界经济与政治论坛》2013 年第 4 期。

［52］华倩：《"一带一路"与蒙古国"草原之路"的战略对接研究》，《国际展望》2015 年第 6 期。

［53］黄凤志等：《中国东北亚安全利益的多维审视》，《东北亚论坛》2011 年第 2 期。

［54］黄凤志、高科、肖晞：《东北亚地区安全战略研究》，吉林人民出版社，2006。

［55］黄凤志主编《东北亚地区政治与安全报告（2012）》，社会科学文献出版社，2012。

［56］黄平等主编《美国研究报告——中美关系中的第三方因素（2014）》，社会科学文献出版社，2014。

［57］黄河等：《新形势下中国对朝外交政策的调整》，《东北亚论坛》2011 年第 5 期。

［58］黄晓勇主编《世界能源发展报告（2014）》，社会科学文献出版社，2014。

［59］季志业：《俄罗斯朝鲜半岛政策的演变及走势》，《现代国际关系》

2003 年第 2 期。

[60] 季志业：《俄罗斯的东北亚政策》，《东北亚论坛》2013 年第 1 期。

[61] 蒋姮：《"一带一路"地缘政治风险的评估与管理》，《国际贸易》2015 年第 8 期。

[62] 金灿荣等：《2010 年中国外交新态势》，《现代国际关系》2010 年第 11 期。

[63] 金景一等：《东北亚国际秩序的转型与大国的角色定位》，《东北亚论坛》2013 年第 1 期。

[64] 金熙德：《日本政治大国战略的内涵与走势》，《当代世界》2007 年第 7 期。

[65] 金祥波：《浅析东北亚能源合作及中国的能源对策》，《长白学刊》2008 年第 3 期。

[66] 景德祥：《德国为什么能忏悔》，《世界知识》2005 年第 10 期。

[67] 〔韩〕具天书：《东北亚共同体建设阻碍性因素及其超越——韩国的视角》，北京大学出版社，2014。

[68] 孔祥永等：《世界能源新格局与中国之对策选择》，《东北亚论坛》2015 年第 5 期。

[69] 李国学：《中日韩投资协议的特征、问题及对中国的意义》，《中国市场》2012 年第 33 期。

[70] 李寒梅：《日本民族主义形态研究》，商务印书馆，2012。

[71] 李建明：《论韩国民族主义及其影响下的中韩关系》，《学理论》2008 年第 18 期。

[72] 李娟：《中国对外贸易摩擦预警机制优化研究》，《管理世界》2014 年第 3 期。

[73] 李俊江等：《中朝经贸关系发展现状与前景展望》，《东北亚论坛》2012 年第 2 期。

[74] 李开盛等：《安全结构视野下的朝核问题走向》，《太平洋学报》2011 年第 4 期。

[75] 李利民等：《当前东北亚安全困局及其"病灶"探析》，《国际安全研

究》2016 年第 5 期。

[76] 李慎明、张宇燕编《全球政治与安全报告》，社会科学文献出版社，2015。

[77] 李天籽等：《东北亚区域能源互联网建设研究》，《东北亚论坛》2016 年第 6 期。

[78] 李文：《东亚合作的文化成因》，世界知识出版社，2005。

[79] 李文等：《政治因素对东北亚区域合作的影响》，《东北亚论坛》2015 年第 1 期。

[80] 李向阳：《区域经济合作中的小国战略》，《当代亚太》2008 年第 3 期。

[81] 李向阳主编《亚太地区发展报告：一带一路（2015）》，社会科学文献出版社，2015。

[82] 李玉潭等：《东北亚区域经济发展与合作机制创新研究》，吉林人民出版社，2006。

[83] 栗献忠：《俄罗斯民族主义研究》，社会科学文献出版社，2015。

[84] 廉晓梅：《建立中日韩自由贸易区与我国的对策》，吉林人民出版社，2008。

[85] 廉晓梅：《论区域经济一体化对经济全球化的促进作用》，《东北亚论坛》2003 年第 5 期。

[86] 廉晓梅：《日本区域经济一体化战略排斥中国的地缘政治动机与对策》，《现代日本经济》2004 年第 4 期。

[87] 梁云祥：《日本政治右倾化与中日关系》，《国际政治研究》2014 年第 2 期。

[88] 林利民：《世界油气中心“西移”及其地缘政治影响》，《现代国际关系》2012 年第 9 期。

[89] 刘勃然等：《韩国朴槿惠政府东北亚外交战略的调整及其影响》，《国际论坛》2014 年第 3 期。

[90] 刘舸：《东北亚能源安全局势与韩国的战略选择》，《当代韩国》2009 年第 2 期。

[91] 刘舸：《韩国能源安全的脆弱性及其战略选择》，《东北亚论坛》2009 年第 5 期。

[92] 刘国斌：《“一带一路”基点之东北亚桥头堡群构建的战略研究》，

《东北亚论坛》2015 年第 2 期。

[93] 刘红：《"一带一路"框架下中日合作路径探析》，《东北亚论坛》2019 年第 3 期。

[94] 刘江永：《中国与日本：变化中的"政冷经热"关系》，人民出版社，2007。

[95] 刘清才等：《21 世纪初俄罗斯亚太政策研究》，社会科学文献出版社，2013。

[96] 刘清才等：《超越冷战思维——构建和谐的东北亚地区新秩序》，《东北亚论坛》2008 年第 1 期。

[97] 刘清才等：《东北亚国际体系转型与中国面临的机遇和挑战》，《吉林大学社会科学学报》2011 年第 3 期。

[98] 刘清才等：《推动建立亚太地区安全合作架构的战略构想与路径选择》，《吉林大学社会科学学报》2015 年第 5 期。

[99] 刘清才等：《西方制裁背景下俄罗斯远东地区发展战略与中俄区域合作》，《东北亚论坛》2015 年第 3 期。

[100] 刘清才等：《"一带一路"框架下中国东北地区与俄罗斯远东地区发展战略对接与合作》，《东北亚论坛》2018 年第 2 期。

[101] 刘清才等：《中俄推动建立亚太地区安全与合作架构的战略思考》，《东北亚论坛》2014 年第 3 期。

[102] 刘清才等：《中国东北亚区域战略与政策研究》，经济科学出版社，2016。

[103] 刘雪莲等：《影响东亚国际体系转型的主要因素与中国的战略选择》，《吉林大学社会科学学报》2011 年第 3 期。

[104] 刘雪莲等：《中国特色大国外交及其在东亚地区的推进特点》，《东北亚论坛》2015 年第 6 期。

[105] 柳思思：《"一带一路"：跨境次区域合作理论研究的新进路》，《南亚研究》2014 年第 2 期。

[106] 娄丽萍等：《美国在南海和钓鱼岛争端中的危机管理模式比较分析——以黄岩岛事件和日本"购岛"事件为例》，《南洋问题研究》2017 年第 3 期。

[107] 吕刚：《APEC 框架下中日韩三国的便利化举措》，《发展研究》2010年第 3 期。

[108] 吕耀东：《论日本政治右倾化的民族主义特质》，《日本学刊》2014年第 3 期。

[109] 〔美〕罗伯特·吉尔平：《世界政治中的战略与变革》，武军等译，中国人民大学出版社，1994。

[110] 〔俄〕M. 季塔连科等：《亚太地区的安全稳定与俄中利益》，《东北亚论坛》2012 年第 6 期。

[111] 门洪华：《东亚秩序论：地区变动、力量博弈与中国战略》，上海人民出版社，2015。

[112] 门洪华等：《中国峰会外交（1993～2018）：发展进程、战略评估与未来展望》，《当代亚太》2018 年第 6 期。

[113] 门洪华等主编《东北亚合作与中韩关系》，中国经济出版社，2014。

[114] 孟晓旭：《日本〈防卫白皮书〉逐年加码"中国威胁"》，《世界知识》2011 年第 17 期。

[115] 木村誠：米国シェール革命の波紋に，エリアリポート（AREA Reports），2014（7）.

[116] 倪建民主编《国家能源安全报告》，人民出版社，2005。

[117] 倪建平：《俄罗斯能源战略与东北亚能源安全合作：地区公共产品的视角》，《黑龙江社会科学》2011 年第 1 期。

[118] 倪世雄等：《当代西方国际关系理论》，复旦大学出版社，2009。

[119] 欧明刚：《危机十年：东亚金融合作的新起点》，《世界经济与政治》2007 年第 11 期。

[120] 朴炳奭：《构建"东北亚人类安全共同体"中的人类安全议题和国际机制探索》，《当代韩国》2014 年第 2 期。

[121] 朴光姬等：《政治互疑条件下的东北亚区域能源合作路径——兼论"一带一路"倡议与东北亚区域能源合作》，《当代亚太》2018 年第 2 期。

[122] 朴键一：《中国周边安全环境与朝鲜半岛问题》，中央民族大学出版

社，2013。

[123] 朴英爱等：《中国"一带一路"与韩国"欧亚倡议"构想的战略对接探析》，《东北亚论坛》2016年第1期。

[124] 戚文海：《论东北亚能源合作共同体的构建》，《俄罗斯中亚东欧市场》2004年第4期。

[125] 邱晟晏等：《多边主义、区域主义和双边主义的概念辨析》，《经济纵横》2007年第10期。

[126] 〔日〕山本杉：《东北亚能源安全——面向东方的亚洲与日本的未来》，日本评论社，2016。

[127] 沈丁立：《东北亚安全体制：2010年的动荡催化新制度建设》，《复旦学报》（社会科学版）2011年第6期。

[128] 沈丁立等主编《亚洲国际关系的重构》，上海人民出版社，2011。

[129] 沈铭辉：《RCEP谈判中的区域合作博弈与东北亚国家的新角色》，《东亚学刊》2018年第5期。

[130] 沈铭辉：《东亚国家贸易便利化水平测算及思考》，《国际经济合作》2009年第7期。

[131] 沈铭辉等：《推进东北亚区域合作的现实基础与路径选择》，《东北亚论坛》2019年第1期。

[132] 〔西班牙〕圣地亚哥·加奥纳·弗拉加：《欧洲一体化进程——过去与现在》，朱伦等译，社会科学文献出版社，2009。

[133] 石源华等：《试论中韩战略合作伙伴关系中的美国因素》，《东北亚论坛》2012年第5期。

[134] 〔美〕斯科特·C.布雷福德等主编《美国与世界经济：未来十年美国的对外经济政策》，朱民译，经济科学出版社，2005。

[135] 苏长和：《周边制度与周边主义——东亚区域治理中的中国途径》，《世界经济与政治》2006年第1期。

[136] 苏珊·斯特兰奇：《国际政治经济学导论：国家与市场》，经济科学出版社，1990。

[137] 孙春日：《从〈韩国的国家战略2020〉看韩国对今后15年东北亚安

全机制的预期》，《当代亚太》2006 年第 11 期。

[138] 孙玲：《朝韩十年》，《中国报道》2011 年第 2 期。

[139] 孙霞：《东北亚地区安全复合体：动力与挑战》，《国际论坛》2006 年第 3 期。

[140] 孙学峰等：《中国崛起与东亚地区秩序演变》，《当代亚太》2011 年第 1 期。

[141] 孙伊然：《逆全球化的根源与中国的应对选择》，《浙江学刊》2017 年第 5 期。

[142] 唐世平：《国际秩序的未来》，《国际观察》2019 年第 2 期。

[143] 唐彦林：《国际政治背景下东北亚多边能源合作机制的构建》，《西伯利亚研究》2006 年第 4 期。

[144] 滕松艳等：《中美安全观竞争与东亚安全秩序的发展》，《社会主义研究》2016 年第 6 期。

[145] 田野：《东亚峰会扩容与地区合作机制的演化》，《国际观察》2012 年第 2 期。

[146] 王传剑：《朝鲜半岛问题与中美关系》，《国际政治研究》2005 年第 3 期。

[147] 王俊生：《东北亚安全秩序的悖论与中美双领导体制的未来》，《当代亚太》2019 年第 2 期。

[148] 王俊生：《东北亚多边安全机制：进展与出路》，《世界经济与政治》2012 年第 12 期。

[149] 王生：《韩国疏美亲中现象剖析》，《东北亚论坛》2006 年第 2 期。

[150] 王胜今：《东北亚区域经济合作的发展趋向展望》，《吉林大学社会科学学报》2007 年第 4 期。

[151] 王胜今等：《东北亚地区建立自由贸易区（FTA）的现状与趋势》，《东北亚论坛》2007 年第 4 期。

[152] 王胜今主编《东北亚地区发展报告》，吉林大学出版社，2013。

[153] 王爽：《日本对外投资新趋势及对我国的影响》，《东岳论丛》2011 年第 2 期。

[154] 王湘穗：《币缘政治：世界格局的变化与未来》，《世界经济与政治》2011年第4期。

[155] 王玉主等：《东盟共同体建设：进程、态势与影响》，《人民论坛·学术前沿》2016年第19期。

[156] 王赵宾：《2015－2020年蒙古国能源投资研究报告（摘要版）》，《能源》2014年第12期。

[157] 吴昊等：《东北亚地区在"一带一路"战略中的地位——应否从边缘区提升为重点合作区?》，《东北亚论坛》2016年第2期。

[158] 吴昊等：《构建中美新型大国关系面临的经济性障碍》，《社会科学战线》2014年第12期。

[159] 吴昊等：《全球能源格局调整与东北亚能源合作》，《东北亚论坛》2017年第4期。

[160] 吴昊等：《图们江区域开发合作20年：愿景何以难成现实?》，《吉林大学社会科学学报》2012年第6期。

[161] 吴昊等：《中、日、韩能源安全关系：竞争敌手还是合作伙伴》，《吉林大学社会科学学报》2009年第5期。

[162] 吴晓灵：《东亚金融合作：成因、进展及发展方向》，《国际金融研究》2007年第8期。

[163] 夏义善主编《中国国际能源发展战略研究》，世界知识出版社，2009。

[164] 肖晞：《东北亚非传统安全：问题领域及合作模式》，《东北亚论坛》2010年第2期。

[165] 肖晞：《东北亚非传统安全研究》，中国经济出版社，2015。

[166] 谢梦莹：《日本〈防卫白皮书〉对华态度分析》，《国际研究参考》2019年第2期。

[167] 徐进：《东亚多边安全合作机制：问题与构想》，《当代亚太》2011年第4期。

[168] 徐丽：《全球价值链视角下的贸易摩擦应对策略研究》，《改革与战略》2016年第9期。

[169] 徐梅等：《中日建立自由贸易区问题研究》，中国经济出版社，2009。

[170] 徐向梅：《东北亚能源安全形势与多边能源合作》，《国际石油经济》2004 年第 10 期。

[171] 许宁等：《"战略忍耐"的困境——奥巴马政府对朝政策剖析》，《东北亚论坛》2014 年第 3 期。

[172] 阎学通：《对中美关系不稳定性的分析》，《世界经济与政治》2010 年第 12 期。

[173] 阎学通：《世界权力的转移：政治领导与战略部分》，北京大学出版社，2015。

[174] 杨伯江：《日本民主党对外战略方向评析》，《现代国际关系》2012 年第 2 期。

[175] 杨莉：《俄罗斯与东北亚》，《国际问题研究》2005 年第 1 期。

[176] 杨勉：《北方界线和西海五岛：朝韩争执与较量》，《世界知识》2009 年第 12 期。

[177] 杨希雨：《中美关系中的朝核问题》，《国际问题研究》2015 年第 3 期。

[178] 杨新华：《东盟经济共同体建设路径经济展望》，《东南亚纵横》2017 年第 5 期。

[179] 杨泽伟：《中国能源安全问题：挑战与应对》，《世界经济与政治》2008 年第 8 期。

[180] 〔日〕伊藤庄一：《TPP 改变东北亚能源格局》，《中国企业家》2013 年第 8 期。

[181] 余建华：《韩国能源安全战略与中韩能源合作探析》，《国际关系研究》2014 年第 2 期。

[182] 〔美〕约翰·伊肯伯里：《地区秩序变革的四大核心议题》，《国际政治研究》2011 年第 1 期。

[183] 曾向红等：《地位焦虑和历史压抑——日本在与邻国岛屿争端中的政策差异及其影响因素》，《当代亚太》2017 年第 2 期。

[184] 张东冬：《美国国家实力衰落与国际权力格局的变化》，《国际展望》2018 年第 2 期。

[185] 张东宁：《东北亚民族主义与地区安全格局》，《国际安全研究》2014年第2期。

[186] 张海滨等：《东北亚环境合作的回顾与展望》，《国际政治研究》2000年第2期。

[187] 张慧智：《朝鲜半岛战略调整与东北亚大国关系互动》，《社会科学战线》2012年第4期。

[188] 张慧智：《中美竞争格局下的中韩、美韩关系走向与韩国的选择》，《东北亚论坛》2019年第2期。

[189] 张丽华等：《制动冲突：解决中日东海权益争端之战略与对策》，《东北亚论坛》2014年第6期。

[190] 张茜喆等：《中韩关系症结和应对》，《亚太安全与海洋研究》2017年第4期。

[191] 张锡镇：《东盟的历史转折：走向共同体》，《国际政治研究》2007年第2期。

[192] 张晓磊等：《"反全球化" 能改善发达经济体低技能劳动这福利吗？——基于全球化背景下劳动收入份额演进趋势与机理的分析》，《江苏行政学院学报》2017年第2期。

[193] 张学刚：《中国边海形势与政策选择》，《现代国际关系》2012年第8期。

[194] 张玉国：《野田政权对日美同盟关系的强化》，《外国问题研究》2011年第4期。

[195] 张蕴岭：《东北亚区域合作与新秩序的构建》，《社会科学战线》2015年第3期。

[196] 张蕴岭：《东亚合作和共同体建设：路径及方式》，《东南亚纵横》2008年第11期。

[197] 张蕴岭等主编《东亚、亚太区域合作模式与利益博弈》，经济管理出版社，2010。

[198] 张蕴岭主编《中国与周边国家：构建新型伙伴关系》，社会科学文献出版社，2008。

［199］赵传君主编《东北亚三大关系研究：经贸·政治·安全》，社会科学文献出版社，2006。

［200］赵放：《全球化深入发展大势不可逆》，《东北亚论坛》2018年第5期。

［201］赵海立：《东盟政治安全共同体建设：成就与问题》，《南洋问题研究》2015年第4期。

［202］赵华胜：《中俄睦邻友好合作条约与中俄关系》，《俄罗斯研究》2001年第3期。

［203］赵金龙：《中国在东北亚地区的FTA战略选择：基于CGE模型的比较研究》，《东北亚论坛》2008年第5期。

［204］赵明昊：《大国竞争背景下美国对"一带一路"的制衡态势论析》，《世界经济与政治》2018年第12期。

［205］赵鸣文：《浅论中俄关系的挑战与机遇》，《和平与发展》2012年第3期。

［206］赵穗生等：《中国的顶层设计："一带一路"倡议的战略目标、吸引力及挑战》，《东北亚论坛》2019年第3期。

［207］郑先武：《东亚"大国协调"：构建基础与路径选择》，《世界经济与政治》2013年第5期。

［208］郑永年：《大格局：中国崛起应该超越情感和意识形态》，东方出版社，2014。

［209］周方银：《中国崛起、东亚格局变迁与东亚秩序的发展方向》，《当代亚太》2012年第5期。

［210］朱峰：《东亚安全局势：新形势、新特点与新趋势》，《现代国际关系》2010年第12期。

［211］朱峰：《六方会谈的制度建设与东北亚多边安全机制》，《现代国际关系》2007年第3期。

［212］朱凤岚：《岛礁争端与日本民族主义》，《亚非纵横》2014年第2期。

［213］朱显平：《中俄能源合作及对东北亚区域经济的影响》，《东北亚论坛》2004年第6期。

［214］ 朱显平等：《东北亚区域能源合作研究》，《吉林大学社会科学学报》2006 年第 2 期。

［215］ 〔美〕兹比格纽·布热津斯基：《大棋局：美国的首要地位及其地缘战略》，中国国际问题研究所译，上海人民出版社，2007。

［216］ Abby Norman, *South Korea Just Announced a Major Energy Policy Move*, 2017, https：//futurism. com/ south-korea-just-announced-a-major-energy-policy-move/.

［217］ Amy M. Jeff, "Energy Security：Oil-Geopolitical and Strategic Implications for China and the United States", "Energy Security：Implications for U. S. ：China-Middle East Relations, for and the United States", (The James A. Baker Ⅲ Institute for Public Policy of Rice University, 2005), p. 1.

［218］ ASEAN Secretariat, *A Journey Towards Regional Economic Integration：1967 – 2017* (Jakarta：August 2017), https：//asean. org/wp-content/uploads/2017/09/ASEAN – 50 – Final. pdf.

［219］ ASEAN Secretariat, *ASEAN 2025：Forging ahead Together* (Jakarta：November 2015), https：//www. asean. org/storage/2015/12/ASEAN – 2025 – Forging-Ahead-Together-final. pdf.

［220］ ASEAN Secretariat, *ASEAN Legal Instruments*, http：//agreement. asean. org/home/index. html.

［221］ ASEAN Secretariat, *ASEAN Political-Security Community Blueprint*, 2009, https：//asean. org/wp-content/uploads/images/archive/5187 – 18. pdf.

［222］ ASEAN Secretariat, *ASEAN Socio-Cultural Community Blueprint* (Jakarta：June 2009). https：//asean. org/wp-content/uploads/archive/5187 – 19. pdf.

［223］ ASEAN Secretariat, *ASEAN Socio-Cultural Community Blueprint 2025* (Jakarta：March 2016), https：//www. asean. org/wp-content/uploads/2012/05/8. – March – 2016 – ASCC-Blueprint – 2025. pdf.

［224］ ASEAN Secretariat, *ASEAN Statistical Yearbook 2018* (Jakarta：December

2018）, https://asean. org/? static_post = asean-statistical-yearbook – 2018.

[225] ASEAN Secretariat, *Celebrating ASEAN: 50 Years of Evolution and Progress* (Jakarta: July 2017).

[226] Barry Buzan, *People, State and Fear: An Agenda for International Security Studies in Post-Cold War Era* (Hemel Hempstead: Harvester Wheatsheaf, 1991), p. 218.

[227] "Bloomberg New Energy Finance: Clean Energy Investment Jumps 16% On China's Support For Solar", http://www. about. newenergyfinance. com/about/bnef-newsclean-energy-investment-jumps – 16% – onChina's-support-for-solar.

[228] Chan-Woo Lee, "Ten Years of Tumen River Area Development: Evaluation and Issues", *ERINA Booklet* 1 (2), February 2003.

[229] Copeland, Dale C., "Economic Interdependence and War: A Theory of Trade Expectations", *International Security* 20 (Spring), 1996, pp. 5 – 41.

[230] David Ignatitus, "An Economic Boom Ahead?", *The Washington Post*, 2012 – 05 – 04.

[231] EIA, *International Energy Outlook 2016*, http://www. eia. gov/forecasts/ieo.

[232] EIA, *U. S. Natural Gas Imports and Exports: 2007*, https://www. eia. gov/naturalgas/importsexports/annual/archives/2009/ngimpexp7. pdf.

[233] Frankfurt School-UNEP Centre/BNEF, *Global Trends in Renewable Energy Investment 2015*, http://fs-unep-centre. org/sites/default/files/attachments/key_messages. pdf.

[234] Gal Luft, *American's Oil Dependence and Its Implications for U. S. Middle East Policy*, Testimony Before the Senate Foreign Relations Subcommittee on Near Eastern and South Asian Affairs, 2005 – 10 – 20.

[235] IAI Work Plan Ⅲ, Overview, http://asean. org/asean-economic-community/initiative-for-asean-integration-iai-and-narrowing-the-development-gap-ndg/.

[236] IEA, *Are We Entering A Golden Age of Gas*, http://www. worldennergyout-

look. org/media/weowebsite/2011/weo2011_ GoldenAgeofGasreport. pdf.

［237］ IEA, *Key World Energy Statistics 2016*, http://www. iea. org/publications/freepublications /publication/KeyWorld2016. pdf.

［238］ IEA, *Key World Energy Trends* (Excerpt From: World Energy Balances, 2016 edition), http://www. ourenergypolicy. org/wp-content/uploads/2016/08/KeyWorldEnergyTrends. pdf.

［239］ IEA, *Market Report Series*, *Oil 2017: Analysis and Forecasts to 2022* (*Executive Summary*), http://www. iea. org/Textbase/npsum/oil 2017 MRSsum. pdf.

［240］ IEA, *World Energy Investment 2016* (*Executive summary*), http://www. iea. org/Textbase/npsum/WEI2016SUM. pdf.

［241］ IMF, *World Economic Outlook: Gaining Momentum?* 2017, pp. 202 –203.

［242］ Irwin&Douglas A. , "The Rise of U. S. Antidumping Activity in Historical Perspective", *The World Economy* 28 (5), 2005, pp. 651 –668.

［243］ Jürgen Haacke, "AESAN Diplomatic and Security Culture: Origins, Development and Prospects", *International Relations of Asia-Pacific* 3 (1), 2003, p. 1.

［244］ Julia Xuantong Zhu, *China's Engagementin Global Energy Governance*, IEA Partner Country Series 200.

［245］ Keun-Wook Paik, *Sino-Russian Oil and Gas Cooperation——The Reality and Implications* (Oxford: The Oxford University Press), 2012, p. 506.

［246］ Lawrence H. Summers, "It's Time for a Reset", *New York Times*, December 5, 2016.

［247］ Maurice Obstfeld, "Get on Track with Trade", *Finance and Development* 53 (4), 2016, pp. 12 – 16, http://www. imf. org/external/pubs/ft/fandd/2016/12/pdf/obstfeld. pdf.

［248］ METI, *New National Energy Strategy*, Ministry of Economy, Trade and Industry of Japan. May, 2006.

［249］ Paul Krugman, "Leave Zombies be", *Finance and Development* 53 (4),

2016.

[250] Sebastian Mallaby, "Globalization Resets", *Finance and Development* 53 (4), 2016.

[251] Simon J. Evenett and Johannes Fritz, *Global Trade Plateaus: The 19th Global Trade Alert Report* (London: CEPR Press, 2016), pp. 29 – 30, p. 119.

[252] Susan Lund, Toos Daruvalak, Richard Dobbs, Philipp Harlem, Ju-Hon Kwek and Ricardo Falcon, "Financial Globalization: Retreat or Reset?", *McKinney Global Institute*, March 2013.

[253] UNCTAD, *The World Investment Report 2017*, http://unctad. org/en/pages/PublicationWebflyer. aspx? publicationid = 1782.

[254] USTR, *Agreement between the United States of America, the United Mexican States, and Canada Text*, https://ustr. gov/trade-agreements/free-trade-agreements/united-states-mexico-canada-agreement/agreement-between.

[255] World Energy Council, *Unconventional Gas, A Global Phenomenon*, https://www. worldenergy. org/wp-content/uploads/2016/02/Unconventional-gas-a-global-phenomenon-World-Energy-Resources_ -Full-report-. pdf.

[256] WTO, *Participation in Regional Trade Agreements*, https://www. wto. org/english/tratop_ e/ region_ e/rta_ participation_ map_ e. htm.

[257] WTO, *World Trade Statistical Review 2017*, https://www. wto. org/english/res_ e/statis_ e/wts2017_ e/wts2017_ e. pdf.

[258] Yoshifumi Fukunaga and Ikumo Isono, "Taking ASEAN + 1 FTA towards the RCEP: A Mapping Study", *ERIA Discussion Paper Series DP – 2013 – 02*.

[259] Yusheng Xue, "Energy Internet or Comprehensive Energy Network?" *Journal of Modern Power Systems and Clean Energy* 3 (3), 2015, https://www. eia. gov/naturalgas/importsexports/annual/archives/2009/ngimpexp7. pdf.

[260] エネルギー基本計画, http://www. meti. go. jp/press/2018/07/2018070 3001/20180703001 – 1. pdf.

[261] 日本貿易振興機構（ジェトロ）：世界と日本のFTA一覧, https://

www. jetro. go. jp/ext_images/_Reports/ 01/da83923689ee6a5e/20180033.
pdf.

［262］日メコン協力のための東京戦略2018，https：//www. mofa. go. jp/files/
000406730. pdf.

图书在版编目（CIP）数据

东北亚区域经济合作研究／吴昊著. -- 北京：社
会科学文献出版社，2020.10
（东北亚研究丛书）
ISBN 978 - 7 - 5201 - 6727 - 7

Ⅰ.①东…　Ⅱ.①吴…　Ⅲ.①国际合作 - 区域经济合
作 - 研究 - 东亚　Ⅳ.①F114.46

中国版本图书馆 CIP 数据核字（2020）第 092018 号

东北亚研究丛书
东北亚区域经济合作研究

著　　者／吴　昊

出 版 人／谢寿光
组稿编辑／恽　薇
责任编辑／宋淑洁

出　　版／社会科学文献出版社·经济与管理分社（010）59367226
　　　　　地址：北京市北三环中路甲 29 号院华龙大厦　邮编：100029
　　　　　网址：www.ssap.com.cn
发　　行／市场营销中心（010）59367081　59367083
印　　装／三河市尚艺印装有限公司

规　　格／开　本：787mm × 1092mm　1/16
　　　　　印　张：16.5　字　数：253 千字
版　　次／2020 年 10 月第 1 版　2020 年 10 月第 1 次印刷
书　　号／ISBN 978 - 7 - 5201 - 6727 - 7
定　　价／138.00 元